Christjan Ladurner

BIKE & HIKE
Vinschgau – Meraner Land

34 lohnende E-Bike-Touren kombiniert
mit 44 Gipfelbesteigungen

TAPPEINER.

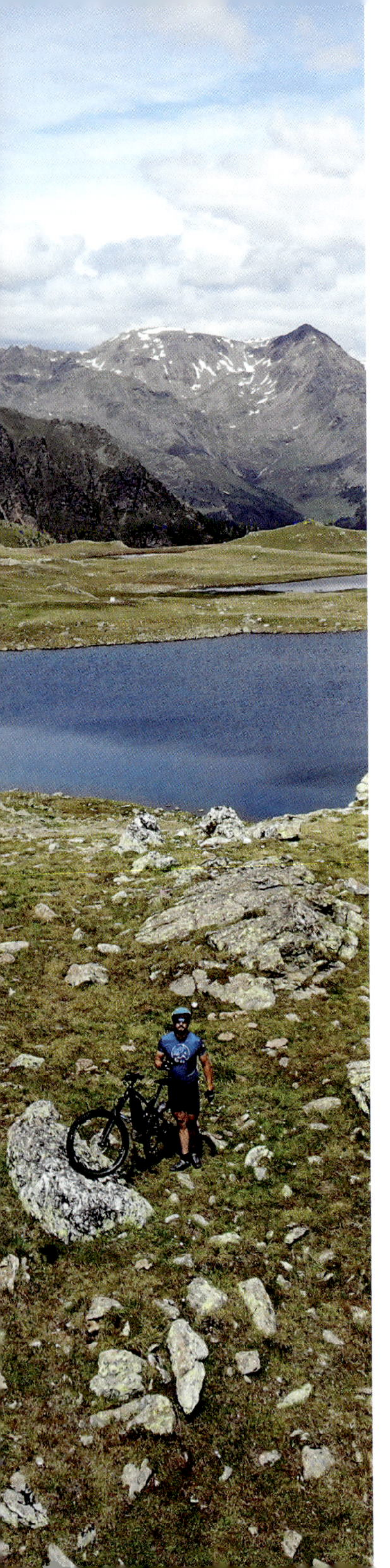

Inhalt

Vinschgau

Meran und Umgebung

Passeiertal

Ultental und Deutschnonsberg

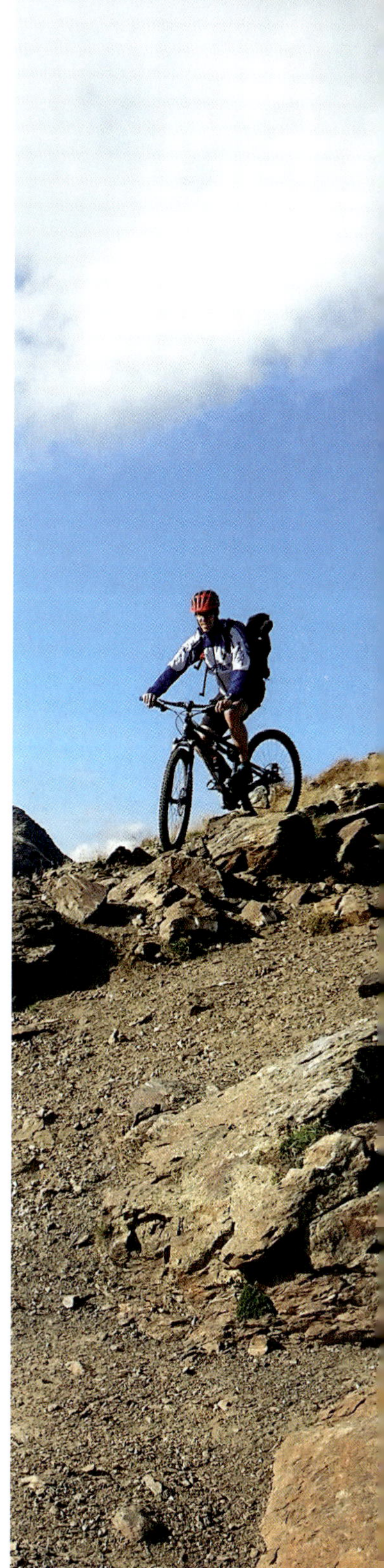

E-Biken

Es ist noch gar nicht so lange her, da wurde das E-Bike von den meisten Radfahrern mitleidig belächelt. Wer ein E-Bike fuhr, wurde als Schwächling eingestuft. Den Berg hinauf fuhr man, mit dem durch eigene Muskelkraft angetriebenen Mountainbike.
Die letzten Jahre hat sich ganz plötzlich das Blatt gewendet: Mehr und mehr Biker sind auf das E-Bike umgestiegen. Die Batterieleistung reicht inzwischen für einen ansehnlichen Ausflug in die Berge! Auch viele Mountainbiker sind in den Sog des E-Bikes geraten: Vollgefederte E-MTBikes aus den besten Radschmieden haben sogar die eingefleischten Bergradfahrer bekehrt.
Zudem gibt es in Südtirol unzählige Forststraßen, die weit oben in den Bergen und zumeist bei bewirtschafteten Almen enden, die der ideale Ausgangspunkt für eine Bergtour sind. So wie früher, nur mit weitaus weniger körperlichem Aufwand fährt man wieder mit dem Bike in die Berge, um dann die Berge zu besteigen. Ein runder Tag, dem man oft noch durch die Benutzung öffentlicher Verkehrsmittel ausbauen kann!

Technische Einleitung

Alle in diesem Buch beschriebenen Touren wurden mit den folgenden Gewichtskriterien gefahren. Ein höheres Gewicht bringt einen höheren Verbrauch an Batterieleistung mit sich. Ebenso wurde, wann immer möglich, auf die Motorenleistung Turbo verzichtet.

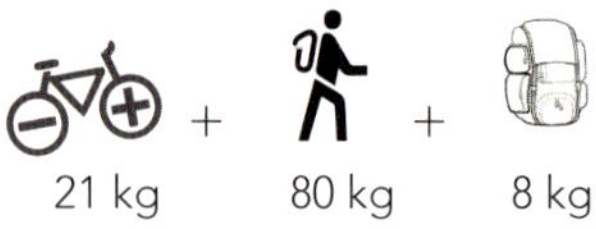

Alle im Führer beschriebenen Routen wurden mit der Leistung einer Batterie gefahren. Eine höhere Motorenleistung, wie z. B. Turbo, kann dazu führen, dass die Batterie nicht für die gesamte Tour ausreicht.
Oft – nicht immer – besteht die Möglichkeit, am Endpunkt der Anfahrt bei einer Alm die Batterie nachzuladen. Dafür muss allerdings das eigene Ladegerät mitgenommen werden.
Als Durchschnittsleistung für einen E-Bikefahrer wurden 10 km Wegstrecke pro Stunde angenommen.

Im vorliegenden Führer werden E-Bike-Touren beschrieben, die sich sowohl für den weniger geübten Fahrer, als auch für den leistungsstärkeren Fahrer eignen. Anders als beim Mountainbiken setzen die meisten Routen kein technisches Fahrkönnen voraus.

Viele der in diesem Führer beschriebenen Touren führen oft durch eine relativ unberührte Landschaft. Auf den wenigen Abschnitten, die sich der E-Biker mit Fußgängern und Wanderern teilt, gehört es zu den Benimmregeln dem Wanderer seine Ankunft anzukündigen, die Geschwindigkeit zu verringern.

- Fußgänger und Wanderer haben immer Vorrang!
- E-Bikes können inzwischen bei fast allen Radverleihen entliehen werden.

Wo sich die Anfahrt mit den öffentlichen Verkehrsmitteln und ein Entleihen des E-Bikes anbieten, wird im Führer spezifisch darauf hingewiesen. Auf alle Fälle sollte man das E-Bike ein paar Tage vorher reservieren; gerade in der Hochsaison ist die Nachfrage weitaus größer als das Angebot.
Das Fahren mit dem E-Bike bringt viele Bequemlichkeiten mit sich; große Höhenunterschiede und lange Wegstrecken können oft einfach gemeistert werden. Gerade deswegen sind eine gute Tourenplanung, die richtige Ausrüstung und das Miteinbeziehen der Wettervoraussage in die Planung ganz besonders wichtig!

Die Bewertung Touren

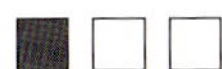

Einfach zu befahrende Forststraßen und Wege mit gutem Untergrund und mäßiger Steigung.

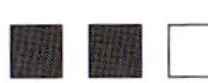

Forststraßen und Wege mit kurzen, auch sehr steilen Abschnitten und zum Teil auch ruppigem Untergrund. Abwasserrinnen oder Kanäle queren die Wege und sind nicht immer versenkt. Grundfahrtechnik ist auf alle Fälle von Vorteil.

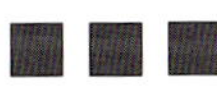

Großteils steile Forststraßen und Wege, der Untergrund ist auf großen Strecken unregelmäßig, steinig oder stark zerfahren. Eine solide Fahrtechnik ist besonders auf der Abfahrt gefragt.

Hiken

Technische Einleitung für die Gipfeltouren

- Die Kombination der E-Bike-Anfahrt mit einer Gipfelbesteigung bringt neue Herausforderungen mit sich. Die Ausrüstung, die mitgeführt werden muss, ist weitaus schwerer als bei einer herkömmlichen E-Bike-Tour. Viele der im Buch vorgestellten Bergtouren führen weit hinauf in den alpinen Bereich. Man muss auf alle Fälle auf ein Sommergewitter und auf eine Temperaturänderung vorbereitet sein. Zu Fuß geht es beileibe nicht so schnell wie mit dem E-Bike. Zudem darf man nicht vergessen, dass nach der Bergtour die Rückfahrt zum Ausgangspunkt mit dem Bike erfolgt.
- Besonders am Anfang ist die Umstellung vom Bike auf das Aufwärtsgehen nicht immer ganz einfach. Es bedarf einer gewissen Wegstrecke, um den richtigen Gehrhythmus zu finden.
- Als Durchschnittsleistung für den Bergsteiger als Stundenleistung ca. 4 km Wegstrecke und 300 Höhenmeter im Aufstieg angenommen. Diese Faustregel gilt nur, solange keine technischen Schwierigkeiten vorliegen wie z. B. Passagen, die geklettert werden müssen (Klettergurt und Kletterausrüstung notwendig; Hinweis vorhanden)
- Besonders wichtig bei der Kombination E-Bike und Gipfeltour ist ein früher Aufbruch. Wer erst um 9 Uhr zum Frühstück geht, der sollte von den Routenvorschlägen in diesem Führer Abstand nehmen, denn zwischen 9 und 10 Uhr am Morgen sollte man die Anfahrt mit dem Bike schon hinter sich haben!

Die Bewertung der Gipfelbesteigungen

■□□ einfach

Voraussetzung: Gutes Wetter, Grundkondition.
Ausrüstung: Leichte Trekkingschuhe mit guter Sohle, Wetterschutz, Getränke.

■■□ mittel

Voraussetzungen: Stabiles Wetter, gute Kondition, etwas Bergerfahrung und Trittsicherheit.
Ausrüstung: Leichte Trekkingschuhe mit guter Sohle, Bergbekleidung, Wetterschutz, etwas Proviant und Getränke.

■■■ schwierig

Voraussetzungen: Sehr stabiles Wetter, ausgezeichnete Kondition, solide Bergerfahrung und absolute Trittsicherheit.
Ausrüstung: Leichte Trekkingschuhe mit guter Sohle, Bergbekleidung, Wetterschutz, Proviant und Getränke.

Wird spezielle Ausrüstung benötigt, so wird in der jeweiligen Tourenbeschreibung extra darauf hingewiesen.

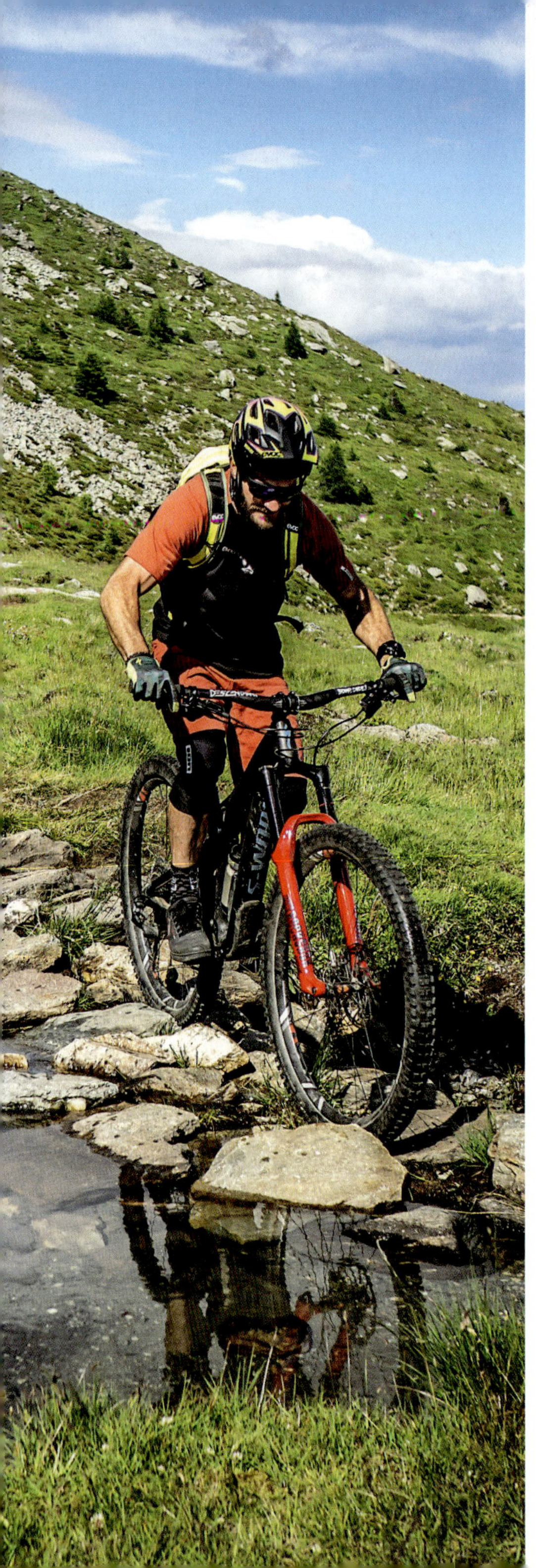

Wetter

Die Wettervorhersage für Südtirol: www.provinz.bz.it/wetter oder Tel. +39 0471 270555 – 0471 271177. Gut positionierte Wetterkameras in Südtirol: www.ras.bz.it/de/webcams

Bergrettung

Über die **kostenfreie Notrufnummer 112** kann in Südtirol auch bei Bergunfällen Hilfe angefordert werden. Dabei ist es wichtig, seinen Standort, die Art des Unfalls, nach Möglichkeit das Verletzungsmuster oder wenigstens die Symptome anzugeben sowie die Anzahl der Verletzten, die Witterungsbedingungen und eine Telefonnummer (Mobiltelefonnummer), über die der Hilfesuchende gegebenenfalls erreicht werden kann.

Obwohl im Gegensatz zu anderen Alpenländern in Südtirol die Bergrettung immer noch aus freiwillig arbeitenden Bergsteigern besteht, muss der Verunfallte für die Spesen eines Hubschraubereinsatzes aufkommen. Bei vielen Bergunfällen wird die Bergrettungsmannschaft mit einem Rettungshubschrauber an die Unfallstelle geflogen. Daraus können Kosten in Höhe von mehreren Tausend Euro entstehen. Darum ist der Abschluss einer Versicherung ist auf alle Fälle anzuraten.

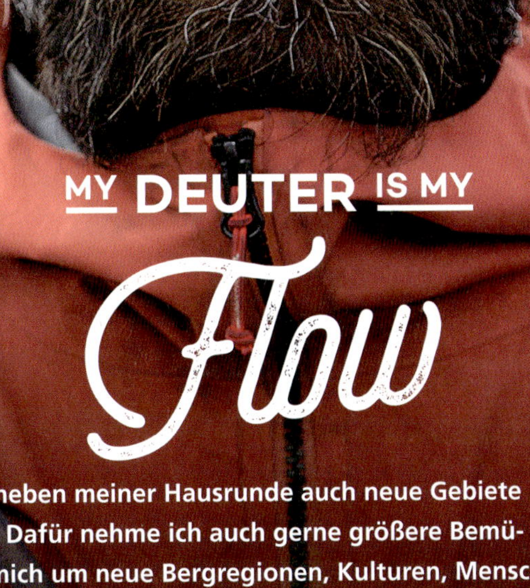

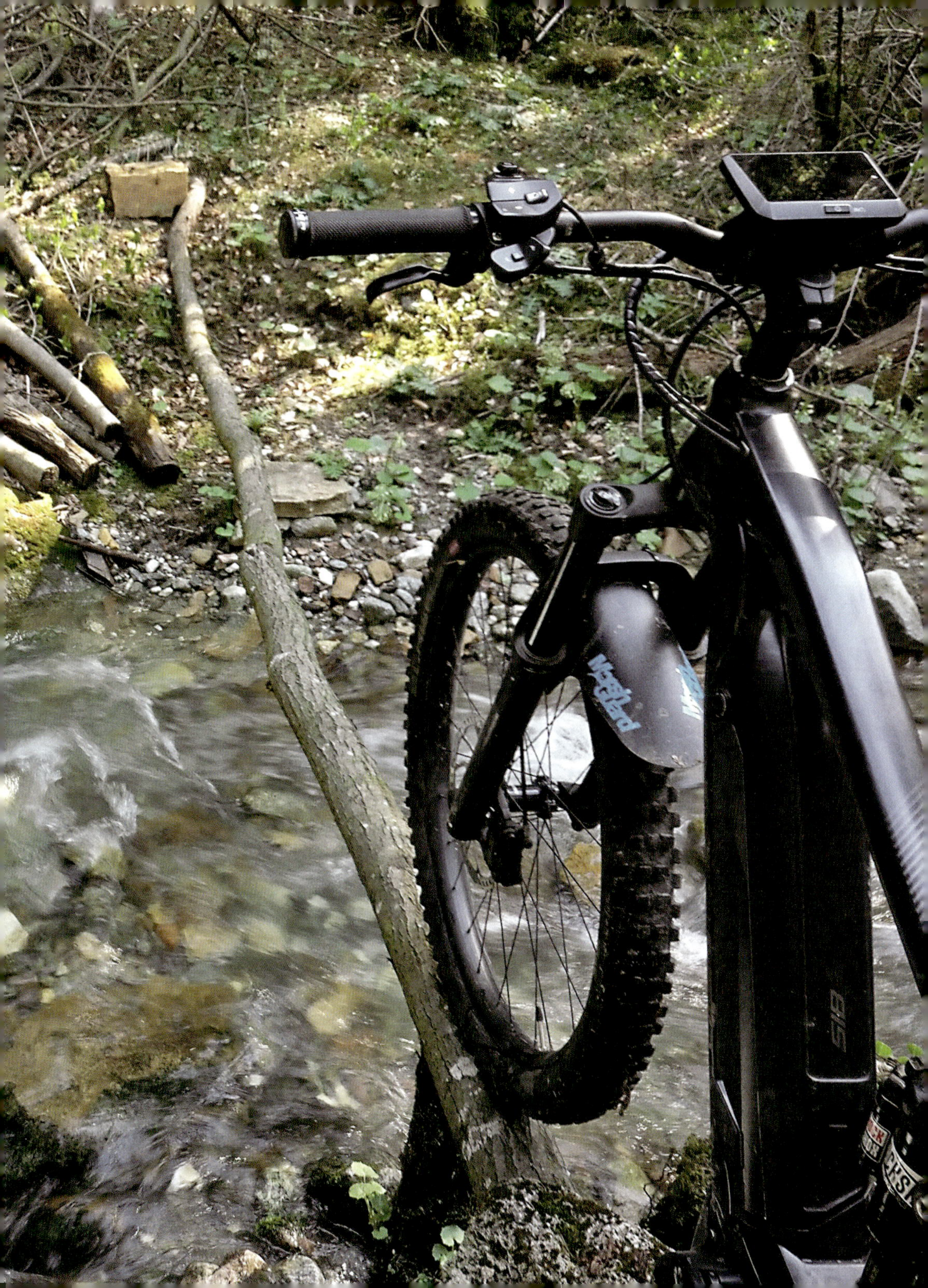

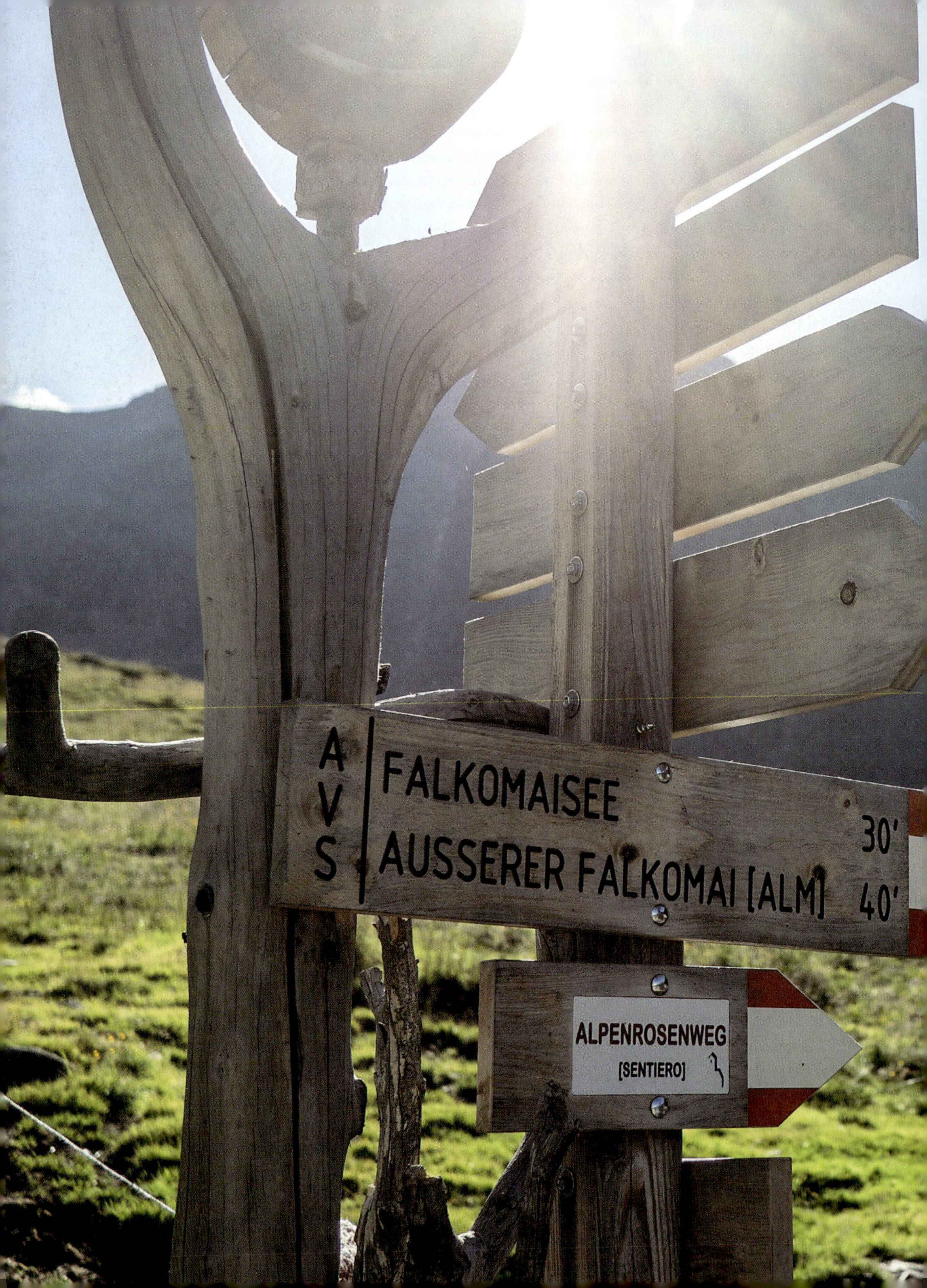
AVS
FALKOMAISEE
AUSSERER FALKOMAI [ALM]
30'
40'
ALPENROSENWEG
[SENTIERO]

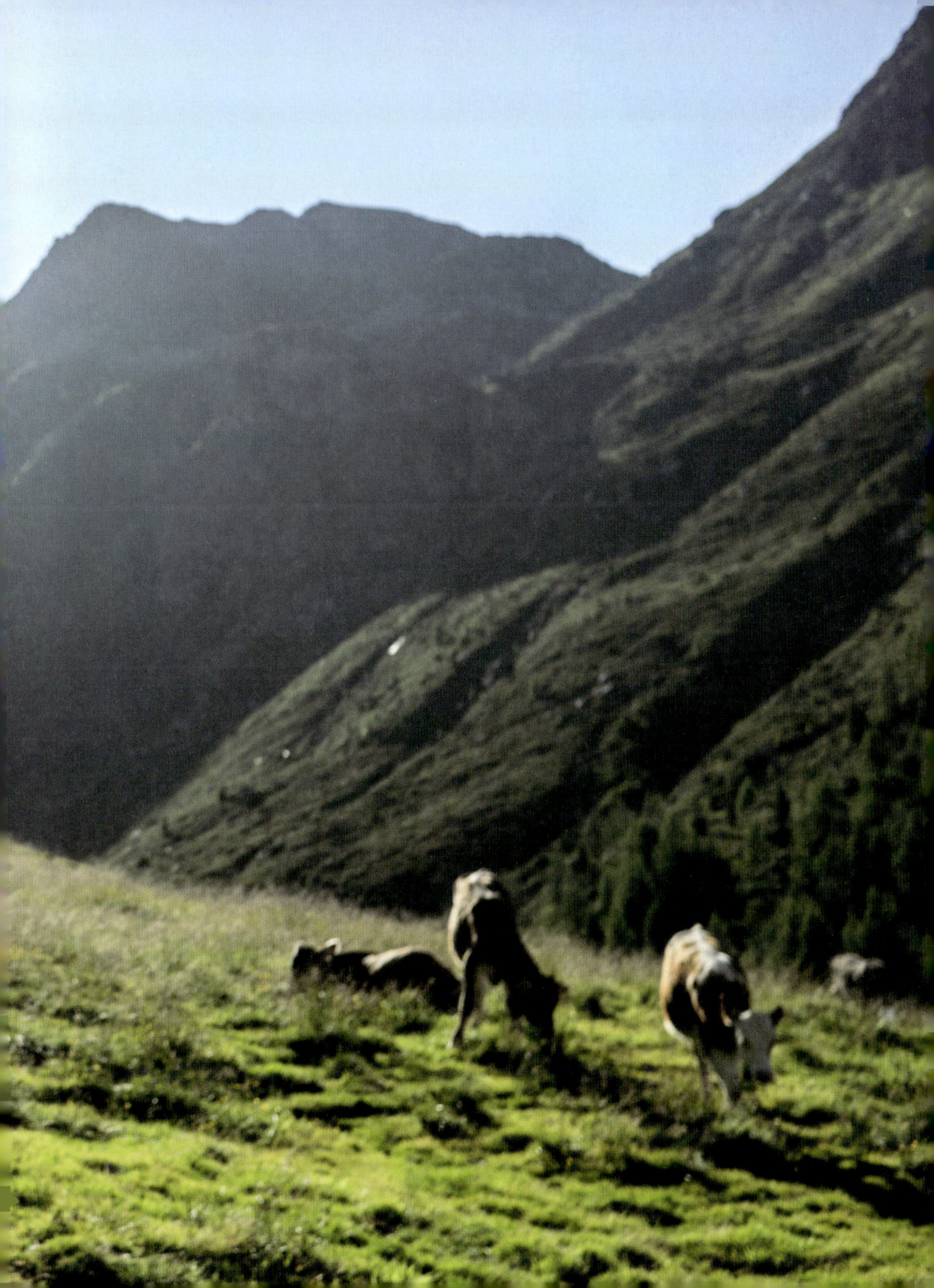

1 RESCHEN – RESCHNER ALM – PIZ LAD

RESCHEN → RESCHNER ALM

Strecke hin und zurück
14,6 km

Höhenmeter bergauf/bergab
580 m

Zeitbedarf insgesamt
ca. 1½ Stunden

Schwierigkeit

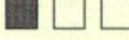

Anfahrt
Durch den Vinschgau bis in die Ortschaft Reschen. Am nördlichen Ortsende Richtung Gondelbahn Schöneben abzweigen und kurz abwärts zu einem gebührenfreien Parkplatz in unmittelbarer Nähe des Seeufers

Tipp
- Mit dem Linienbus bis nach Reschen
- Im Ortszentrum neben der Hauptstraße gibt es einen Radverleih. E-Bikes unbedingt vorher reservieren!

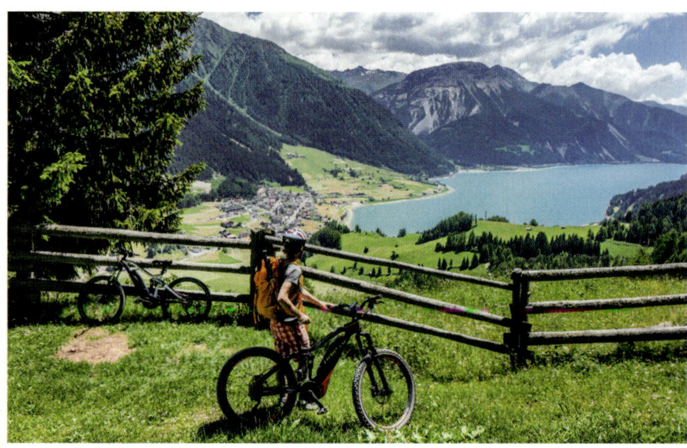

Blick auf den Reschensee

Reschen – Reschner Alm

Die Auffahrt zur Reschner Alm und zum Ausgangspunkt der Bergtour zum Piz Lad ist bis auf den ersten Abschnitt sehr gemütlich. Von Reschen geht es am Anfang relativ steil über eine schmale Teerstraße aufwärts. Batterieleistung ist auf dieser Tour keine Frage, man kann ordentlich prassen. Bald schon legt sich der Anstieg zurück; man fährt über eine sehr schöne, einsame Forststraße bis zum Almweg, der zur Reschner Alm führt. Die Abfahrt erfolgt über eine ehemalige Militärstraße und über Forstwege hinunter Richtung Reschengrenze und über den Radweg zurück zum Ausgangspunkt.

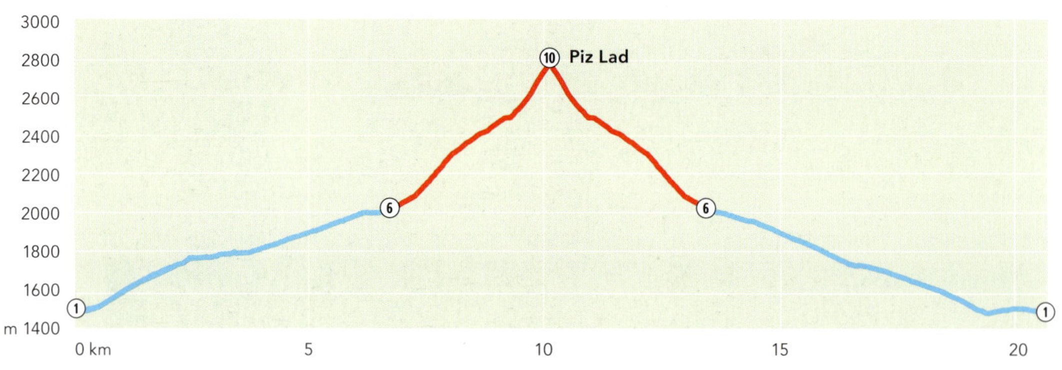

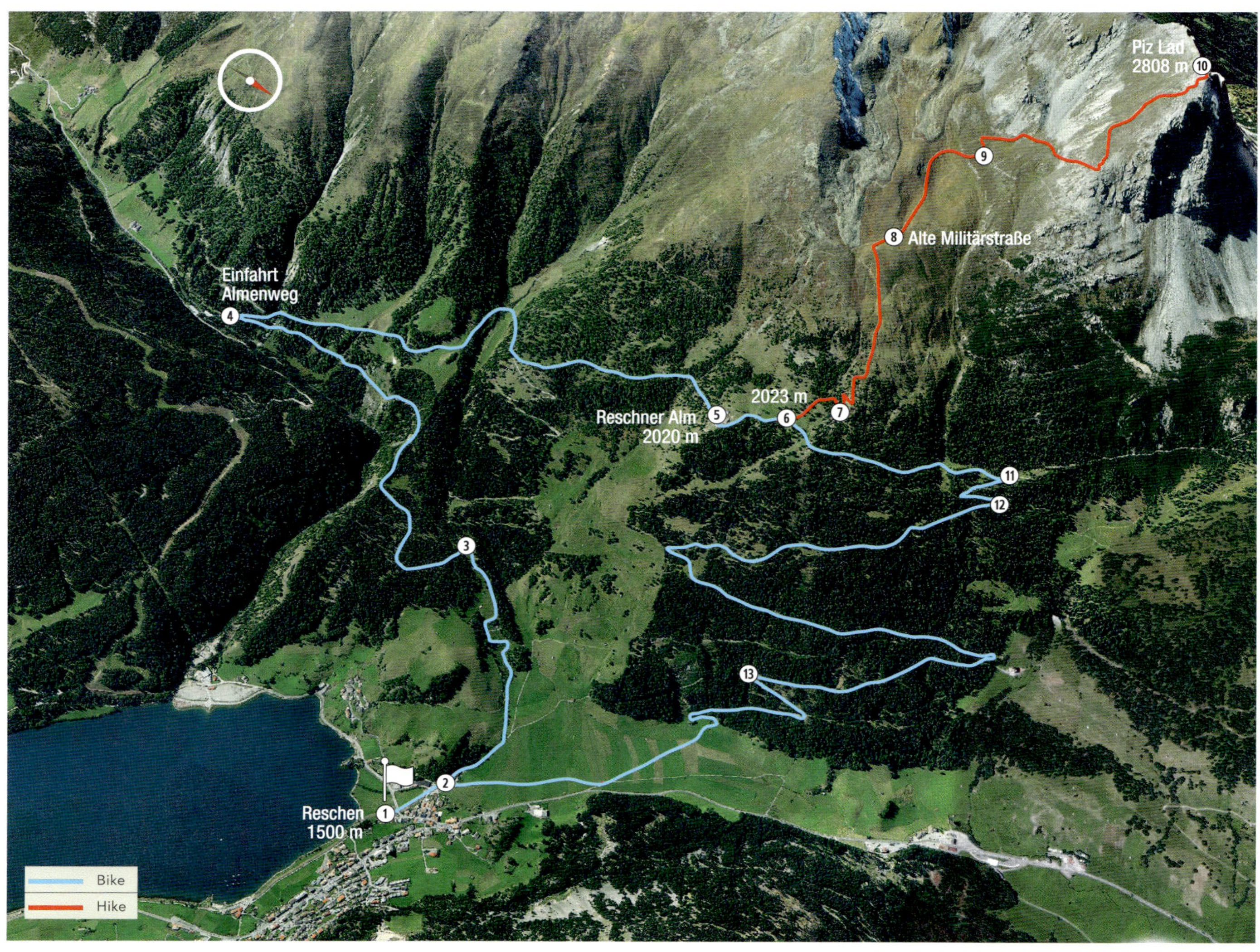
Piz Lad
2808 m
10
9
8
Alte Militärstraße
Einfahrt
Almenweg
4
2023 m
Reschner Alm
2020 m
5
6
7
11
12
3
13
2
Reschen
1500 m
1
Bike
Hike

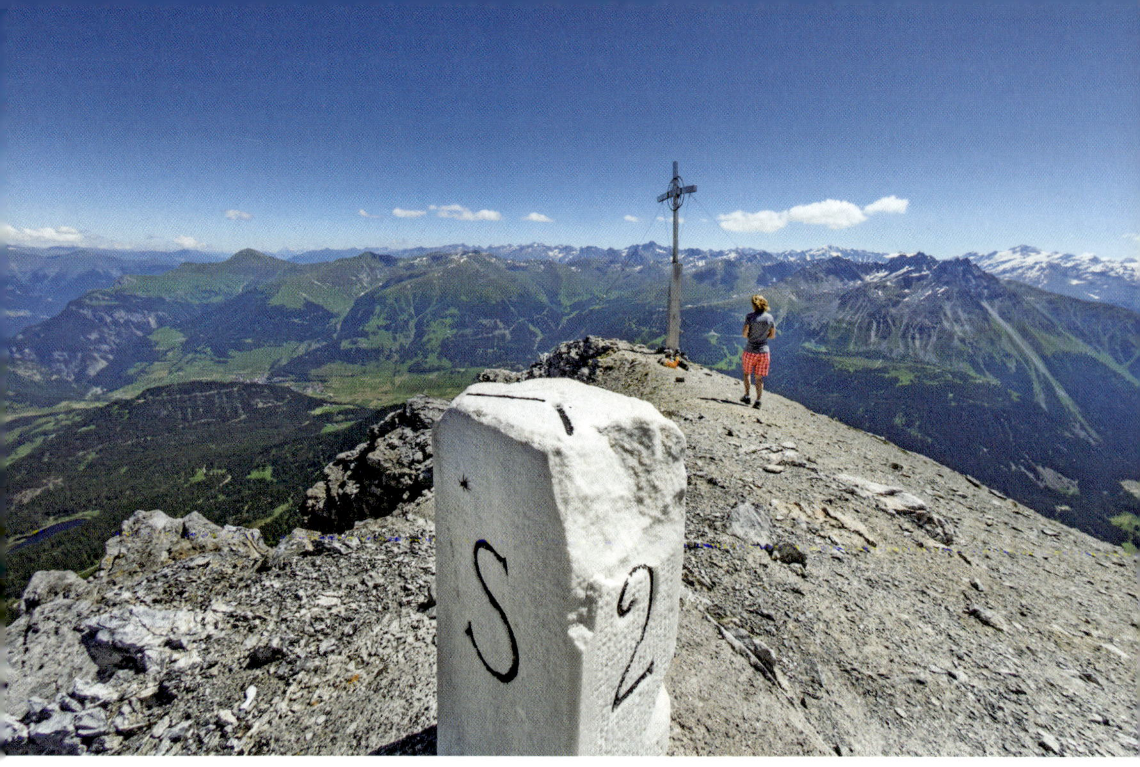

Am Gipfel des Piz Lad mit Blick auf die Ötztaler Alpen

Tourenbeschreibung: Vom ① Parkplatz in Reschen (1500 m) Richtung Norden, die Straße überqueren und gleich in den Radweg einfahren. Bei einer beschilderten ② Weggabelung links halten (Wegschild Reschner Alm) und steil über die schmale Asphaltstraße aufwärts. Bei der darauffolgenden ③ Wegverzweigung links halten und weiter über die Teerstraße (nicht der Beschilderung Reschner Alm folgen, sondern Richtung Rojen). Bald schon geht die Asphaltstraße in einen schönen Forstweg über, der an einer kleinen Kapelle vorbei bis zur ④ Einfahrt in den Almenweg führt. Rechts weiter über die Naturstraße bis zur ⑤ Reschner Alm (2020 m). An dieser vorbei und kurz abwärts zur beschilderten ⑥ Abzweigung (2023 m) zum → Piz Lad. Hier wird das Bike abgestellt.

Rückweg: Nach der Gipfeltour zum Piz Lad geht es mit dem E-Bike weiter über die alte Militärstraße Richtung Norden bis zur ersten ⑪ Rechtskehre. Rechts halten, durch die Kehre abwärts zur darauffolgenden ⑫ Rechtskehre. Rechts halten. Es folgt die lange Abfahrt hinunter ins Tal. In einer ⑬ Linkskehre oberhalb des Talbodens weiter Richtung Norden. Bald schon sind die Wiesen und die ② Einfahrt in den Radweg erreicht. Rechts weiter über den Radweg zurück zum Ausgangspunkt.

Piz Lad (2808 m)

Bekannte und beliebte Gipfeltour an der Grenze zu Österreich. Der letzte Teil der Route, man hat das Gipfelkreuz schon im Blick, ist steil und anstrengend, jedoch nicht ausgesetzt. Einzigartiger Blick über die drei Länder Italien, Österreich und die Schweiz mit ihren endlosen Bergketten wie Ortler- und Silvrettagruppe, Berninagruppe und Ötztaler Alpen.

Wegbeschreibung: Von der beschilderten ⑥ Weggabelung folgt man dem Weg kurz aufwärts zur ersten Wegverzweigung (mehrere Schilder, auch Piz Lad). Rechts weiter über einen breiten Weg aufwärts, bis links ein steiler ⑦ Steig abzweigt (nicht beschildert, aber rot-weiß markiert). Über diesen aufwärts bis in die Nähe eines Wegkreuzes und eines Brunnens. Der Steig mündet in eine ⑧ alte Militärstraße, der man Richtung Norden folgt. Dort, wo sich die ⑨ Straße verzweigt, geht man links weiter. Es folgt eine Kehre und die lange Querung hin zum Rücken des Piz Lad. Dort endet der alte Militärweg. Zum Teil sehr steil über viele Serpentinen aufwärts zum ⑩ Piz Lad (2808 m).

Alternativer Abstieg: Vom Gipfel folgt man dem Gratverlauf (Markierungen – Weg 5A), vorbei an einem Grenzstein, in stetem Auf und Ab und am Ende hinunter in eine Scharte. Der langgezogene Rücken ist gut zu begehen und auch nicht besonders exponiert. Der Steig führt um eine Felskuppe herum abwärts in einen grasbewachsenen Sattel (großer Steinmann und Grenzstein), dann Richtung Nordosten und schlussendlich flacher werdend zurück zur alten Militärstraße, über die der Aufstieg erfolgt.

RESCHNER ALM → PIZ LAD

Strecke hin und zurück: 6,6 km

Höhenmeter bergauf/bergab: 780 m

Zeitbedarf insgesamt: 4–4½ Stunden

Schwierigkeit: ■ □ □

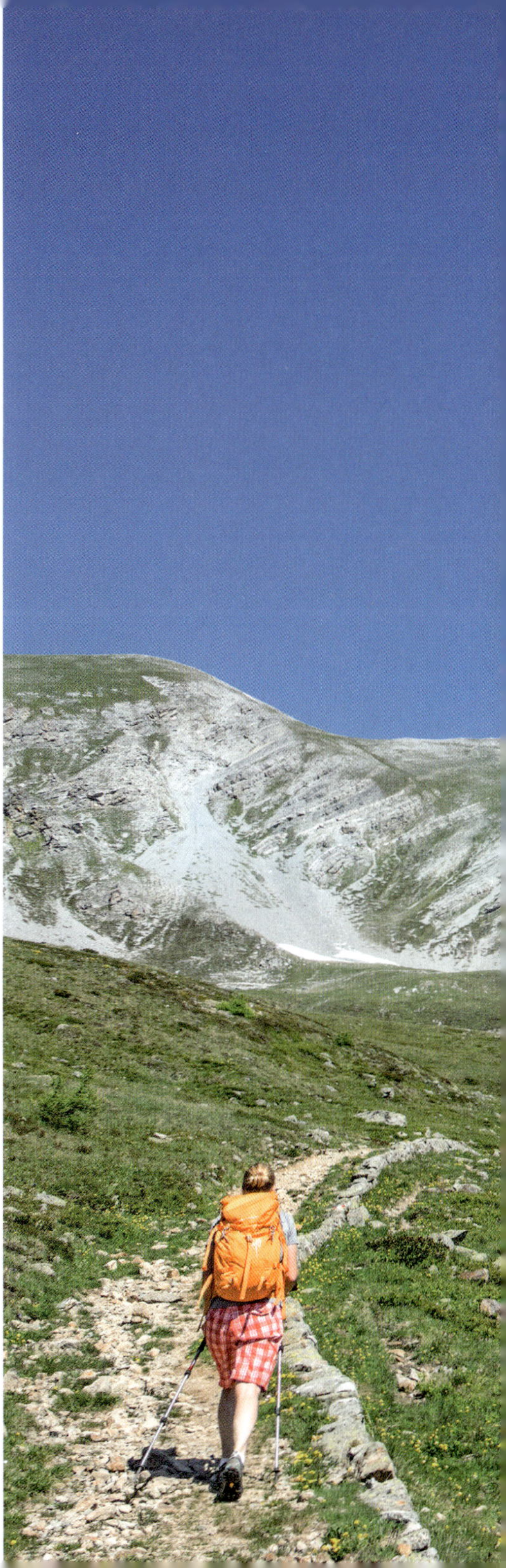

2 RESCHEN – GRAUNER ALM – PLEISKÖPFL – GROSSHORN

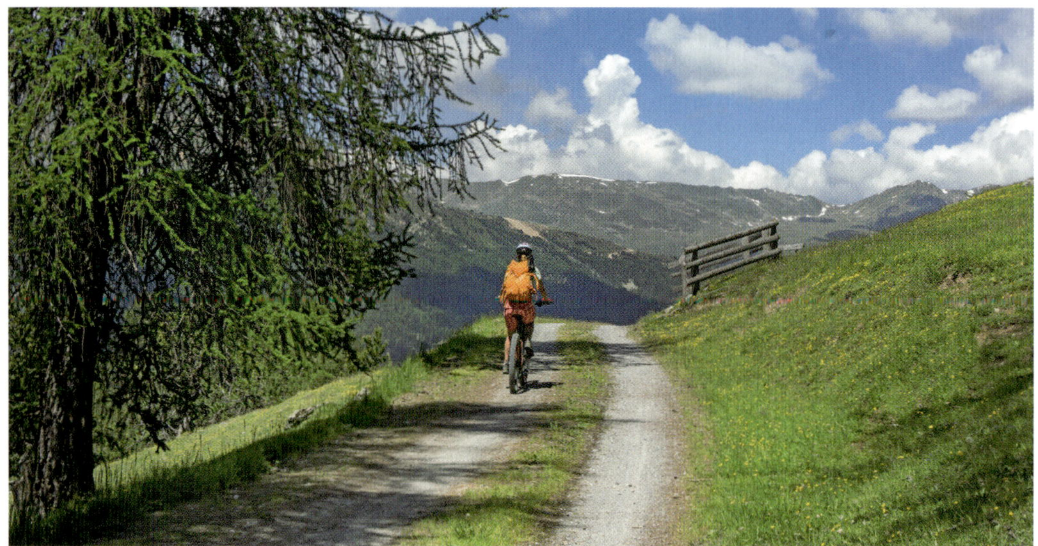

Auffahrt zur Grauner Alm; gegenüber rechts der Piz Lad

RESCHEN → GRAUNER ALM

Strecke hin und zurück
24,8 km

Höhenmeter bergauf/bergab
760 m

Zeitbedarf insgesamt
ca. 2½ Stunden

Schwierigkeit
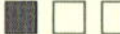

Anfahrt
siehe Tour 1

Tipp
- Mit dem Linienbus bis Reschen
- Im Ortszentrum neben der Hauptstraße gibt es einen Radverleih. E-Bikes unbedingt vorher reservieren!
- Um die Anfahrt zur Grauner Alm zu verkürzen, kann man in der Ortschaft Graun starten. Gebührenpflichtiger Parkplatz in unmittelbarer Nähe des Kirchturms im See

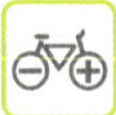

Reschen – Grauner Alm

Streckenmäßig relativ lange, aber nur auf kurzen Abschnitten etwas steilere Auffahrt über eine sehr gepflegte Forststraße. Von Reschen nach Graun folgt man dem Radweg. Die Grauner Alm liegt in einem einsamen Bergkessel umrahmt von vielen, einfach zu besteigenden Gipfeln.

Tourenbeschreibung: Vom ① Parkplatz in Reschen (1500 m) radelt man Richtung Süden, vorbei am Friedhof und entlang des Sees bis zu einer großen ② Hotelanlage. Weiter über den Radweg, der dem Seeufer bis zum versunkenen Kirchturm in Graun folgt. Immer am Seeufer, vorbei am Parkplatz bis zur ③ Wegkreuzung, wo man links abbiegt. Weiter in die Ortschaft bis zur Hauptstraße. Über diese oder kurz davor (Radweg zwischen den Häusern hindurch) bis zur ④ Abzweigung ins Langtauferer Tal. Kurz der Straße folgen, bis rechts der beschilderte ⑤ Forstweg zur Grauner Alm beginnt. Problemlos der Forststraße zur ⑥ Grauner Alm (2165 m) folgen. Hier kann das Bike abgestellt werden.

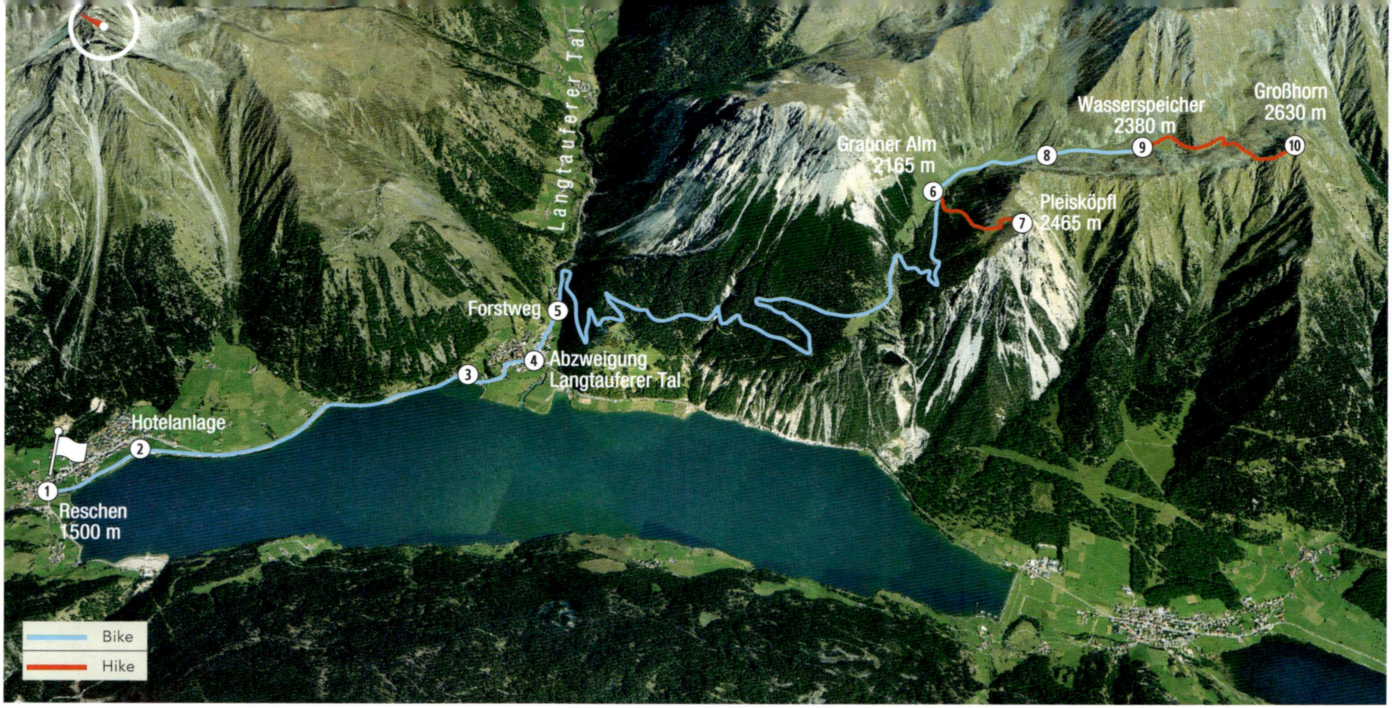

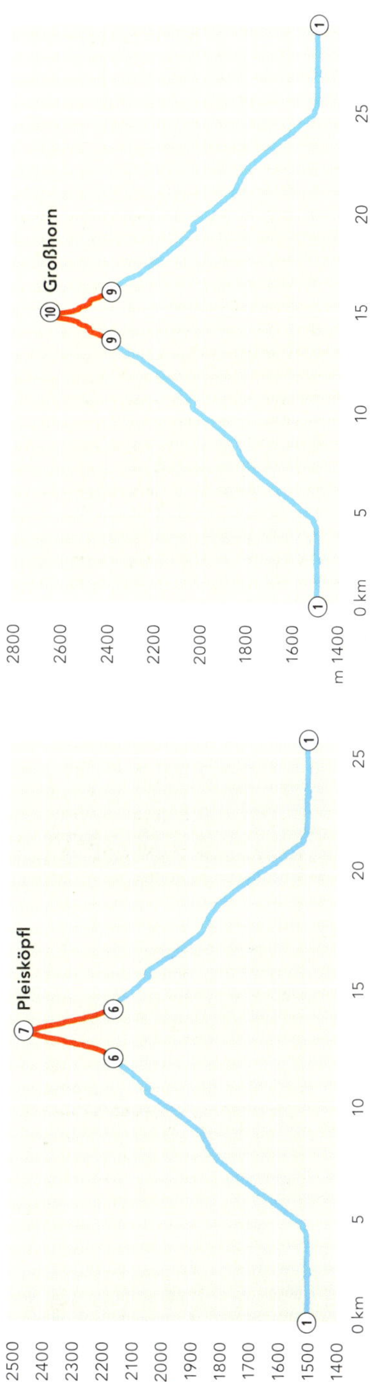
Reschen
1500 m
Hotelanlage
Forstweg
Abzweigung
Langtauferer Tal
Langtauferer Tal
Grauner Alm
2165 m
Pleisköpfl
2465 m
Wasserspeicher
2380 m
Großhorn
2630 m
Bike
Hike
Pleisköpfl
Großhorn
m 1400
0 km
5
10
15
20
25

GRAUNER ALM → PLEISKÖPFL

Strecke hin und zurück
1,9 km

Höhenmeter bergauf/bergab
300 m

Zeitbedarf insgesamt
1½–2 Stunden

Schwierigkeit

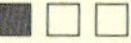

Pleisköpfl (2465 m)

Vom Tal aus zeigt sich das freistehende Pleisköpfl, ein großartiger Aussichtsberg, als steil abfallende, alles überragende Erhebung, die jedoch von der Grauner Alm aus in kurzer Zeit über einen einfachen Weg bestiegen werden kann.

Wegbeschreibung: Direkt bei der Grauner Alm ⑥ beginnt der beschilderte Aufstieg zum gut sichtbaren Pleisköpfl. Kurz durch den Wald, dann über Wiesengelände und etwas mühsam durch den dichten Latschenwald bis zu den Hochweiden, über die der Steig zum Teil auch steil hinauf zum ⑦ Pleisköpfl (2465 m) führt.

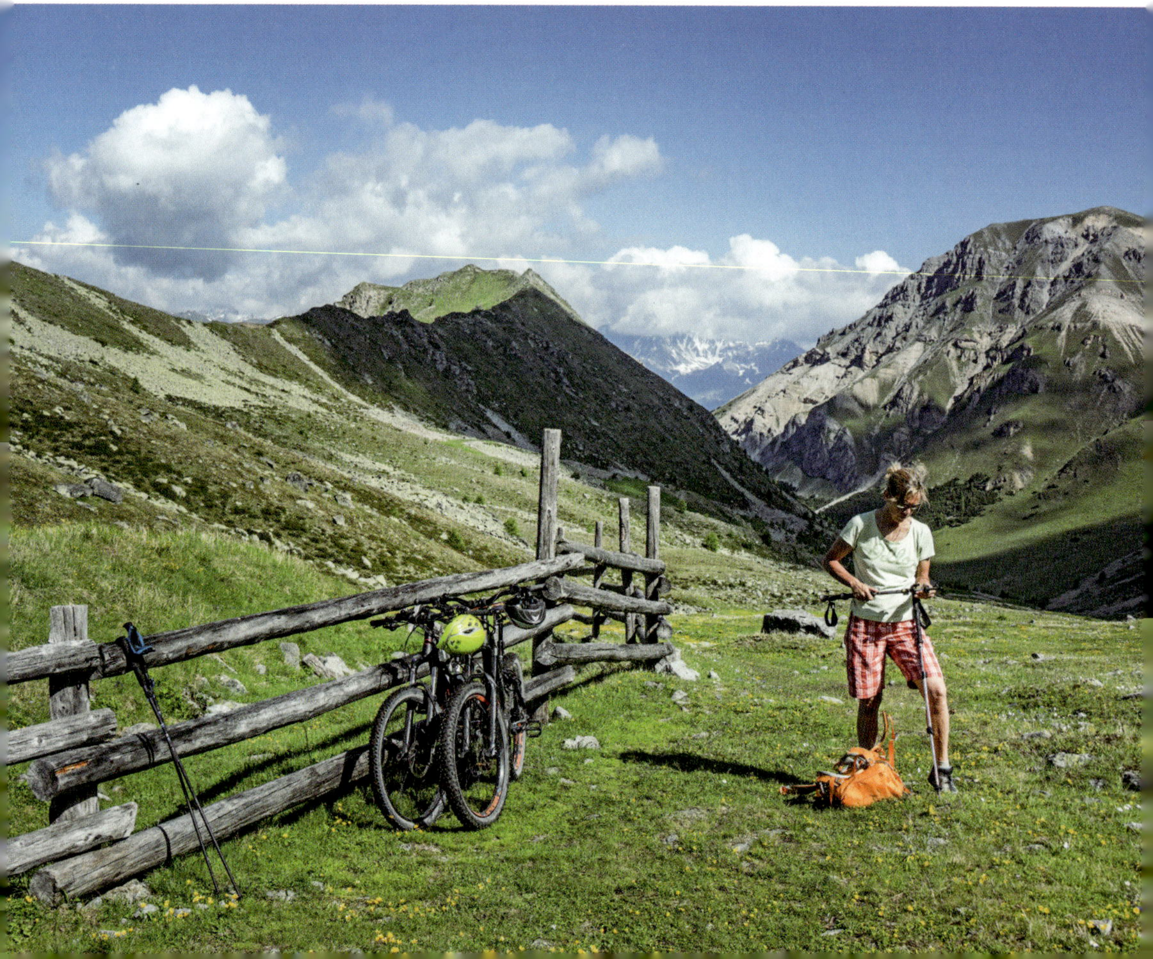

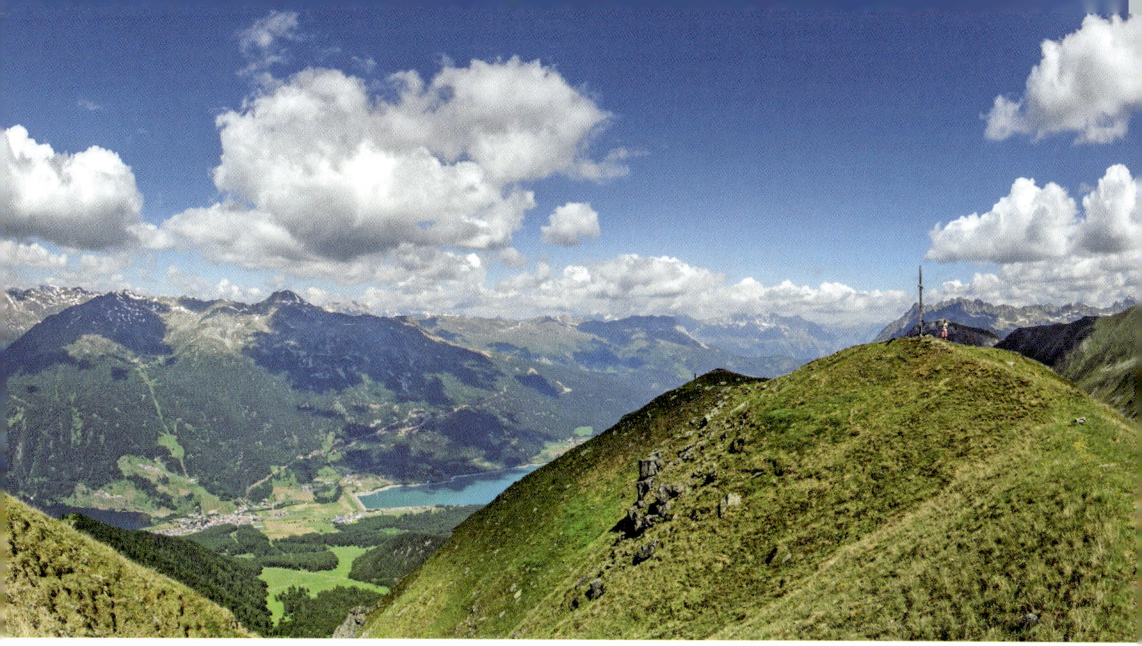

Der Gipfel des Großhorns. Im Tal die Ortschaft St. Valentin und der Reschensee

Großhorn (2630 m)

Anstatt das Pleisköpfl zu besteigen, kann man mit dem E-Bike von der Grauner Alm dem Traktorweg bis zu seinem Ende folgen. Einsamer, überaus lohnenswerter Ausflug, der mit einer kurzen Gipfeltour, der Besteigung des Großhorns, endet. Der Traktorweg ist in bestem Zustand, auf kurzen Abschnitten und für die Rückfahrt ist eine gute Grundfahrtechnik Voraussetzung. Wegstrecke mit dem Rad ab Grauner Alm: zusätzlich 220 Höhenmeter im Aufstieg – 1,7 km – ca. 20 Minuten. Dem Traktorweg von der ⑥ Alm bis zu einer ⑧ Wegverzweigung folgen. Geradeaus und ein kurzes Stück sehr steil aufwärts, dann über die Almwiesen, den Traktorspuren folgend, bis zu einem ⑨ Wasserspeicher (ca. 2380 m), wo man das Bike abstellt.

Wegbeschreibung: Vom eingezäunten ⑨ Wasserspeicher folgt man den gut sichtbaren Steigspuren steil aufwärts in flacheres Gelände in der Nähe des Baches. Der Weg ist markiert, die Markierungen sind aber verblasst und schlecht erkennbar. Man folgt dem Bach ein kurzes Stück, um ihn dann nach rechts zu überqueren. Das Gipfelkreuz des Großhorns ist gut sichtbar, die nächste Markierung ist auf einem großen Stein in der Mitte der steilen Bergwiese angebracht. Zum Teil weglos, den verblassten Markierungen folgend, hinauf zum Nordrücken des Berges und über diesen zum ⑩ Großhorn (2630 m).

WASSERSPEICHER → GROSSHORN

Strecke hin und zurück
2,6 km

Höhenmeter bergauf/bergab
250 m

Zeitbedarf insgesamt
2–2½ Stunden

Schwierigkeit

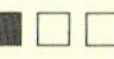

Der Aufstieg über den Nordrücken ist ein wenig ausgesetzt

3 MALS – GLURNSER KÖPFL – PLASCHWELLER

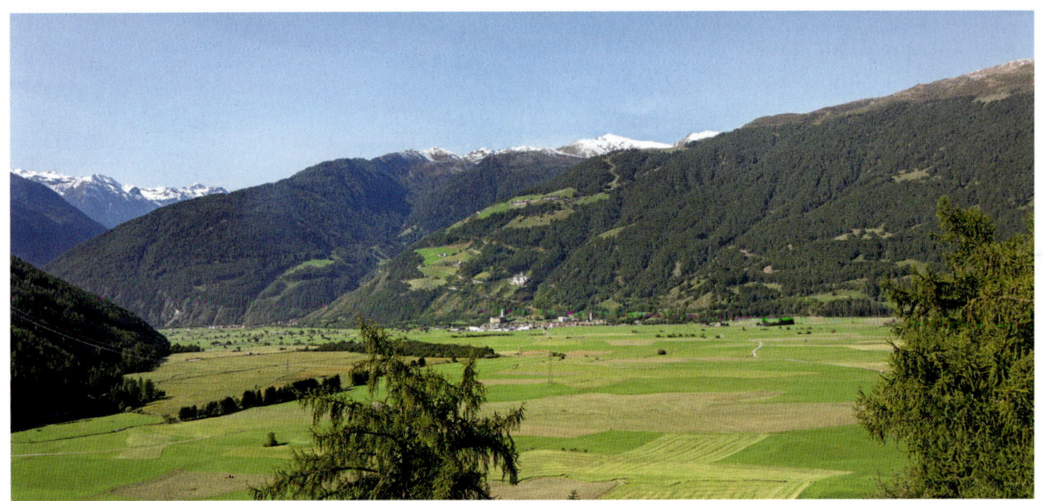

Die Malser Haide

MALS → GLURNSER ALM

Strecke hin und zurück
24,4 km

Höhenmeter bergauf/bergab
1200 m

Zeitbedarf insgesamt
ca. 2½ Stunden

Schwierigkeit
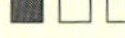

Anfahrt
Durch den Vinschgau nach Mals. Am besten zum gut beschilderten Bahnhof. Dort gibt es einen gebührenfreien Parkplatz

Tipp
Mit der Vinschger Bahn bis nach Mals. Am Bahnhof gibt es einen E-Bike-Verleih. E-Bikes unbedingt am Vortag reservieren

Hinweis
Für den Gegenanstieg von Glurns nach Mals, ca. 120 Hm, mindestens 10 % Batterieleistung sparen

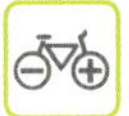

Mals – Glurns – Glurnser Alm

Von Glurns in gleichmäßiger Steigung und ohne große Anstrengung gemütlich über eine gute Forststraße bis zur Glurnser Alm.

Tourenbeschreibung: Am ① Bahnhof in Mals (1005 m) beim Ende der Geleise biegt man links ab (Radwegbeschilderung Glurns). Dort, wo der Weg in die ② Hauptstraße mündet, hält man sich links und folgt der Straße nach ③ Glurns (912 m). Geradeaus durch die Stadt, die man auf der gegenüberliegenden Seite bei der Brücke über die Etsch verlässt. Nach der ④ Kirche biegt man links Richtung Prad ab und nimmt dann die erste ⑤ Auffahrt rechts (Wegschild Glurnser Alm und MB-Beschilderung). Geradeaus über die schmale, steile Teerstraße, vorbei am Kirchlein St. Martin und über einige Kehren zu einer ⑥ Weggabelung. Geradeaus der MB-Beschilderung „Gipfeltour Glurnser Köpfl" folgen. Bei der nächsten ⑦ Weggabelung rechts halten. Man fährt bis zu einer ⑧ Wegverzweigung in einer Kehre. Rechts weiter (Beschilderung Glurnser Alm) und dem Forstweg bis zu seinem Ende bei der ⑨ Glurnser Alm (1976 m) folgen; hier wird das Bike abgestellt.

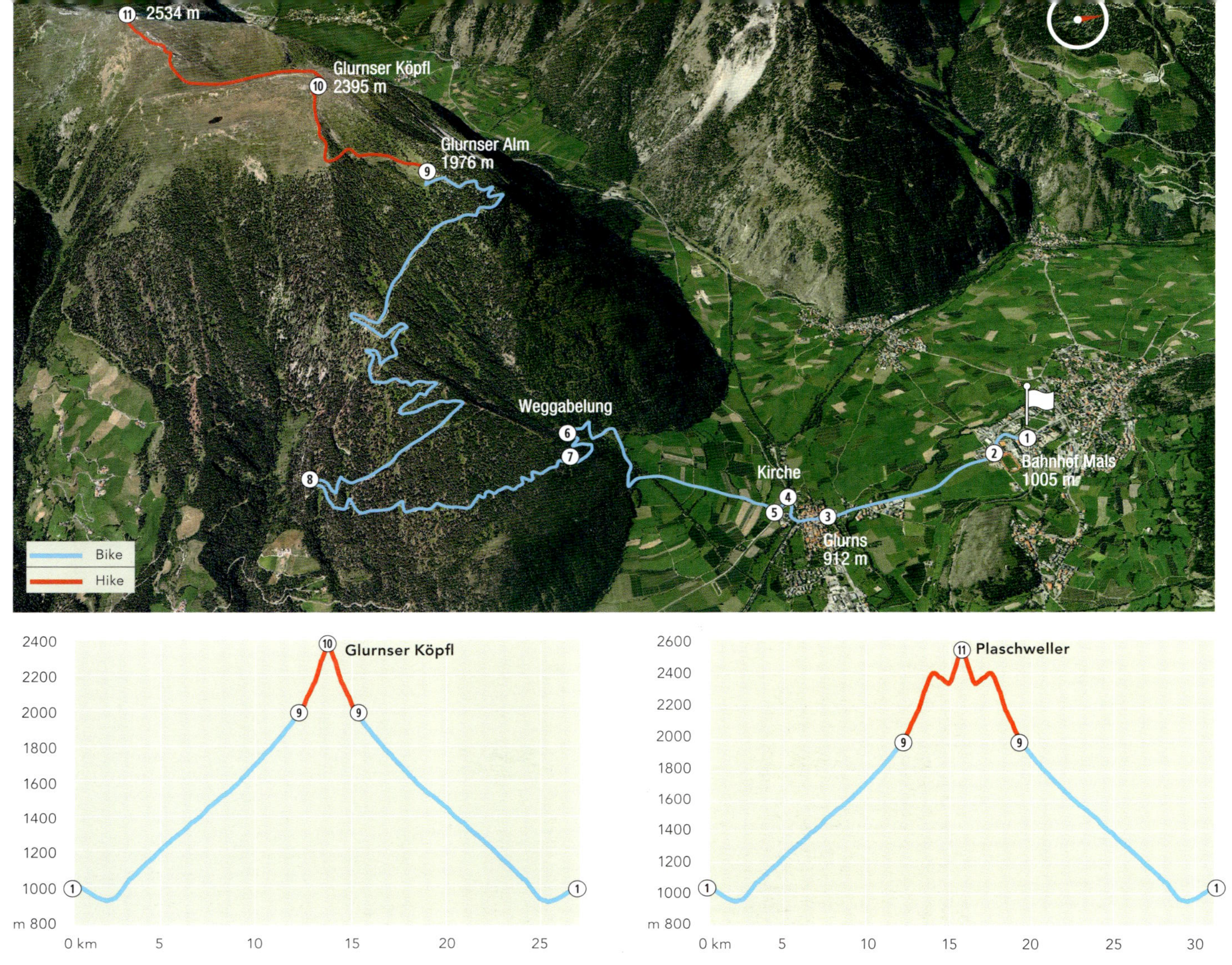

2534 m
Glurnser Köpfl
2395 m
Glurnser Alm
1976 m
Weggabelung
Kirche
Glurns
912 m
Bahnhof Mals
1005 m
Bike
Hike
Glurnser Köpfl
Plaschweller
m 800
1000
1200
1400
1600
1800
2000
2200
2400
2600
0 km
5
10
15
20
25
30

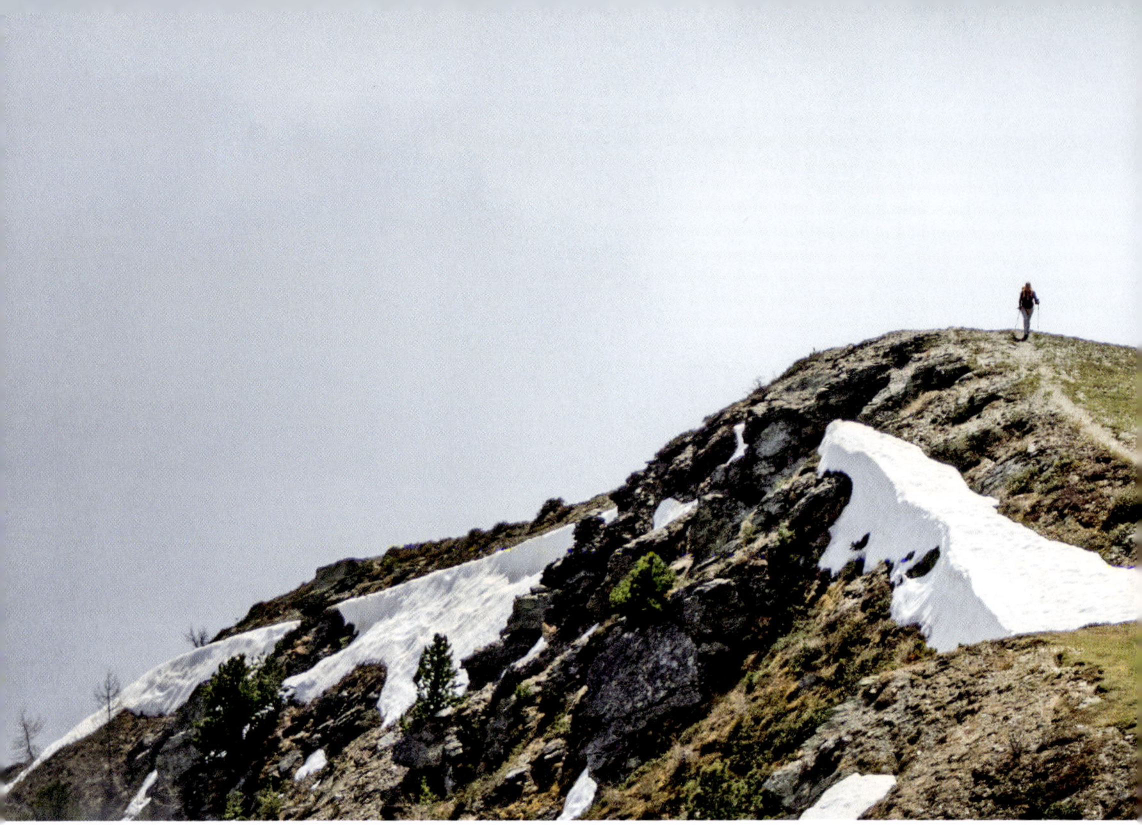

Alternative Rückfahrt von Glurns: Nach dem Überqueren der Brücke über die Etsch vor der Stadtmauer von Glurns dem Radweg nach rechts folgen. Es gibt immer wieder beschilderte Abzweigungen, z. B. zum Bahnhof nach Schluderns. Von dort Rückfahrt nach Mals mit dem Zug.

Glurnser Köpfl (2395 m)

Relativ kurzer und einfacher Aufstieg, der auf eine Bergkuppe mit einem großen Gipfelkreuz führt. Allerdings sind die landschaftliche Schönheit und der Blick auf den nahen Ortler sowie auf die Seen im oberen Vinschgau kaum zu schlagen!

Wegbeschreibung: Bei der (9) Glurnser Alm beginnt der gut markierte Aufstieg, der über Almweiden nach links zum Ostrücken des Glurnser Köpfls führt. Über diesen steigt man in Serpentinen zum (10) Glurnser Köpfl (2395 m) mit großem Gipfelkreuz auf.

GLURNSER ALM → GLURNSER KÖPFL

Strecke hin und zurück: 3,1 km

Höhenmeter bergauf/bergab: 400 m

Zeitbedarf insgesamt: 2–2½ Std.

Schwierigkeit

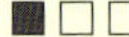

GLURNSER ALM → PLASCHWELLER

Strecke hin und zurück: 7,2 km

Höhenmeter bergauf/bergab: 710 m

Zeitbedarf insgesamt: 3½–4 Std.

Schwierigkeit

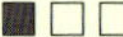

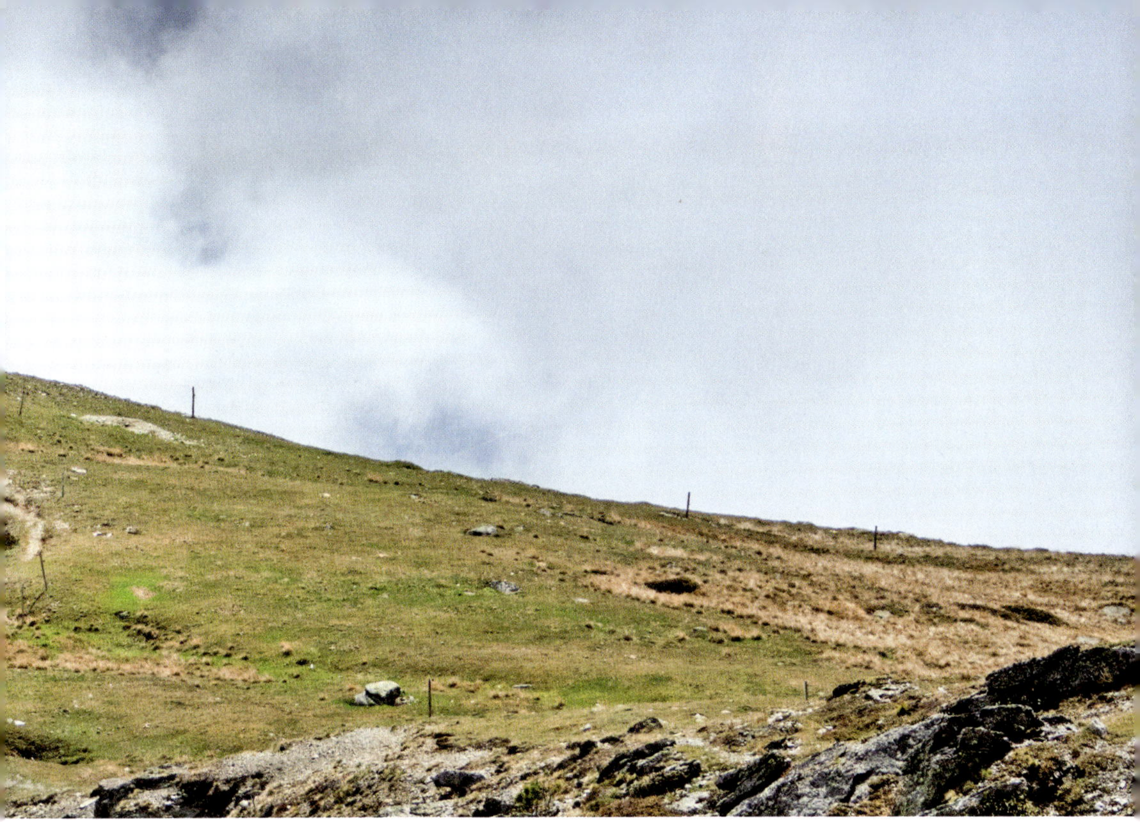

Aufstieg zum Glurnser Köpfl

Plaschweller (2534 m)

Vom Glurnser Köpfl bietet sich der ziemlich einfache Weiterweg zum eher unbekannten Gipfel des Plaschweller geradezu an. Eine ideale Verlängerung für den Wanderer, der noch gut in der Zeit liegt.

Wegbeschreibung: Wie oben beschrieben zum ⑩ Glurnser Köpfl (2395 m). Vom Gipfel dem markierten Steig (Hinweis auf einem Stein „Plaschweller") bis zur Gratschneide folgen. Entlang dieser und mit kurzem Abstieg in einen Sattel, wo der Aufstieg zum ⑪ Plaschweller (2534 m) beginnt.

4 MALS – MALETTES – SPITZIGE LUN

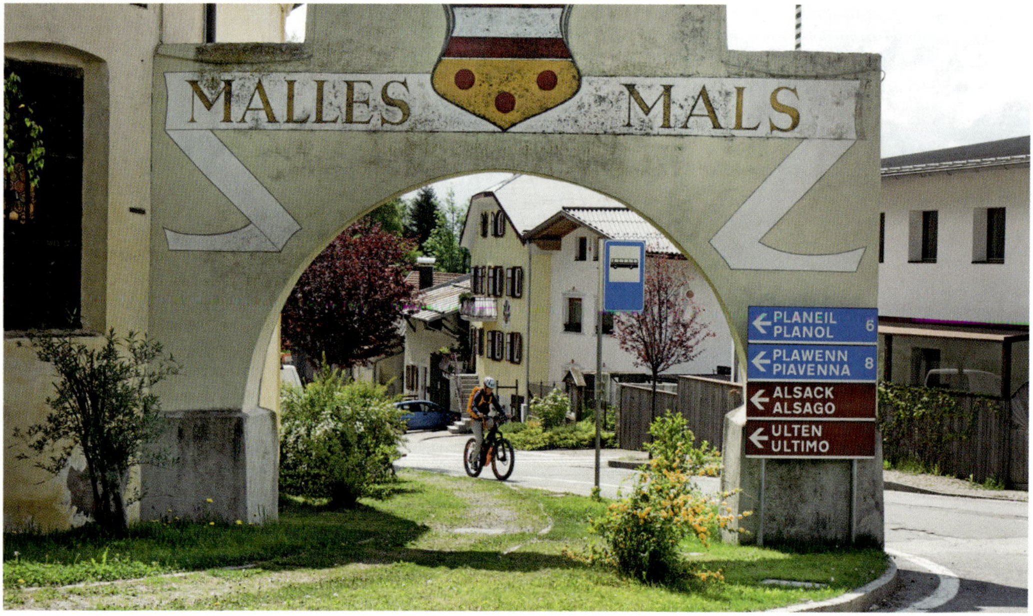

Am Ortsrand von Mals

MALS → ENDE FORSTSTRASSE

Strecke hin und zurück
22 km

Höhenmeter bergauf/bergab
970 m

Zeitbedarf insgesamt
ca. 2¼ Stunden

Schwierigkeit
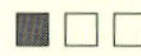

Anfahrt
Durch den Vinschgau nach Mals. Am besten zum gut beschilderten Bahnhof. Dort gibt es einen gebührenfreien Parkplatz

Tipp
- Mit der Vinschger Bahn bis nach Mals. Am Bahnhof gibt es einen E-Bike-Verleih. E-Bikes unbedingt am Vortag reservieren!

Mals – Malettes – Ende Forststraße

Gemütliche Auffahrt über einen sehr schönen, nicht besonders steilen Forstweg. Nur der allerletzte Teil des Anstieges steilt sich etwas auf, der Weg wird ein klein wenig ruppiger, ist aber immer noch gut zu befahren. Da man auf dieser Route nicht mit Batterieleistung sparen muss, kann man die letzten Meter so richtig prassen! Man sollte bei der Abfahrt die Geschwindigkeit im Auge behalten, denn man wird immer wieder anderen Mountainbikern begegnen. Der obere Vinschgau ist bekannt für seine Offenheit gegenüber Biker: Die Wege sind bestens beschildert und es herrschen klare Regeln.

Tourenbeschreibung: Man verlässt das ① Bahnhofsgelände in Mals (1005 m) und fährt über die Bahnhofstraße, vorbei an den alten Kasernenanlagen und einem Kreisverkehr hinauf zur Hauptstraße (Ampel), die man überquert. Auf der gegenüberliegenden Seite gerade aufwärts (Bahnhofstraße) bis zur ersten ② Kreuzung. Links weiter und

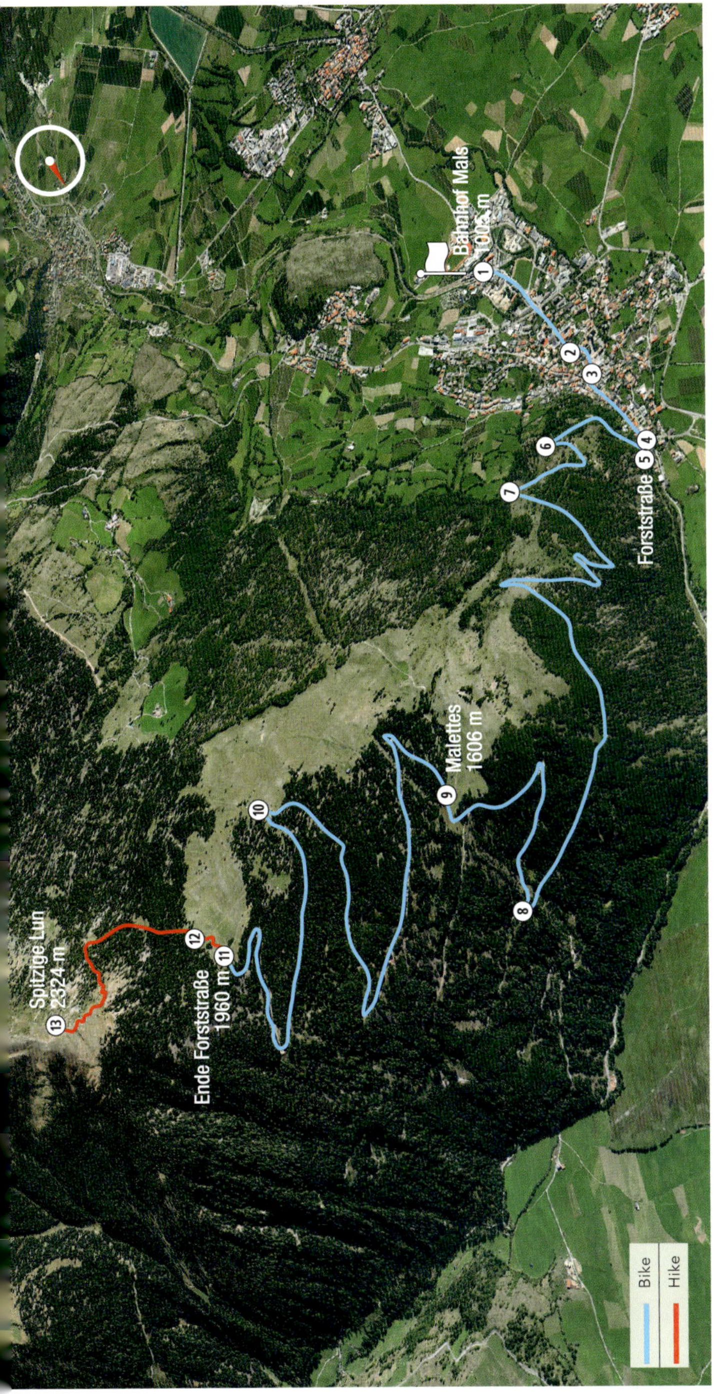

Bahnhof Mals
1005 m
Forststraße
Malettes
1606 m
Ende Forststraße
1960 m
Spitzige Lun
2324 m
Bike
Hike

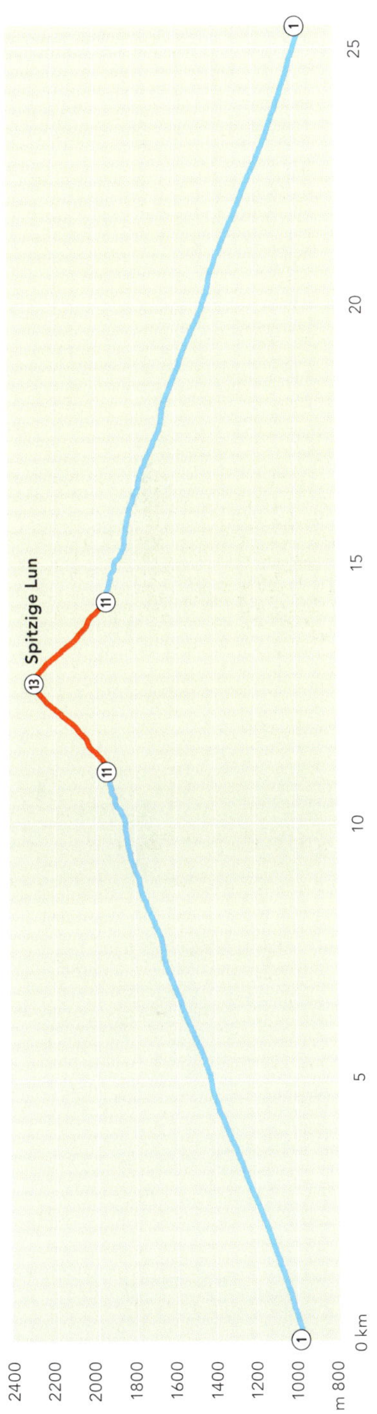
Spitzige Lun
m 800
1000
1200
1400
1600
1800
2000
2200
2400
0 km
5
10
15
20
25

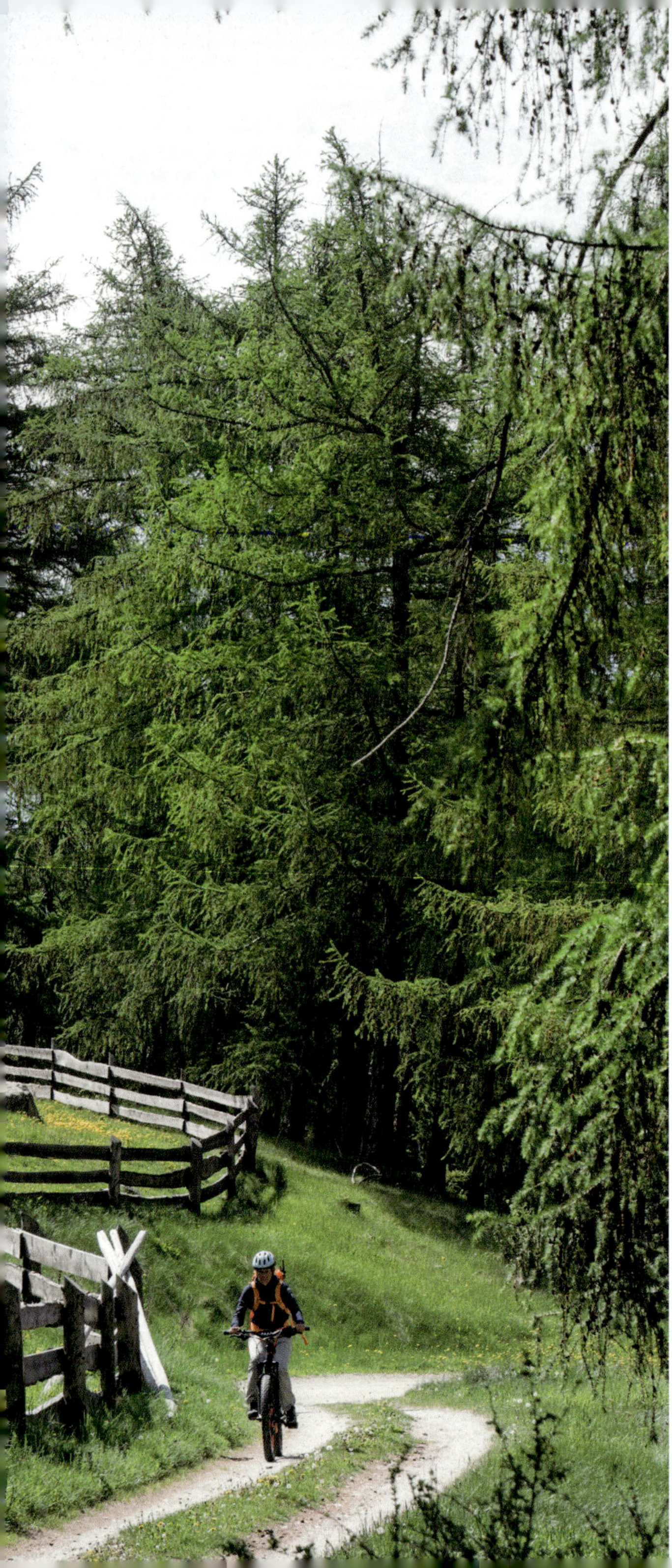

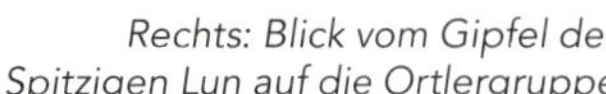

Rechts: Blick vom Gipfel der Spitzigen Lun auf die Ortlergruppe

der schmalen Straße entlang – vorbei am Gasthof Hirschen – bis an deren 3 Ende. Rechts abbiegen (Fußgängerzone – Radfahrer erlaubt), dann links der Dr.-H.-Flora-Straße bis ans Ende des Dorfes folgen. Bei der 4 beschilderten Kreuzung rechts Richtung Planeil weiter. Nach einigen Metern beginnt rechts die 5 Forststraße (Beschilderung Spitzige Lun). Nach einem Spielplatz in einer 6 Kehre links halten (Wegschild Spitzige Lun). Weiter über die Forststraße bis zur darauffolgenden 7 Linkskehre (Wegverzweigung). Links halten. Bei der 8 Weggabelung (Radwegschild Malettes) rechts weiter. Hinauf in die 9 Örtlichkeit Malettes (1606 m). Geradeaus der Radwegbeschilderung zur Spitzigen Lun folgen. Dort, wo in einer 10 Linkskehre ein grasbewachsener Weg abzweigt, durch die Kehre nach links weiter und zum 11 Ende der Forststraße (ca. 1960 m), wo man das Bike abstellt.

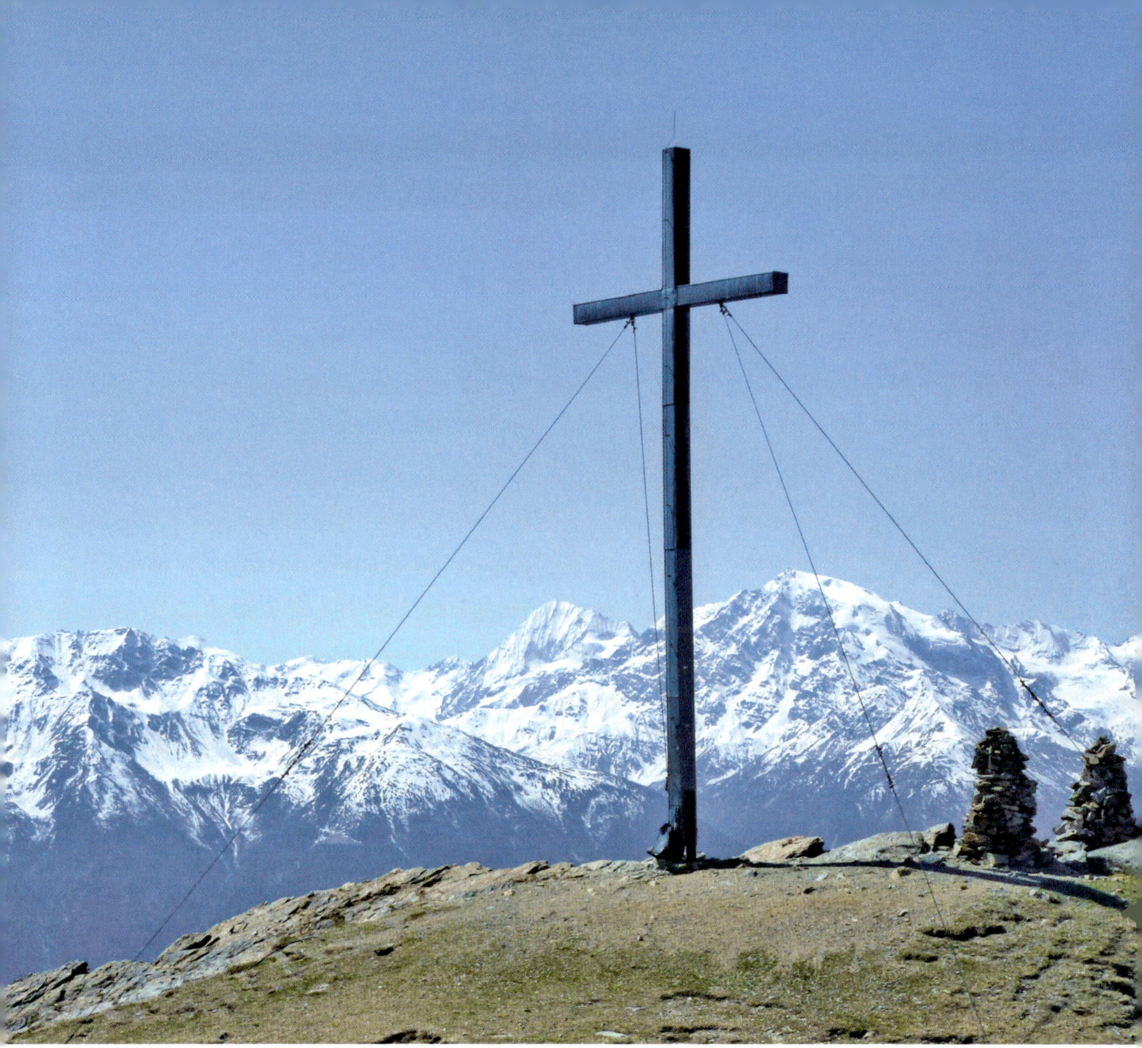

Ende Forststraße – Spitzige Lun (2324 m)

Kurzer und einfacher Aufstieg, der auf einen Aussichtsberg ersten Ranges führt. Zum Greifen nahe der Ortler und seine vergletscherten Trabanten sowie die Schweizer Berge und die Dörfer des oberen Vinschgau wie Mals, Glurns und Laatsch.

Wegbeschreibung: Vom ⑪ Ende der Forststraße kurz weglos bis zu den gut sichtbaren ⑫ Schildern. Links aufwärts. Zuerst noch durch den Wald und dann über freies Gelände zum großen Gipfelkreuz auf der ⑬ Spitzigen Lun (2324 m).

ENDE FORSTSTRASSE → SPITZIGE LUN

Strecke hin und zurück
3,4 km

Höhenmeter bergauf/bergab
360 m

Zeitbedarf insgesamt
1½–2 Stunden

Schwierigkeit

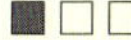

5 LAAS – OBERE LAASER ALM – SAURÜSSEL

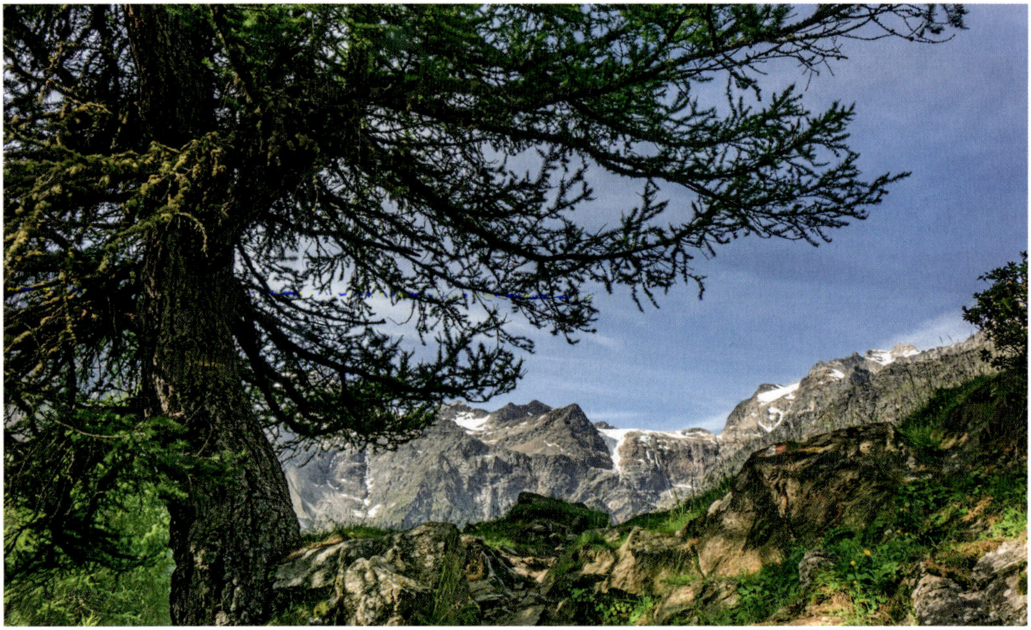

Im Laaser Tal

LAAS → ENDE FORSTSTRASSE

Strecke hin und zurück
26,2 km

Höhenmeter bergauf/bergab
1200 m

Zeitbedarf insgesamt
ca. 2½ Stunden

Schwierigkeit
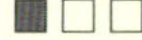

Anfahrt
Durch den Vinschgau bis in die Ortschaft Laas. Gebührenfreie Parkmöglichkeiten am Bahnhof in Laas

Tipp
› Mit der Vinschger Bahn bis nach Laas

Laas – Parnetz – Ende Forststraße

Bis auf einige wenige Steilstücke angenehme Anfahrt hinein ins urige, unberührte Laaser Tal. Die Kulisse, die den Radfahrer begleitet, ist wildromantisch, die gut gewartete Naturstraße, die ca. 1,5 Kilometer vor der Oberen Alm endet, wird verhältnismäßig wenig befahren.

Tourenbeschreibung: Vom ① Bahnhof in Laas (868 m) zur Hauptstraße, dann rechts weiter Richtung Ortszentrum. Beim ② Dorfplatz rechts abbiegen, abwärts zur Etsch und gleich nach der Brücke links in den Schießstandweg (Radroute) einfahren. Bei der nächsten ③ Kreuzung (Karnatschhof, es gibt dort auch Wegschilder „Obere Alm") rechts abbiegen und steil über die Schmiedgasse aufwärts, bis ④ rechts die Straße nach Parnetz (Straßenschild) abzweigt. Man fährt bis in die Streusiedlung Parnetz und folgt weiterhin der Teerstraße, die am Waldrand bei den letzten Wiesen zur Naturstraße wird. Über

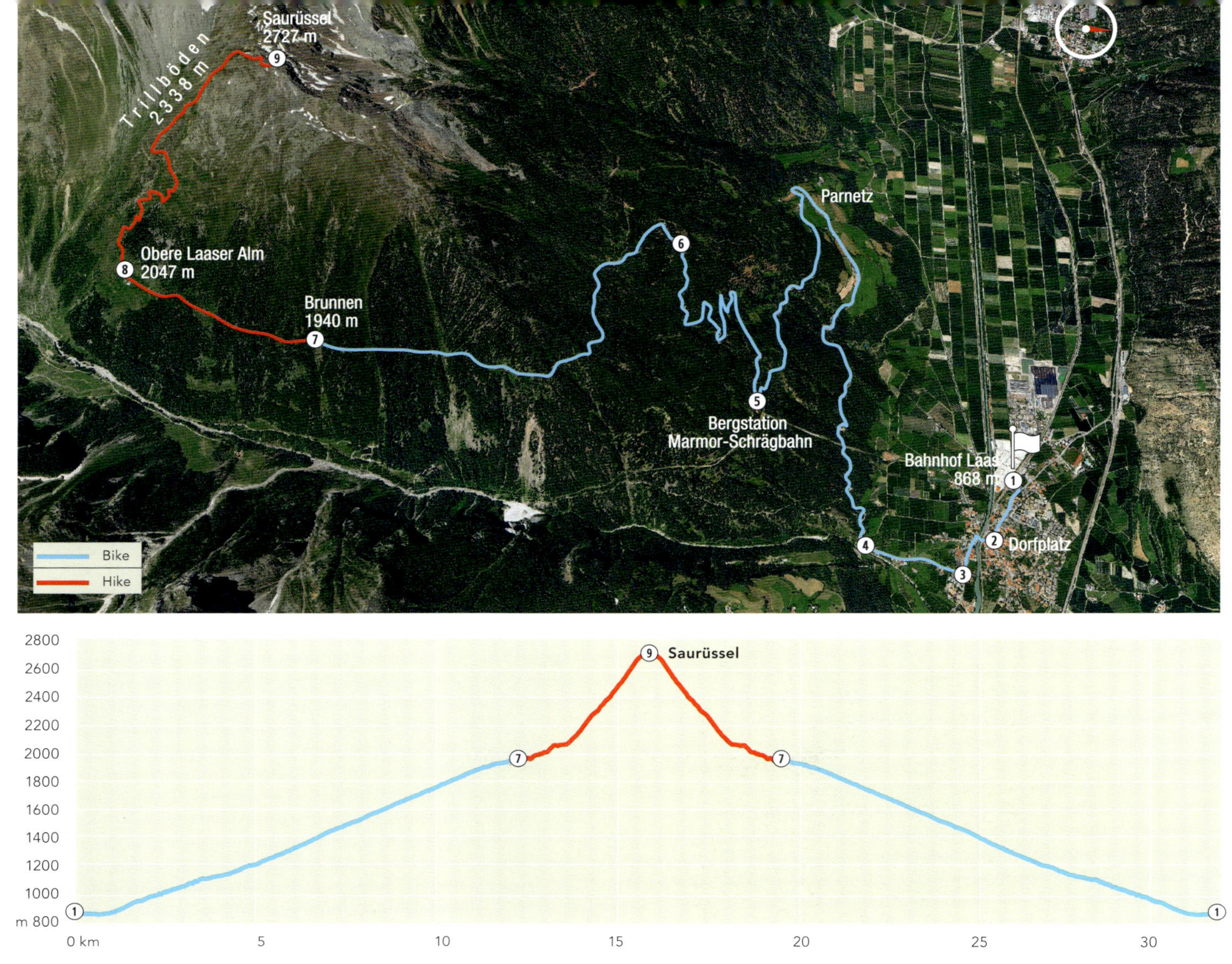
Saurüssel
2727 m
Trillböden
2338 m
Obere Laaser Alm
2047 m
Brunnen
1940 m
Parnetz
Bergstation
Marmor-Schrägbahn
Bahnhof Laas
868 m
Dorfplatz
Bike
Hike
Saurüssel
2800
2600
2400
2200
2000
1800
1600
1400
1200
1000
m 800
0 km
5
10
15
20
25
30

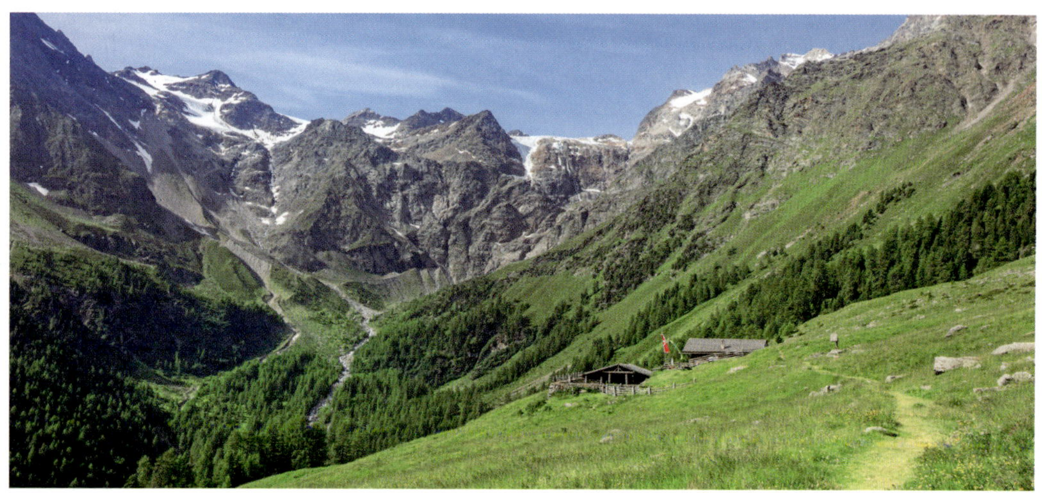

Die Obere Laaser Alm

Rechts: das Gipfelkreuz am Saurüssel

die gut gepflegte Straße aufwärts, vorbei an der ⑤ Bergstation der Marmor-Schrägbahn. Weiter über die Straße aufwärts, bis in einer seichten ⑥ Linkskurve rechts ein Weg abzweigt. Links halten und der Forststraße bis an ihr Ende folgen. Man kann noch ein kleines Stück einem breiten Waldweg folgen, der bei einem ⑦ Brunnen (1940 m) endet, wo man das Bike abstellen kann.

Saurüssel (2727 m)

Der Anstieg ist ab der Oberen Laaser Alm relativ steil, weist jedoch keine nennenswerten Schwierigkeiten auf. Die letzten Meter hin zum Gipfel, den ein sehr schönes Gipfelkreuz ziert, verlaufen über einfaches Felsgelände. Der Rundumblick ist bemerkenswert: die wilde, nahezu unberührte Gegend des hintersten Laaser Tales mit den vergletscherten Bergen hat einen sehr eigenen, fast schon etwas geheimnisvollen Reiz.

Wegbeschreibung: Vom ⑦ Brunnen folgt man dem Weg in leichter Steigung durch den Wald zu den Almwiesen der ⑧ Oberen Laaser Alm (2047 m). Dort weist ein Wegschild den Weiterweg, der über die Hochweiden und über viele Serpentinen hinauf zur Örtlichkeit Trillböden (2338 m) führt, wo man Überreste einer Stallung findet. Man quert kurz nach links, um danach – zum Teil auch recht steil – zum Kamm aufzusteigen. Dort folgt man dem Steig nach rechts und erreicht bald schon den Gipfel des ⑨ Saurüssels (2727 m).

ENDE FORSTSTRASSE → SAURÜSSEL

Strecke hin und zurück
6,3 km

Höhenmeter bergauf/bergab
790 m

Zeitbedarf insgesamt
3½–4 Stunden

Schwierigkeit

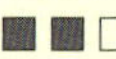

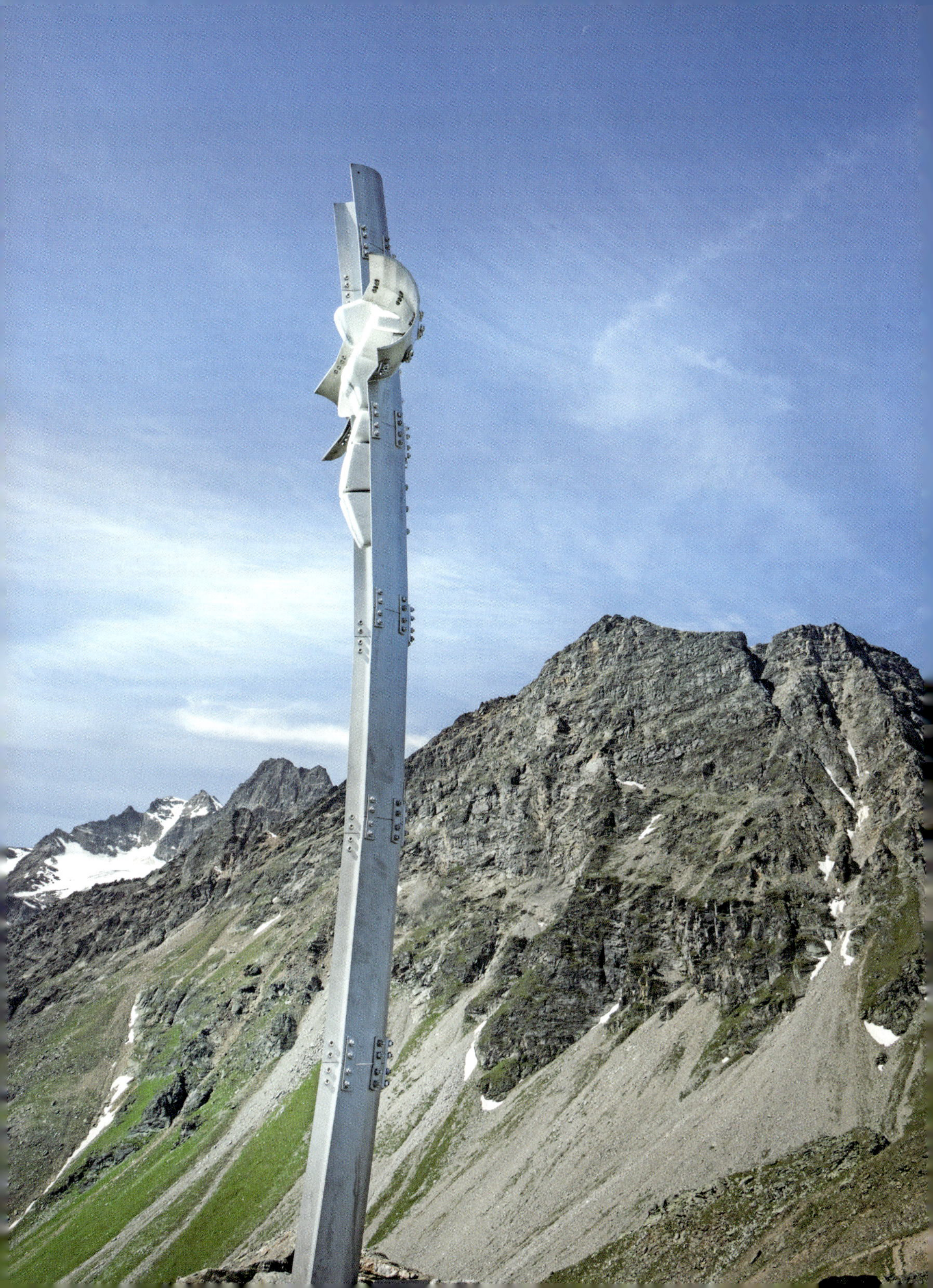

6 LATSCH – TÖBRUNN – ZWÖLFER KREUZ

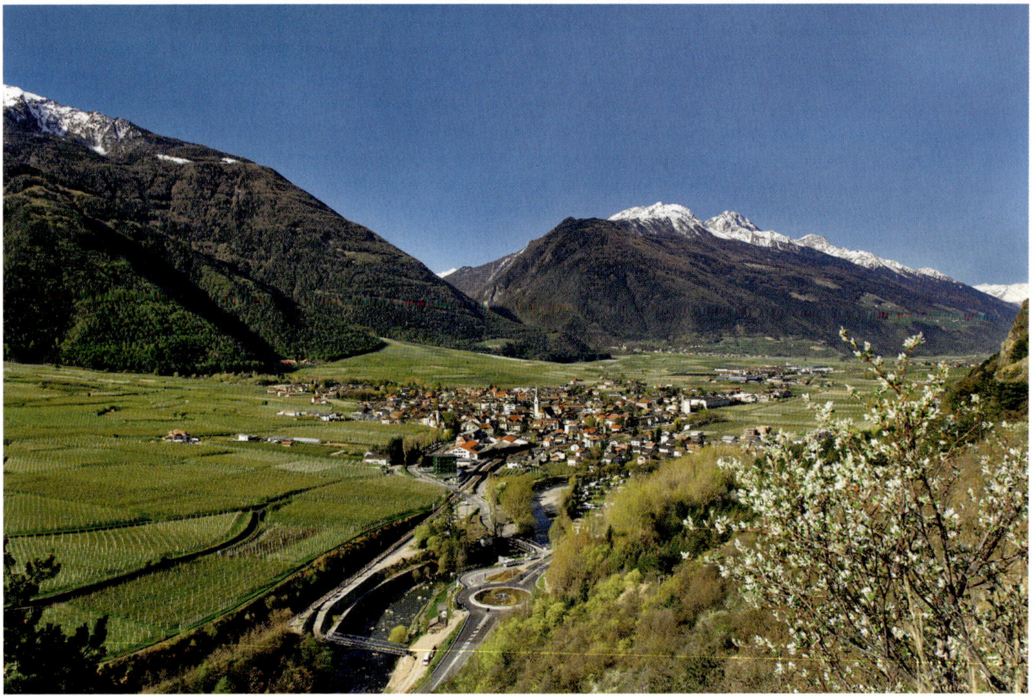

Die Ortschaft Latsch

LATSCH → ABZWEIGUNG ZWÖLFERKREUZ

Strecke hin und zurück
27,6 km

Höhenmeter bergauf/bergab
1240 m

Zeitbedarf insgesamt
ca. 2¾ Stunden

Schwierigkeit
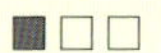

Latsch – Töbrunn – Abzweigung Zwölferkreuz

Lange, gemütliche Auffahrt mit kurzen, etwas steileren Abschnitten. Zum Teil ist der Forstweg etwas ruppig und deshalb wird die Batterieleistung ein klein wenig gefordert. Wer nicht allzu sehr prasst, der sollte jedoch genügend Energie für diese einsame und landschaftlich sehr schöne Auffahrt haben.

Tourenbeschreibung: Vom ① Bahnhof in Latsch (630 m) geradeaus Richtung Ortszentrum. Bei der ② Hauptstraße kurz rechts, dann gleich wieder links (Beschilderung Tarsch). Der Straße bis zu den Sportanlagen folgen. Bei der ③ Weggabelung gleich nach dem Schwimmbad rechts weiter (Beschilderung Bierkeller u. a.). Vorbei an der Eishalle und geradeaus weiter zur nächsten ④ Gabelung.

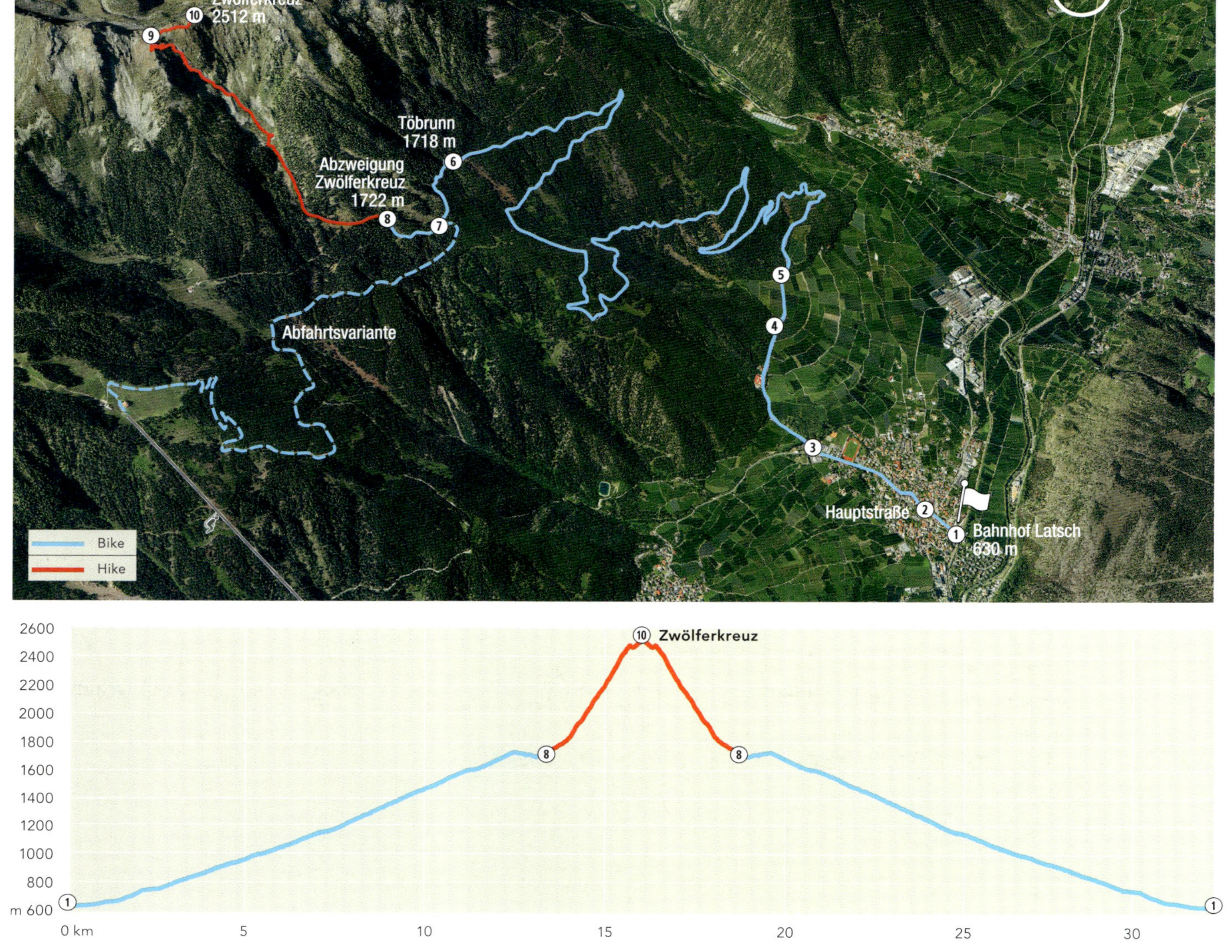
2512 m
Töbrunn
1718 m
Abzweigung
Zwölferkreuz
1722 m
Abfahrtsvariante
Hauptstraße
Bahnhof Latsch
630 m
Bike
Hike
Zwölferkreuz
2600
2400
2200
2000
1800
1600
1400
1200
1000
800
m 600
0 km
5
10
15
20
25
30

Anfahrt
Durch den Vinschgau bis in die Ortschaft Latsch. Gebührenfreie Parkmöglichkeiten am Bahnhof in Latsch

Tipp
- Mit der Vinschger Bahn gemütlich bis nach Latsch
- Direkt am Bahnhof in Latsch gibt es einen Radverleih. E-Bikes unbedingt reservieren!
- Wer ein vollgefedertes E-Bike besitzt und über solide Fahrtechnik verfügt, kann auf der Rückfahrt sowohl über Töbrunn als auch hinunter zur Talstation des Sessellifts einen Downhilltrail wählen. Die Trails sind beschildert, Informationen im Internet einholen

Dort hält man sich rechts (Wegschild Töbrunn). Man fährt durch die Obstwiesen bis zu einer ⑤ Wegverzweigung und geradeaus weiter. Gleich darauf beginnt die Forststraße Töbrunn. Über viele Kehren, zumeist wenig steil, über die Straße aufwärts bis nach ⑥ Töbrunn (1718 m). Es folgt ein Stück Abfahrt hinunter zu einer ⑦ Weggabelung. Geradeaus weiter im Anstieg bis zur beschilderten ⑧ Abzweigung (ca. 1722 m), wo der markierte Aufstieg Nr. 10 zum Zwölferkreuz beginnt. Dort stellt man das Bike ab.

Abfahrtsvariante: Man fährt zurück bis zur ⑦ Weggabelung. Anstatt links auf den von Töbrunn kommenden Anfahrtsweg abzubiegen, folgt man der Naturstraße abwärts. Diese endet bei der Talstation des Sesselliftes zur Tarscher Alm. Die Straße ist von 9 bis 12 Uhr und von 14 bis 17 Uhr für den Verkehr gesperrt. Trotzdem Vorsicht, es gibt immer ein paar Schlaumeier, die sich nicht an das Fahrverbot halten! Von der Talstation über die breite Teerstraße abwärts in die Ortschaft Tarsch und zurück zum Ausgangspunkt in Latsch.

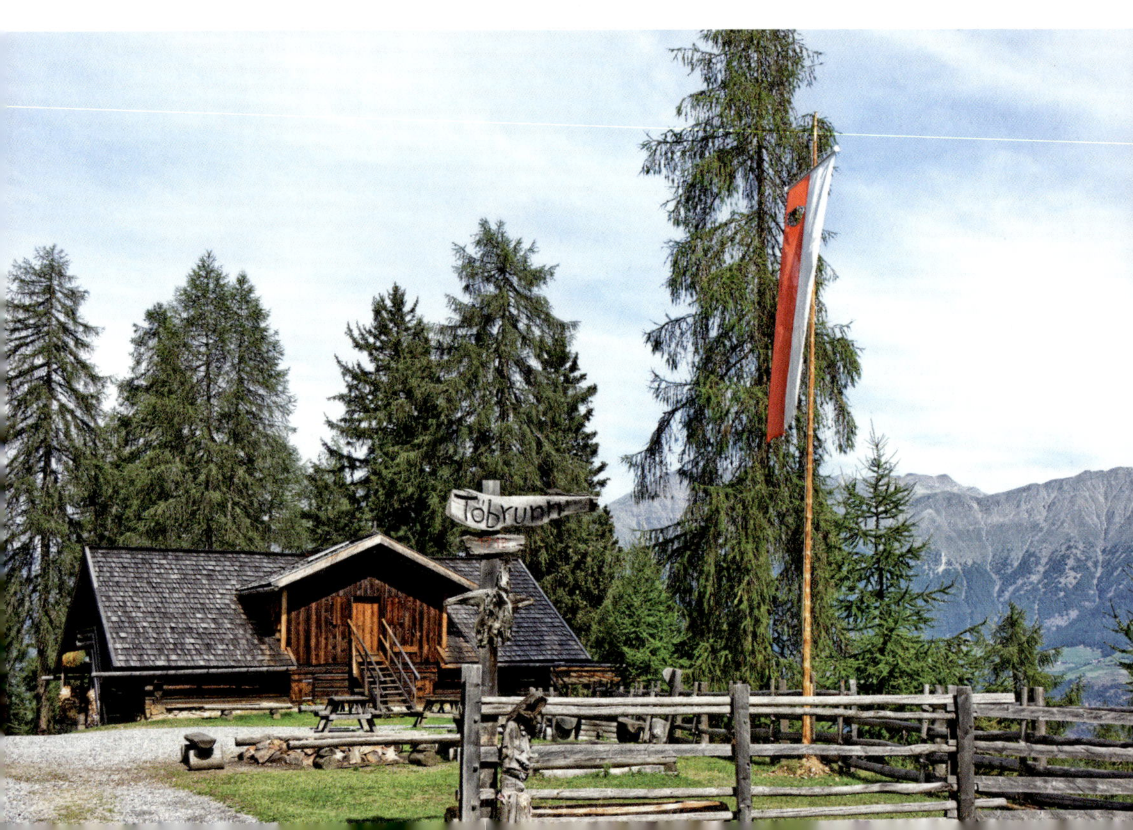

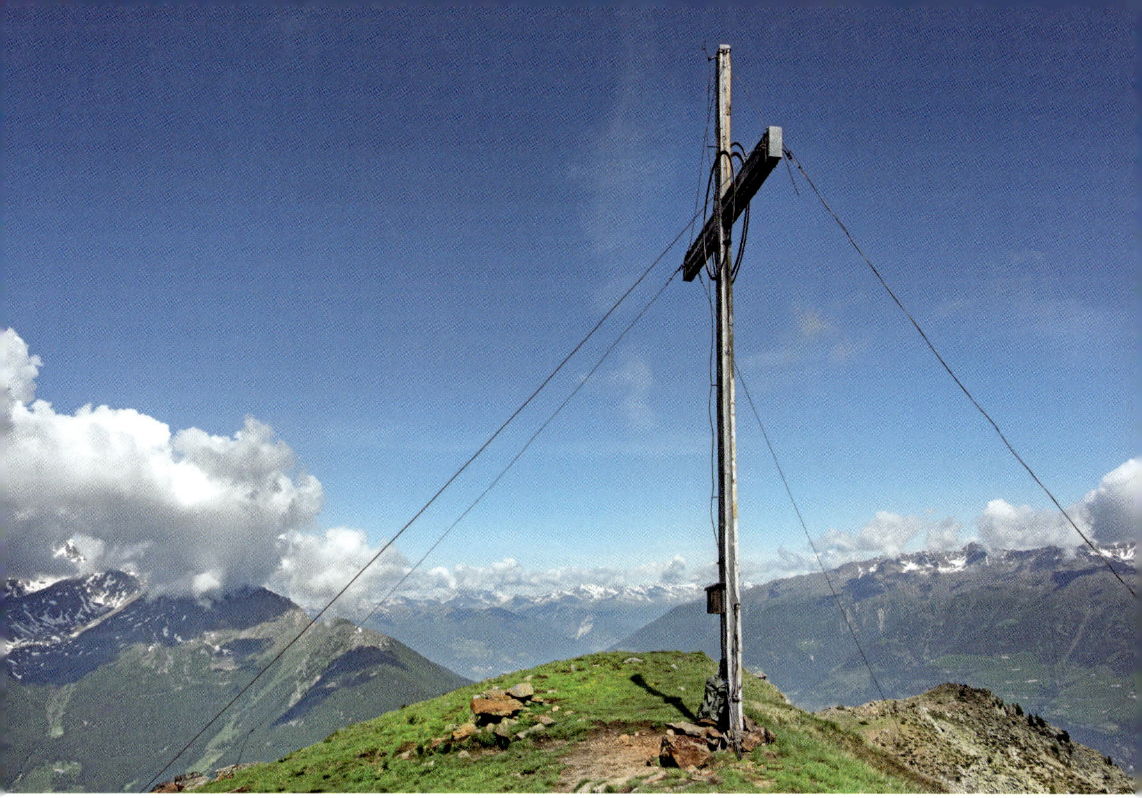

Am Zwölferkreuz

Zwölferkreuz (2512 m)

Beliebte Gipfeltour, die auf eine markante Erhebung im Kamm zwischen dem Ultental und dem Vinschgau führt. Der Anstieg ist besonders im letzten Teil sehr steil. Der schon eher alpine Steig ist gut markiert und verlangt besonders im Abstieg Trittsicherheit.

Wegbeschreibung: Von der beschilderten ⑧ Weggabelung (ca. 1722 m) folgt man dem Weg kurz aufwärts zur ersten Wegverzweigung (mehrere Schilder, auch Zwölferkreuz). Man geht noch ohne große Anstrengung nach links weiter und erreicht bald schon eine weitere Wegkreuzung. Der Beschilderung zum Zwölferkreuz geradeaus aufwärts folgen. Der Weg führt anfangs steil durch den Lärchenwald, dann hinaus in eine Alpenrosenlandschaft und hinauf in den Kessel unterhalb des gut sichtbaren Gipfels des Zwölferkreuzes. Nun wird der Anstieg zunehmend steiler und endet schlussendlich am Kamm. Man steigt kurz zu einer nicht beschilderten ⑨ Weggabelung ab und folgt dem Steig entlang des Bergrückens bis zum ⑩ Zwölferkreuz (2512 m).

ABZWEIGUNG ZWÖLFERKREUZ → ZWÖLFERKREUZ

Strecke hin und zurück
6,8 km

Höhenmeter bergauf/bergab
790 m

Zeitbedarf insgesamt
3½–4 Stunden

Schwierigkeit

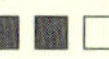

7 LATSCH – TAPPEIN – SCHÖNPUTZSPITZE – ZERMINIGER

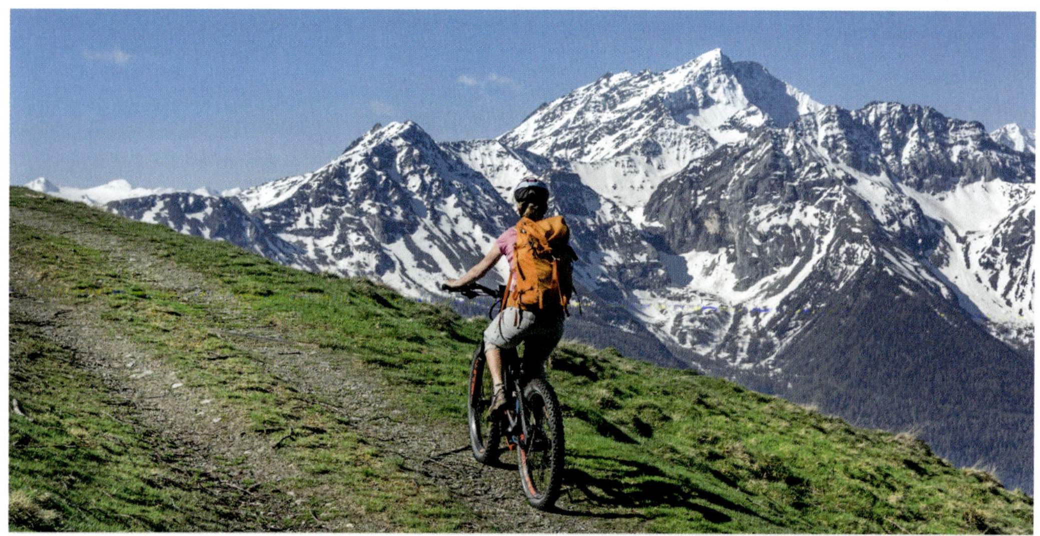

Auffahrt zur Tappeiner Alm; gegenüber die Laaser Berge

LATSCH → TAPPEINER ALM

Strecke hin und zurück
35 km

Höhenmeter bergauf/bergab
1400 m

Zeitbedarf insgesamt
ca. 3½ Stunden

Schwierigkeit
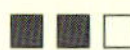

Anfahrt
Durch den Vinschgau bis in die Ortschaft Latsch. Gebührenfreie Parkmöglichkeiten am Bahnhof in Latsch oder bei der Talstation der Seilbahn nach St. Martin am Ortsausgang Ost.

Latsch – Vetzan – Tappein – Tappeiner Alm

Langer Anstieg, der in die relativ unberührte Landschaft des Vinschger Sonnenberges hinaufführt. Hier ist eine gute Einteilung der Batterieleistung gefragt. Der asphaltierte Abschnitt von Latsch bis zum Tappeinhof weist nur kurze Steilstücke auf, der erste Teil des langen Forstweges, der auf Tappein beginnt, ist zum Teil sehr steil und auch etwas ruppig. Hier ist Batterieleistung und eine solide Grundfahrtechnik gefragt. Nach der Ortschaft Vetzan gibt es keine Einkehrmöglichkeit mehr, das Nachladen der Batterie ist ebenfalls nicht möglich.

Tourenbeschreibung: Vom ① Bahnhof in Latsch (630 m) ganz kurz Richtung Ortszentrum, dann ② links in die Hans-Sager-Gasse einbiegen. Am Ende des Hauses gleich wieder ③ links. Durch die Unterführung hindurch, dann dem Schießstandweg nach rechts folgen. Weiter über den Seilbahnweg zur ④ Talstation der Seilbahn nach St. Martin im Kofel. Links auf den Radweg abbiegen und diesem bis zur ⑤ Hauptstraße bei der Brücke über die Etsch folgen. Rechts weiter zum ⑥ Kreisverkehr. Die zweite Ausfahrt (Beschilderung Vetzan)

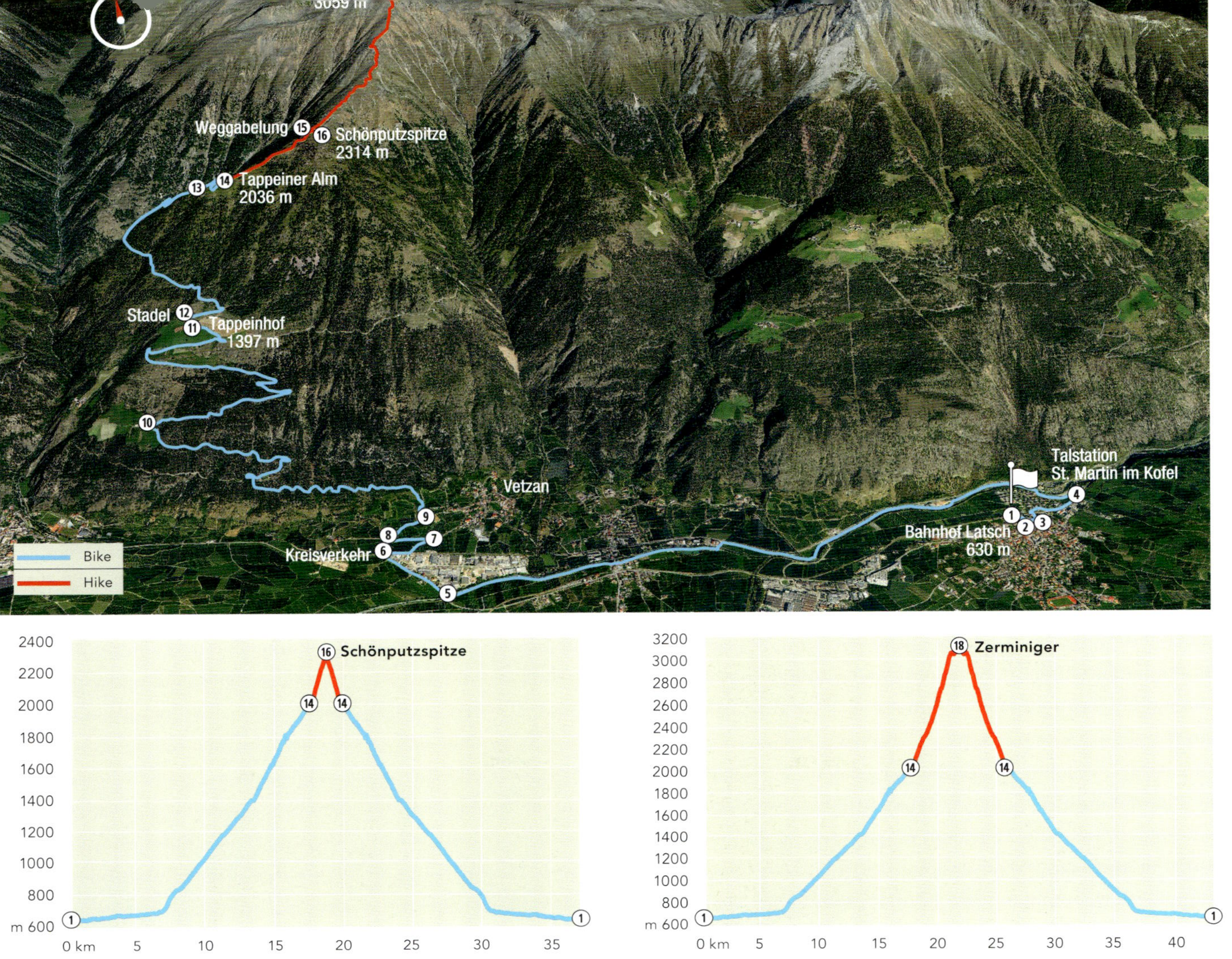

3059 m
Weggabelung 15
16 Schönputzspitze
2314 m
13
14 Tappeiner Alm
2036 m
Stadel 12
11 Tappeinhof
1397 m
10
Vetzan
9
8
7
Kreisverkehr 6
5
Talstation
St. Martin im Kofel
4
1 2 3
Bahnhof Latsch
630 m
Bike
Hike
16 Schönputzspitze
14
14
2400
2200
2000
1800
1600
1400
1200
1000
800
m 600
0 km
5
10
15
20
25
30
35
18 Zerminiger
14
14
3200
3000
2800
2600
2400
2200
2000
1800
1600
1400
1200
1000
800
m 600
0 km
5
10
15
20
25
30
35
40

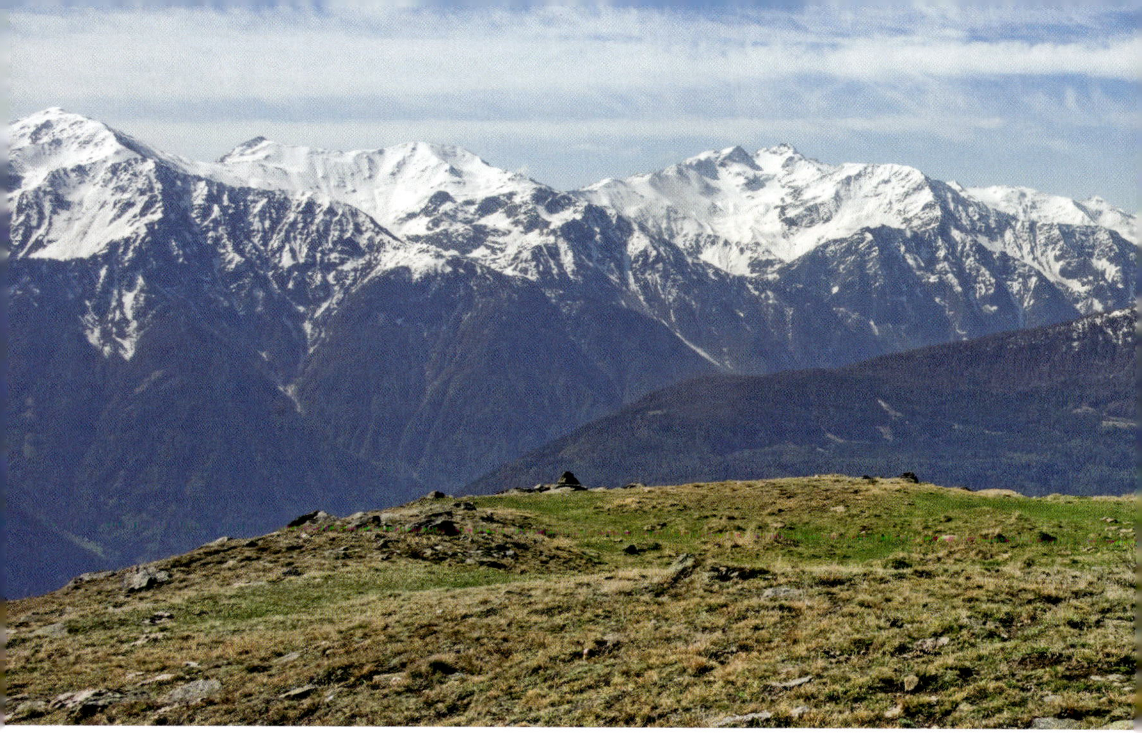

Tipp

- Mit der Vinschger Bahn gemütlich bis nach Latsch.
- Direkt am Bahnhof in Latsch gibt es einen Radverleih. E-Bikes unbedingt reservieren!
- Wer die Tour etwas verkürzen möchte, kann in Goldrain – der nächsten Haltestelle nach Latsch – aussteigen. Dort gibt es auch einen gebührenfreien Parkplatz.
- Wer ein vollgefedertes E-Bike besitzt und über solide Fahrtechnik verfügt, kann unterhalb von Tappein von der Teerstraße auf den beschilderten Downhilltrail Propain abzweigen.

nehmen. Richtung Vetzan, bis ⑦ links der Mareinweg (Beschilderung Schlandersberg) abzweigt. Dem Weg bis zur großen Hofstelle folgen. ⑧ Rechts aufwärts (Beschilderung Schlandersberg) bis zur nächsten ⑨ Wegkreuzung. Links auf den Tappeinweg einbiegen. Über viele Kurven aufwärts bis zu einer ⑩ Straßengabelung. Rechts weiter (Beschilderung Tappein) und der Straße bis zum ⑪ Tappeinhof (1397 m) folgen. Zwischen den Gebäuden hindurch. Nach dem ⑫ Stadel rechts auf den steilen Forstweg einbiegen. Zum Teil sehr steil über diesen aufwärts bis zu einer ⑬ Weggabelung. Rechts halten und weiter aufwärts zur ⑭ Tappeiner Alm (2036 m), wo man sein Bike abstellt.

Tappeiner Alm – Schönputzspitze (2314 m)

Einfache und kurze Bergwanderung zu einer schönen Aussichtskuppe oberhalb der Tappeiner Alm. Grandioser Ausblick über den Vinschgau!

Wegbeschreibung: Von der ⑭ Tappeiner Alm geht man über die Bergwiesen aufwärts, bis man auf die erste rot-weiße Markierung trifft. Man folgt dem Steig bis zu einer beschilderten ⑮ Weg-

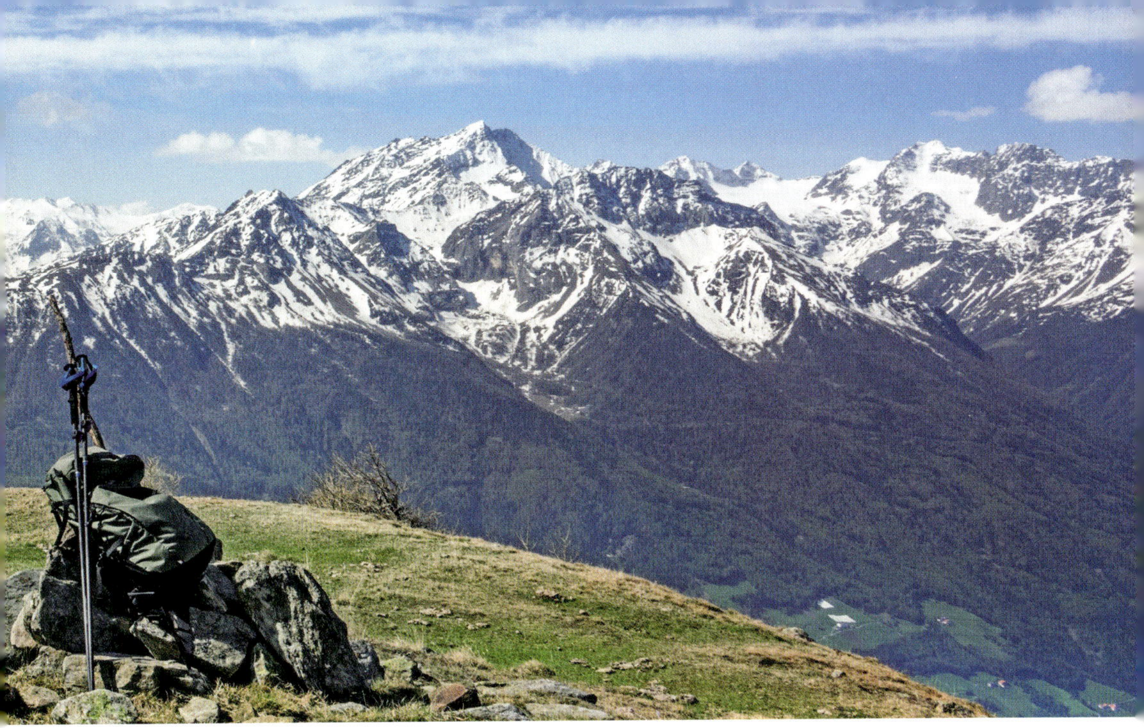

Die Ortlergruppe von der Gipfelkuppe der Schönputzspitze aus gesehen

gabelung. Dort verlässt man den Steig, wendet sich nach rechts und steigt in ein paar Minuten zur Kuppe des Gipfels der ⑯ Schönputzspitze (2314 m) auf.

Tappeiner Alm – Zerminiger (3110 m)

Zusammen mit der langen Abfahrt bis zur Tappeiner Alm ergibt der Aufstieg zum Paradeberg Zerminiger eine äußerst lange, ernstzunehmende Bergtour. Auf alle Fälle ist ein sehr früher Start im Tal angesagt!

Wegbeschreibung: Von der ⑭ Tappeiner Alm geht man über die Bergwiesen aufwärts, bis man auf die erste rot-weiße Markierung trifft. Man folgt dem Steig bis zu einer beschilderten ⑮ Weggabelung. Geradeaus weiter steigt man, dem Weg folgend, zum gut sichtbaren Gipfel auf. Der anfangs noch breite Grat verschmälert sich und der Steig führt über felsiges Gelände aufwärts zu einer ⑰ Wegkreuzung (Vorgipfel, 3059 m mit Gipfelkreuz). Der etwas höhere, nordöstlich gelegene ⑱ Hauptgipfel des Zerminigers (3110 m) liegt ca. 20 Gehminuten vom Vorgipfel entfernt.

TAPPEINER ALM → SCHÖNPUTZSPITZE

Strecke hin und zurück
2,1 km

Höhenmeter bergauf/bergab
280 m

Zeitbedarf insgesamt
1½–2 Stunden

Schwierigkeit
■□□

TAPPEINER ALM → ZERMINIGER

Strecke hin und zurück
7,8 km

Höhenmeter bergauf/bergab
1070 m

Zeitbedarf insgesamt
4½–5 Stunden

Schwierigkeit
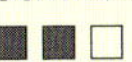

8 KASTELBELL – ST. MARTIN IM KOFEL – VERMOISPITZE

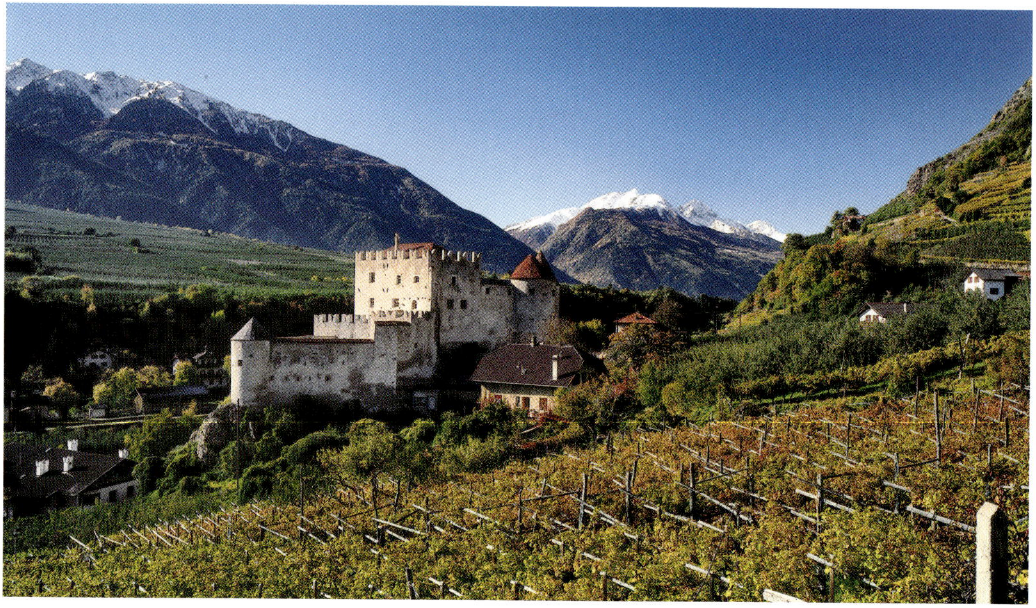

Schloss Kastelbell oberhalb der gleichnamigen Ortschaft

KASTELBELL → ST. MARTIN IM KOFEL

Strecke hin und zurück
25,6 km

Höhenmeter bergauf/bergab
1240 m

Zeitbedarf insgesamt
ca. 2½ Stunden

Schwierigkeit

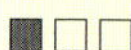

Anfahrt
Durch den Vinschgau bis in die Ortschaft Latsch. Begrenzte, gebührenfreie Parkmöglichkeiten am Bahnhof Kastelbell.

Tipp
› Mit der Vinschger Bahn gemütlich bis nach Kastelbell.

Kastelbell – St. Martin im Kofel

Verhältnismäßig langer und auf Teilstücken – wie z. B. gleich nach der Ortschaft Kastelbell – auch steiler Anstieg. Die Straße nach St. Martin im Kofel ist wenig befahren und ist auch landschaftlich sehr reizvoll.

Tourenbeschreibung: Beim (1) Bahnhof in Kastelbell (588 m) den Bahnübergang überqueren und bis zur ersten (2) Kreuzung vorfahren. Links abbiegen, über die Brücke und dem Radweg nach rechts folgen. Gleich hinter dem Gebäude des Tourismusvereins (Ampel) auf die Hauptstraße und kurz weiter bis zur beschilderten (3) Abzweigung (St. Martin – Tomberg). Links abbiegen und bei der darauffolgenden (4) Kreuzung rechts abbiegen. Über die asphaltierte Straße zum Teil auch recht steil aufwärts. Bei einer (5) Straßengabelung links halten (Beschilderung St. Martin) und weiter aufwärts bis zur (6) Bergstation der Seilbahn St. Martin im Kofel (1740 m). Dort parkt man das Bike.

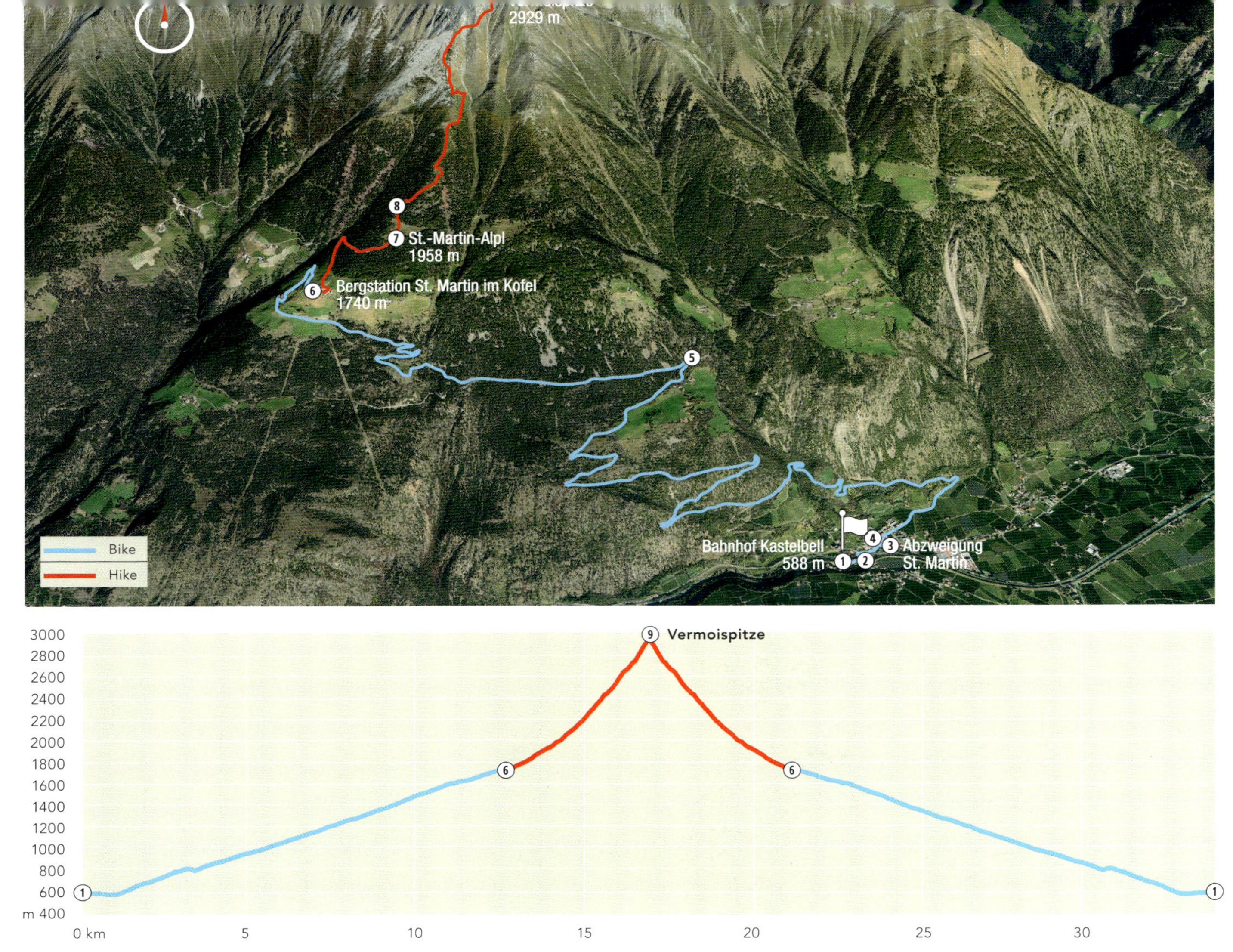
2929 m
St.-Martin-Alpl
1958 m
Bergstation St. Martin im Kofel
1740 m
Bahnhof Kastelbell
588 m
Abzweigung
St. Martin
Bike
Hike
Vermoispitze
3000
2800
2600
2400
2200
2000
1800
1600
1400
1200
1000
800
600
m 400
0 km
5
10
15
20
25
30

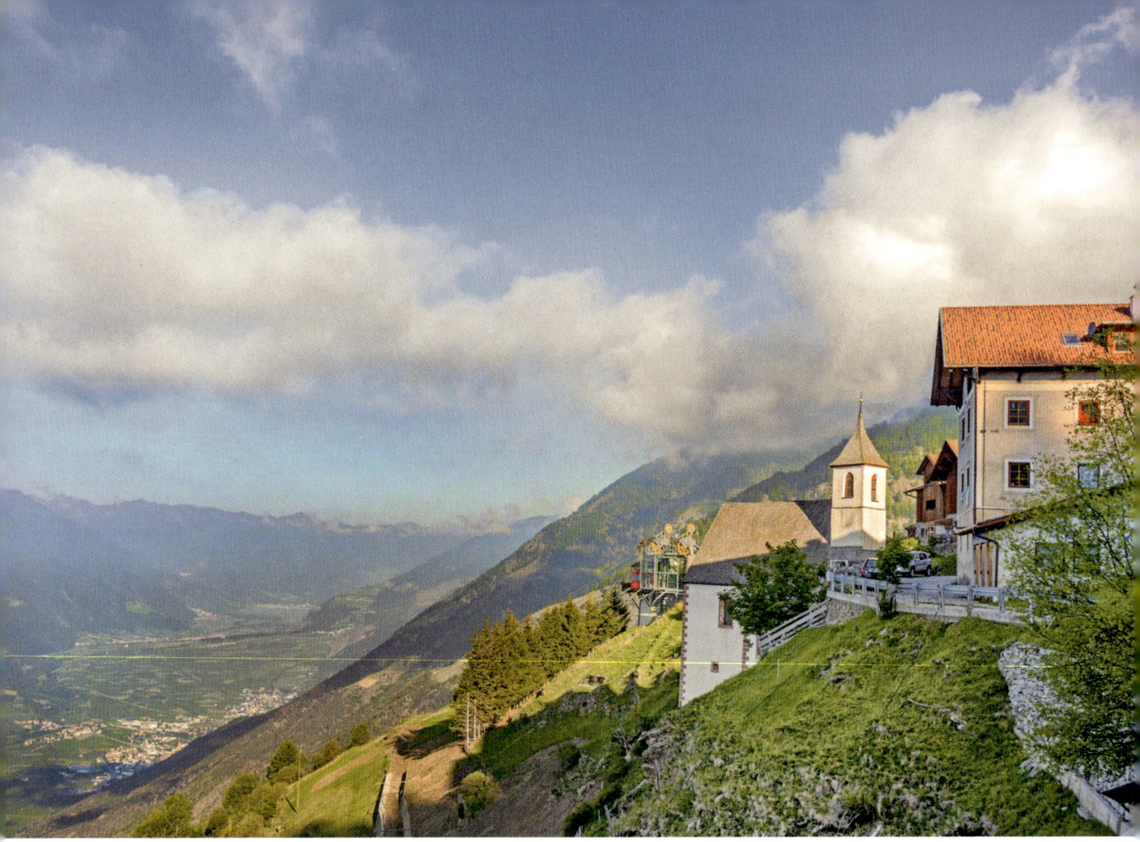

St. Martin im Kofel

Hinweis: Wer noch genügend Batterieleistung hat (mindestens 25 %), kann über eine Forststraße (am Anfang sehr steil) bis zum St.-Martin-Alpl (1958 m) fahren (ca. 200 Hm – 2,4 km hin und zurück). Einfach der Beschilderung zur Vermoispitze folgen, zwischen den Gehöften hindurch und am Anfang gleich steil aufwärts.

ST. MARTIN IM KOFEL → VERMOISPITZE

Strecke hin und zurück
8,4 km

Höhenmeter bergauf/bergab
1190 m

Zeitbedarf insgesamt
5½–6 Stunden

Schwierigkeit
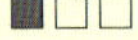

St. Martin im Kofel – Vermoispitze (2929 m)

Lange und fordernde Gipfeltour, ideal für den Bergsteiger, der etwas Ruhe und Einsamkeit sucht. Die Vermoispitze ist zudem ein Aussichtsberg ersten Ranges; der ziemlich direkte Anstieg ist relativ mühsam und auf Abschnitten auch steil.

Wegbeschreibung: Von der ⑥ Bergstation der Seilbahn (1740 m) – die Vermoispitze ist beschildert – auf der schmalen Straße bis zur Kirche, um gleich danach links abzubiegen (Wegschild). Über die

Wiesen hinauf zum Waldrand und weiter durch den Wald (Forstweg) bis zum 7 St.-Martin-Alpl (1958 m). Über die Almwiesen weiter aufwärts auf Weg Nr. 6 und durch den lichten Wald bis zur nächsten 8 Weggabelung, wo man sich rechts hält. Der Weg führt zum Teil durch Wald, zum Teil durch offene, grasbewachsene Schneisen hinauf zur Waldgrenze. Weiter über offenes Gelände ohne jeglichen Schatten bis zur unangenehm steilen Gipfelflanke, über die der Weg in Serpentinen zum Gipfelkreuz der 9 Vermoispitze (2929 m) führt. Vom Gipfel bietet sich ein beeindruckender Ausblick auf das Martelltal, den oberen Vinschgau, die vergletscherten Berge der Ortlergruppe im Süden und der Ötztaler Alpen im Norden.

Blick auf die Vermoispitze

9 NATURNS – UNTERSTELL – KLETTERSTEIG KNOTT

NATURNS → UNTERSTELL

Strecke hin und zurück
16 km

Höhenmeter bergauf/bergab
870 m

Zeitbedarf insgesamt
ca. 1½ Stunden

Schwierigkeit

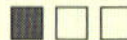

Anfahrt
Durch den Vinschgau nach Naturns. Am Ortseingang Ost, in der Nähe des Tourismusvereins, gibt es zwei große, gebührenpflichtige Parkplätze. Ausgangspunkt ist der Parkplatz beim Kreisverkehr in der Nähe der Prokuluskirche.

Tipp

- Mit der Vinschger Bahn bis nach Naturns. Am Bahnhof gibt es einen E-Bike-Verleih. E-Bikes unbedingt am Vortag reservieren. Vom Bahnhof über die Brücke und in ein paar Minuten direkt ins Ortszentrum von Naturns.
- Mit dem Linienbus nach Naturns. Im Ortskern gibt es ebenfalls einen E-Bike-Verleih.

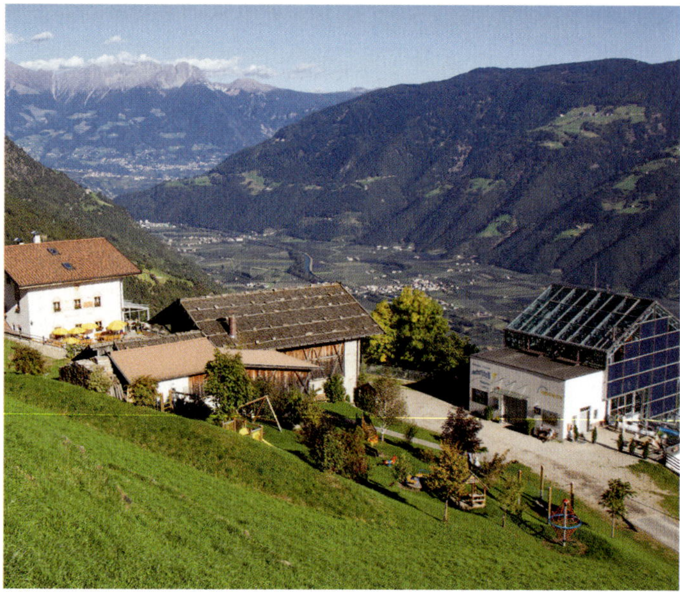

Gehöft Unterstell mit der Seilbahn-Bergstation

Naturns – Unterstell

Relativ kurze und gemütliche Anfahrt über die Höfezufahrtsstraße. Nur ein kurzer Abschnitt gleich am Ortsrand von Naturns ist steil, aber man kann ordentlich mit der Batterieleistung prassen. Auf Unterstell besteht die Möglichkeit das eigene Ladegerät an die Steckdose zu hängen.

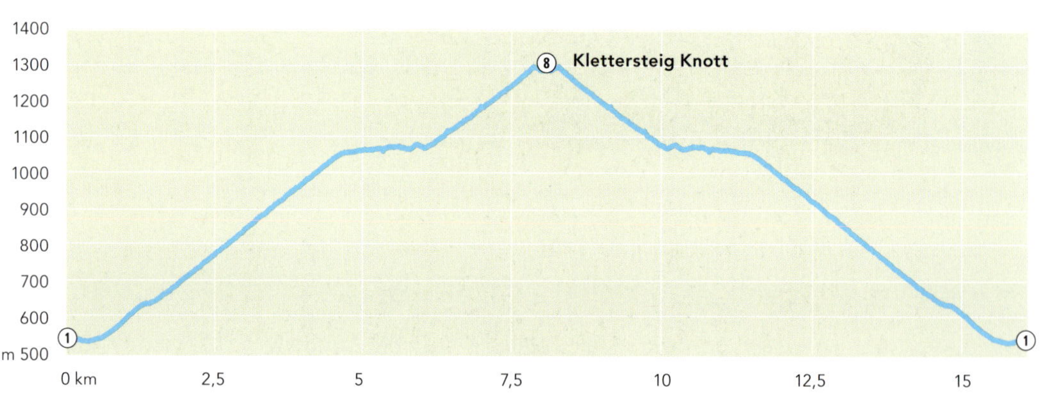

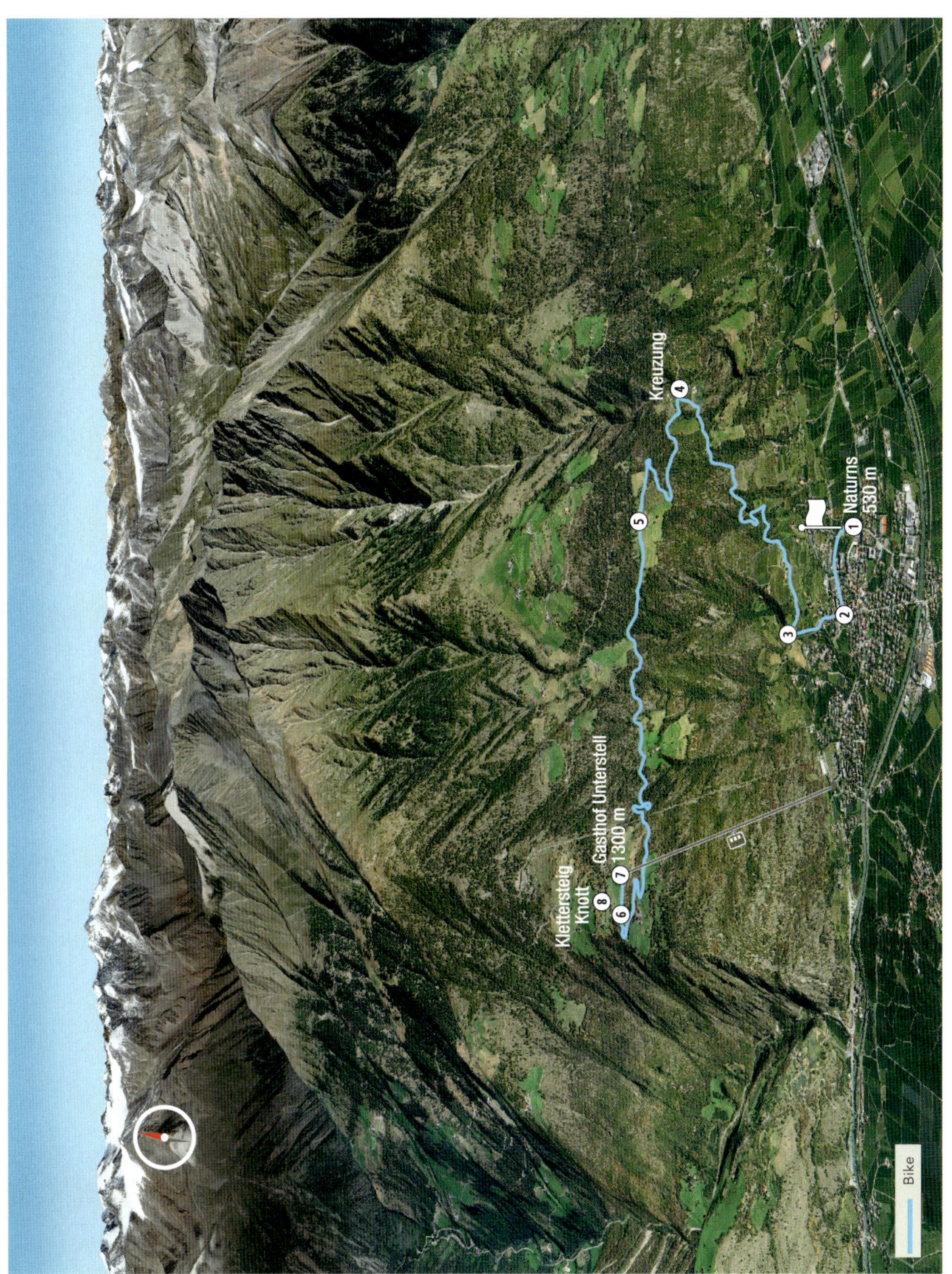
Naturns
530 m
Kreuzung
Gasthof Unterstell
1300 m
Klettersteig
Knott
Bike

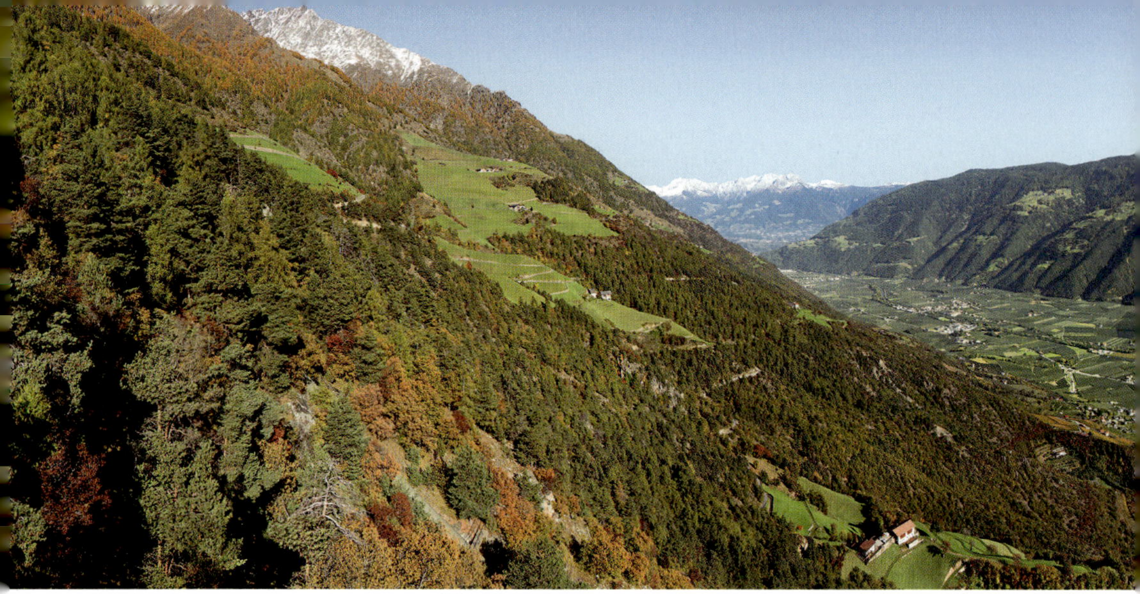

Seilbahn und Gasthaus Unterstell, 1300 m

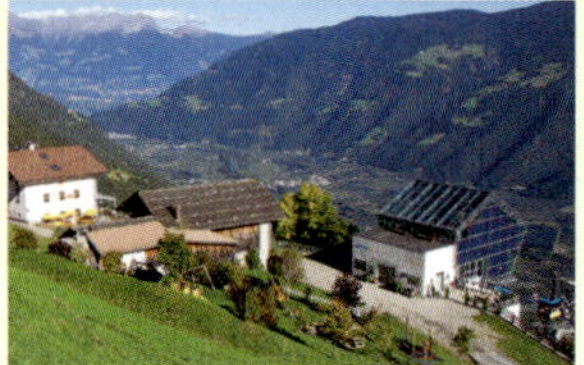

Unser Gasthaus befindet sich am Naturnser Sonnenberg, direkt neben der Bergstation der Seilbahn Unterstell auf 1300 m. Hier können Sie bequem den Meraner Höhenweg erreichen. Zahlreiche Wandermöglichkeiten bieten sich an. Genießen Sie die traumhafte Panoramalage bei einer herrlichen Aussicht über Naturns. Weit ab von Lärm und Alltagsstress können Sie bei uns verweilen und die Ruhe genießen. In unserem Gasthaus erwartet Sie eine gute bürgerliche Südtiroler Küche. Wir freuen uns auf Ihren Besuch!
Ihre Familie Götsch

Gasthaus-Bergstation Unterstell
Tel. +39 0473 667747
www.unterstellhof.com
info@unterstellhof.com
Öffnungszeiten: ganzjährig
Ruhetag: Freitag (außer September/Oktober)

Seilbahn Unterstell
www.unterstell.it info@unterstell.it

Tourenbeschreibung: Vom ① Parkplatz in Naturns (530 m) links aufwärts Richtung Prokuluskirche. Der Feldgasse – vorbei am Schwimmbad – bis zu ihrem Ende folgen. Dort hart ② rechts abbiegen. Zum Teil sehr steil aufwärts bis zu einer ③ Wegverzweigung bei einer Holzbrücke. Rechts halten und der Straße bis zu einer ④ Kreuzung

Klettersteig Knott

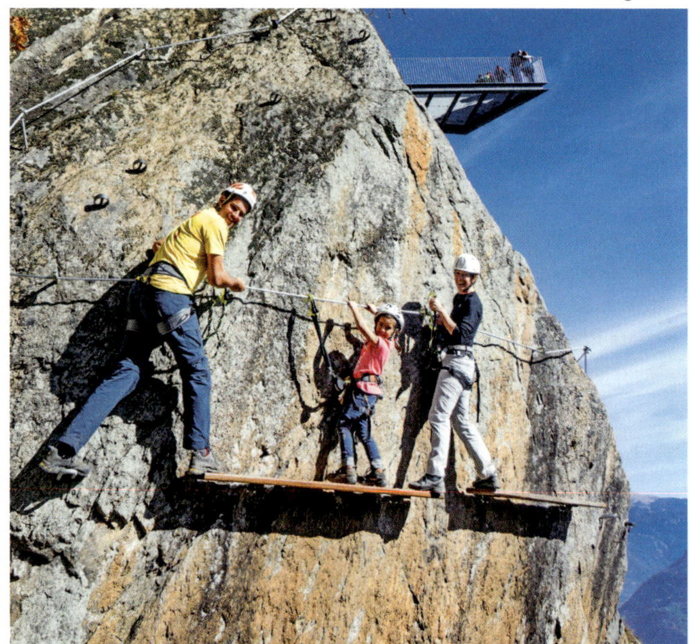

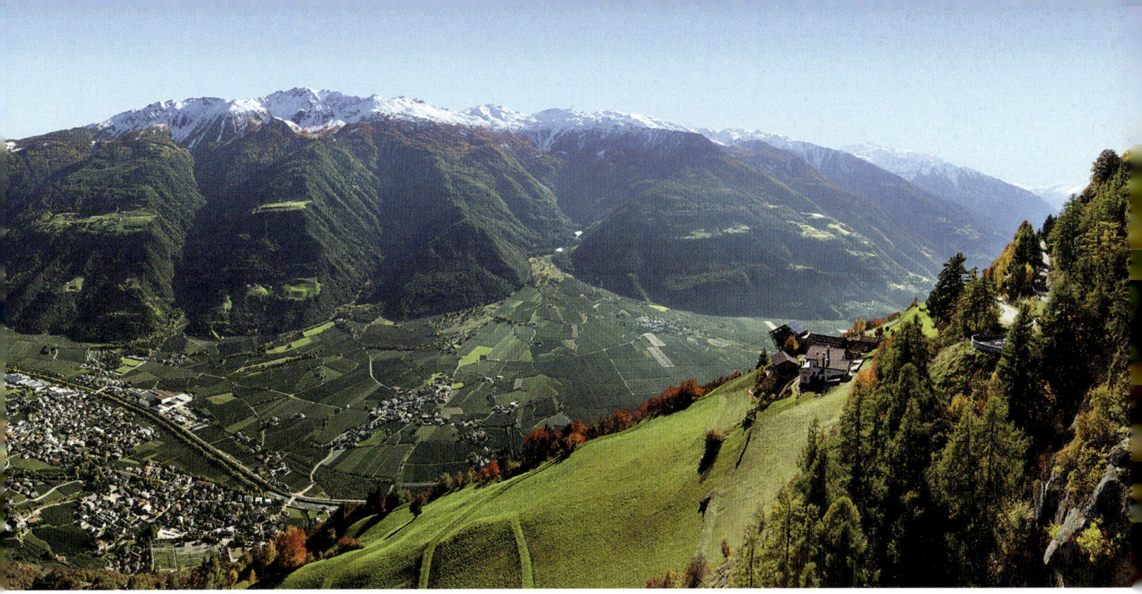

Aussicht von der Plattform oberhalb von Unterstell auf den Vinschgau

folgen. Links weiter (mehrere Schilder; auch „Unterstell"). Über zwei Kehren hinauf bis zur nächsten ⑤ Abzweigung (Beschilderung Unterstell). Der Straße folgen, bis ⑥ rechts die beschilderte Zufahrt zum ⑦ Gasthof Unterstell (1300 m) abzweigt. Am Gasthof Unterstell wird das Bike abgestellt.

Unterstell – Klettersteig Knott

Direkt unterhalb der weithin sichtbaren Aussichtsplattform befindet sich der Übungs- und Familienklettersteig „Knott". Bisher gab es in Südtirol kaum Möglichkeiten für den Klettersteig-Einsteiger, um sich an längere und schwierigere Routen heranzutasten. Auch für Familien mit Kindern gab es keine geeigneten Angebote, um einmal in aller Ruhe probieren zu können.
All dies findet man am ⑧ Klettersteig Knott, der in mehrere Routen mit unterschiedlichen Längen und Schwierigkeiten unterteilt ist.

Wegbeschreibung: Der Zustieg (ca. 15 Minuten) ist an der ⑦ Bergstation der Seilbahn Unterstell beschildert. Der Klettersteig ist sowohl an der Tal- als auch an der Bergstation bebildert und beschrieben.

Hinweis: Es gibt keinen Verleih von Klettersteigausrüstung an der Bergstation-Gasthof Unterstell; die Broschüre vom Klettersteig zum Herunterladen findet man unter www.unterstell.it.

UNTERSTELL → KLETTERSTEIG KNOTT

Strecke hin und zurück
1 km

Höhenmeter bergauf/bergab
80 m

Zeitbedarf insgesamt
je nach Routen 1 bis 2 Stunden oder auch mehr

Schwierigkeit
von B bis C/D

Voraussetzungen
Schwindelfreiheit und etwas Geschick. Bei diesem Klettersteig handelt es sich um einen Übungs- und Familienklettersteig. Hier kann man sehr gut die ersten Erfahrungen für die Begehung längerer Klettersteige sammeln.
Komplette Klettersteigausrüstung inklusive Helm. Leichte Trekkingschuhe mit guter Sohle oder gute Turnschuhe.

10 NATURNS – JUVAL – TSCHARSER WETTERKREUZ

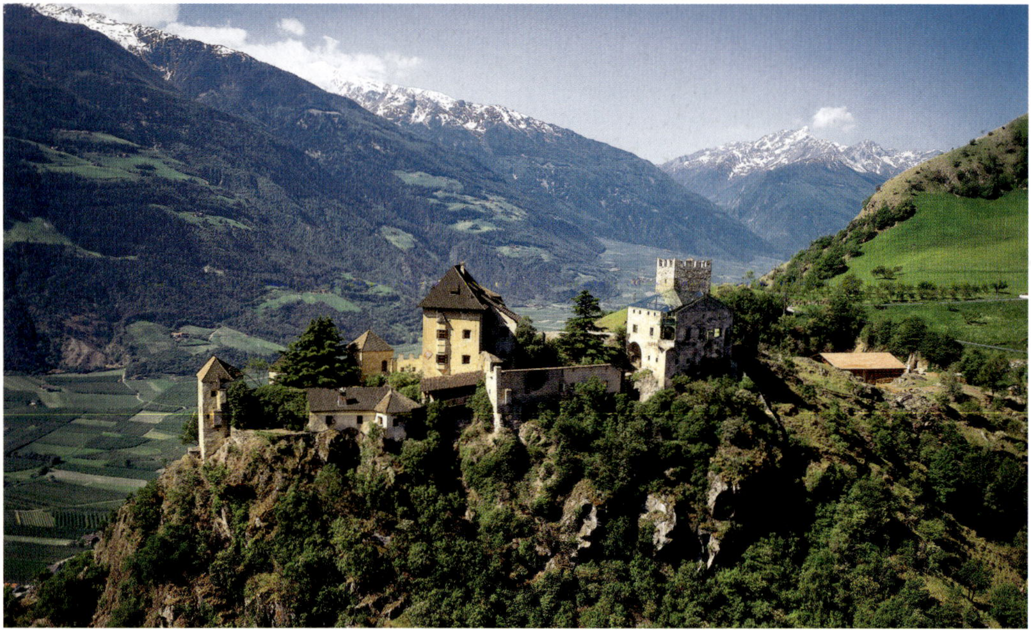

Schloss Juval

NATURNS → OBERJUVAL

Strecke hin und zurück
19,7 km

Höhenmeter bergauf/bergab
870 m

Zeitbedarf insgesamt
ca. 2 Stunden

Schwierigkeit
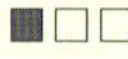

Anfahrt
Durch den Vinschgau nach Naturns. Ausgangspunkt ist der Bahnhof in Naturns. Dort gibt es gebührenfreie Parkplätze.

Tipp
siehe Tour 9

Naturns – Juval – Oberjuval

Die Anfahrt hinauf nach Oberjuval, dem Ausgangspunkt der Tour zum Wetterkreuz, ist nicht besonders lang. Deswegen kann man auf dem steilen Abschnitt zwischen dem Bauernladen und Schloss Juval ordentlich mit der Batterie prassen. Die schmale Straße ist während eines bestimmten Zeitraumes für den Verkehr gesperrt, doch sollte man besonders beim Abfahren auf den Anrainerverkehr und den Shuttlebus achten!

Tourenbeschreibung: Vom ① Bahnhof in Naturns (530 m) kurz Richtung Meran, dann links abbiegen und über die ② Brücke. Auf der gegenüberliegenden Seite wiederum nach links und auf den ③ Radweg auffahren. Die nächste ④ Brücke überqueren. Weiter entlang des Radweges bis in die Nähe einer Raststation. Kurz davor ⑤ rechts abbiegen (Beschilderung Juval). Über die schmale Brücke zur Hauptstraße, die man überquert. Rechts weiter bis zum ⑥ Beginn der

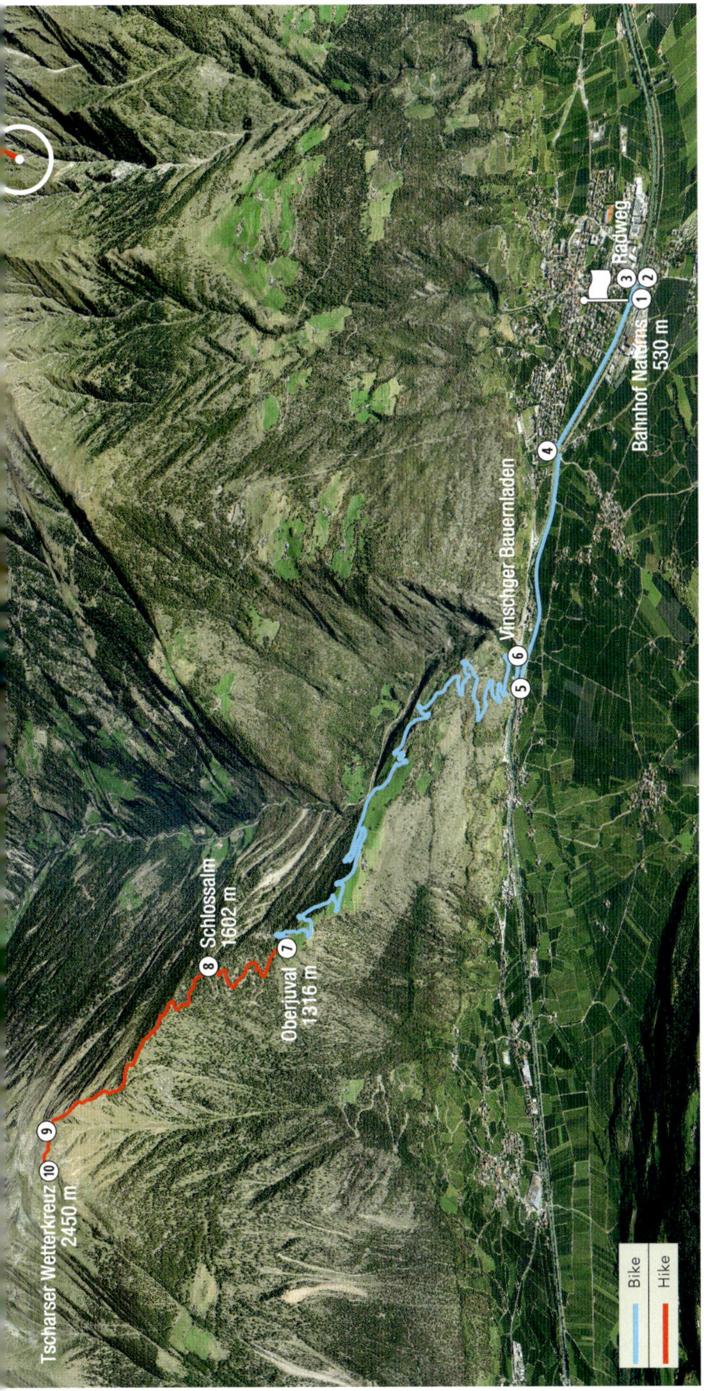

Tscharser Wetterkreuz 2450 m
Schlossalm 1602 m
Oberjuval 1316 m
Vinschger Bauernladen
Radweg
Bahnhof Naturns 530 m
Bike
Hike

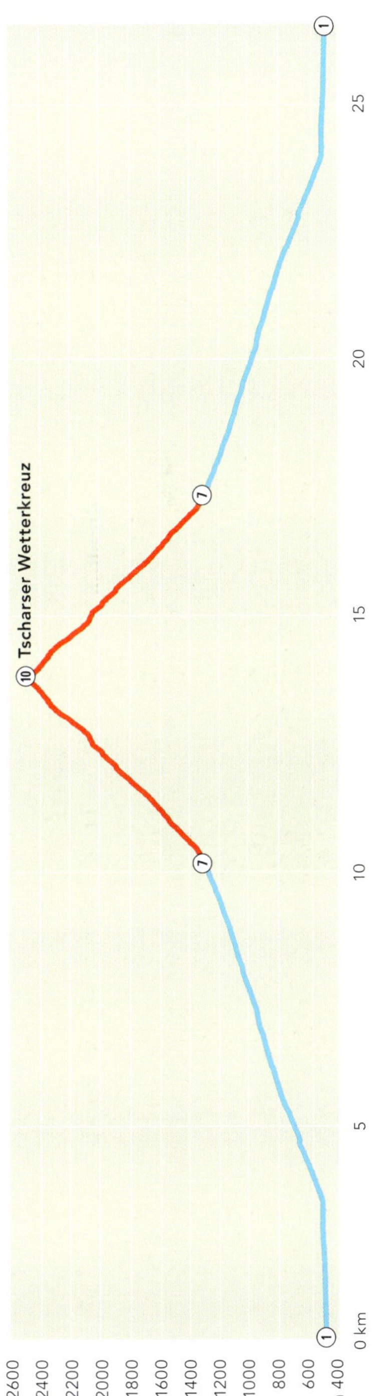

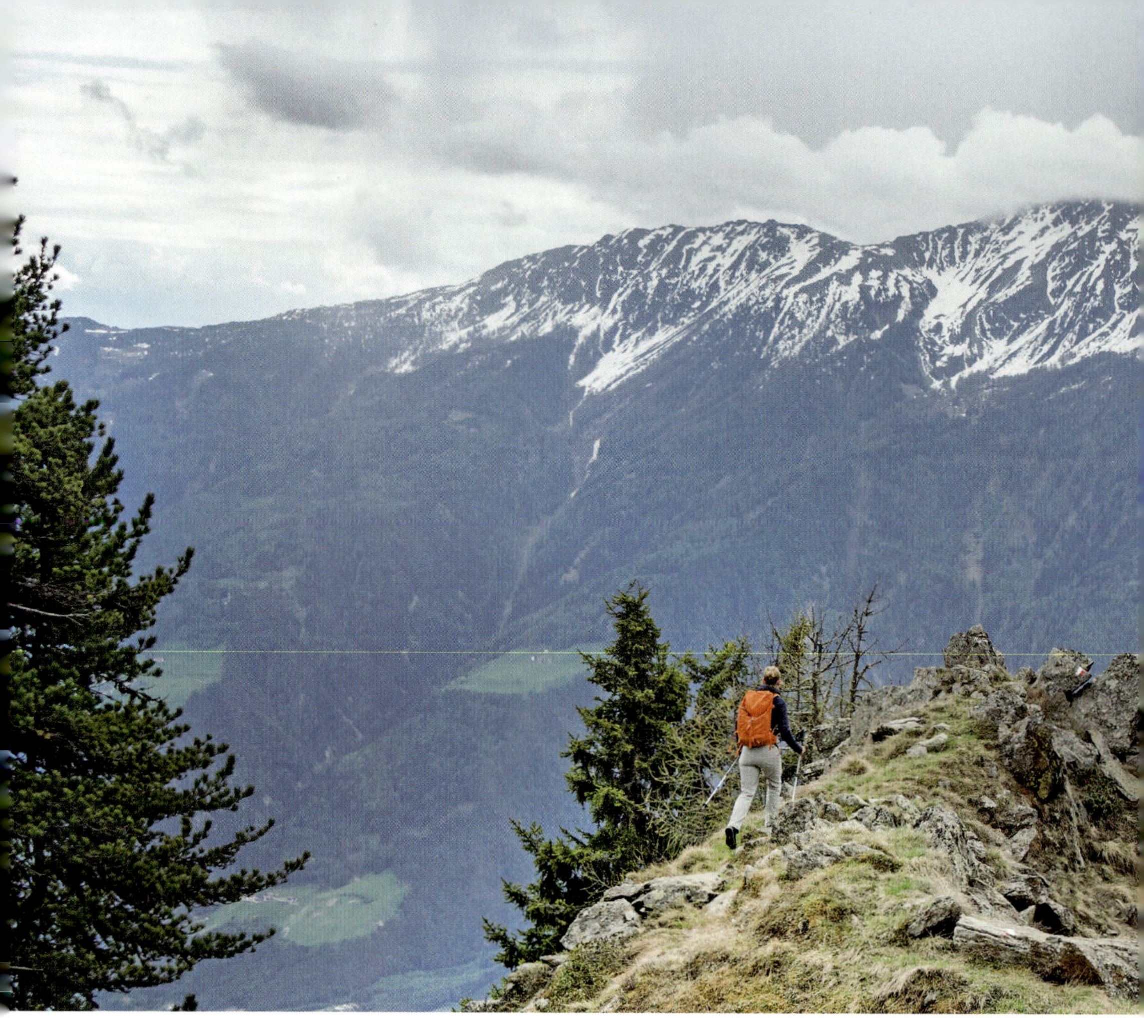

Im Aufstieg zum Tscharser Wetterkreuz

Auffahrt nach Juval; großer Parkplatz, Vinschger Bauernladen. Über viele Serpentinen zum Teil steil aufwärts bis Schloss Juval (927 m). Der Straße zum Gehöft ⑦ Oberjuval (1316 m) folgen. Dort parkt man das Bike. Die Forststraße, die zur Schlossalm führt ist Privateigentum, das Befahren der Straße ist auch mit Bikes verboten.

Oberjuval – Schlossalm – Tscharser Wetterkreuz (2450 m)

Der Aufstieg von Oberjuval zum Tscharser Wetterkreuz – einem eher wenig besuchtem Gipfel – ist ein langes und zum Teil sehr steiles Unterfangen. Der schmale Steig ist wenig begangen, aber gut markiert. Im oberen Teil verläuft er direkt am Kamm und setzt an vielen Stellen absolute Trittsicherheit voraus. Der Gipfel ist eine eher unscheinbare Erhebung mit großem Gipfelkreuz und einem großartigen Ausblick auf den unteren Vinschgau und weit hinein ins Martelltal.

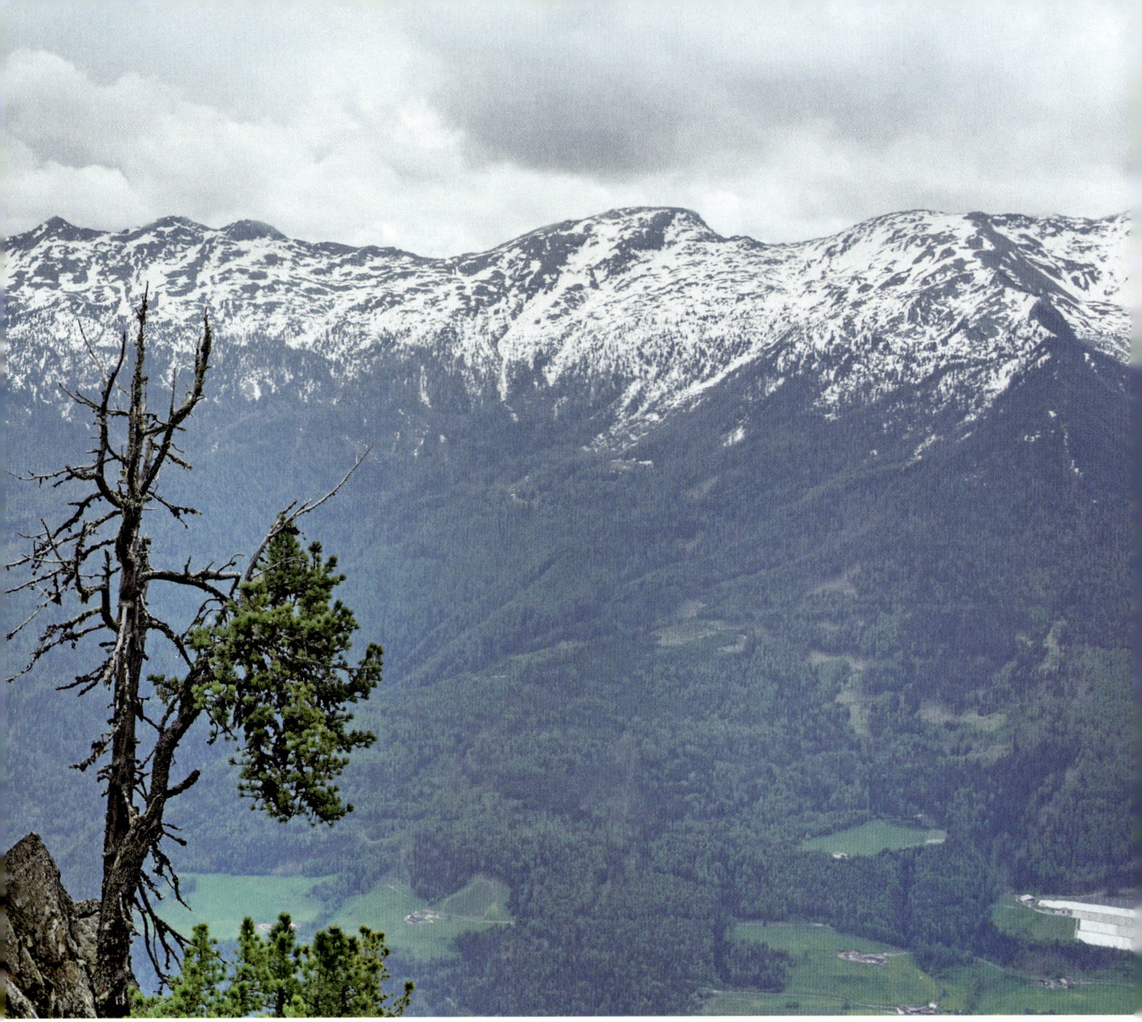

Wegbeschreibung: Direkt beim Gehöft 7 Oberjuval (1316 m) beginnt der beschilderte Aufstieg zur 8 Schlossalm (1602 m); keine Einkehrmöglichkeit. Nach dem Almgebäude überquert man noch einmal die Forststraße und folgt der gut sichtbaren rot-weißen Markierung. Der Anstieg führt entlang des Kammes und zumeist sehr steil aufwärts, bis man in einem breiten Sattel auf eine 9 beschilderte Wegkreuzung trifft. Man geht nach links zum gut sichtbaren 10 Tscharser Wetterkreuz (2450 m) weiter. Der Abstieg verlangt besonders im oberen Teil Aufmerksamkeit und Konzentration.

OBERJUVAL → TSCHARSER WETTERKREUZ

Strecke hin und zurück
7,8 km

Höhenmeter bergauf/bergab
1170 m

Zeitbedarf insgesamt
5½–6 Stunden

Schwierigkeit

Kurze Strecken im einfachen, aber exponiertes Felsgelände, ein Abschnitt ist mit dünnem Stahlseil gesichert.

11 NATURNS – TABLANDER ALM – DREIHIRTENSPITZE

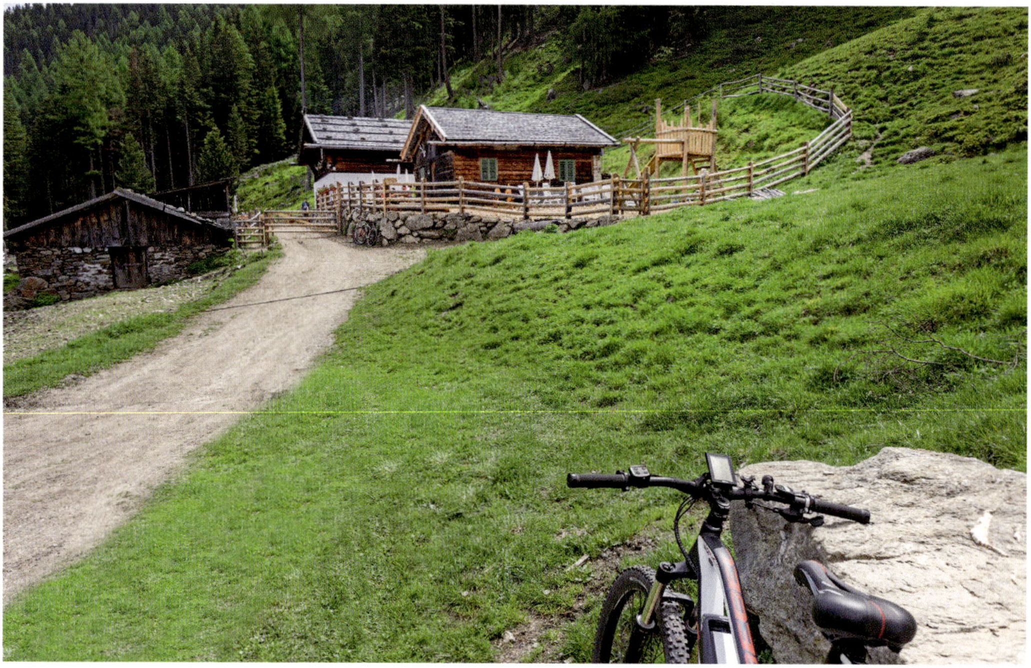

Die Tablander Alm

NATURNS → TABLANDER ALM

Strecke hin und zurück
31,6 km

Höhenmeter bergauf/bergab
1380 m

Zeitbedarf insgesamt
ca. 3¼ Stunden

Schwierigkeit
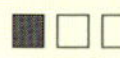

Anfahrt
Durch den Vinschgau nach Naturns. Ausgangspunkt ist der Bahnhof in Naturns. Dort gibt es gebührenfreie Parkplätze.

Tipp
siehe Tour 9/10

Naturns – Tabland – Tablander Alm

Lange Auffahrt über wenig befahrene Straßen und Forstwege. Erst im letzten Drittel wird die Route steil, deshalb sollte man die Batterieleistung weise einsetzen. Nicht zu vergessen ist der kurze Gegenanstieg bei der Rückfahrt; man sollte dafür 10 % Batterieleistung einplanen.

Tourenbeschreibung: Vom ① Bahnhof in Naturns (530 m) kurz Richtung Meran, bei der ② Bäckerei rechts abbiegen und dann gleich wieder rechts auf die ③ Dammstraße einbiegen. Vorbei am großen Obstmagazin und entlang der Etsch bis zur ④ Brücke. Geradeaus (Beschilderung Tabland) weiter. Der schmalen Straße durch die Obstplantagen folgen, bis ⑤ links die Straße nach Tabland abzweigt. Relativ steil über die schnurgerade Straße aufwärts und bei der nächsten ⑥ Kreuzung nach rechts weiter in die Ortschaft Tabland. Bei der

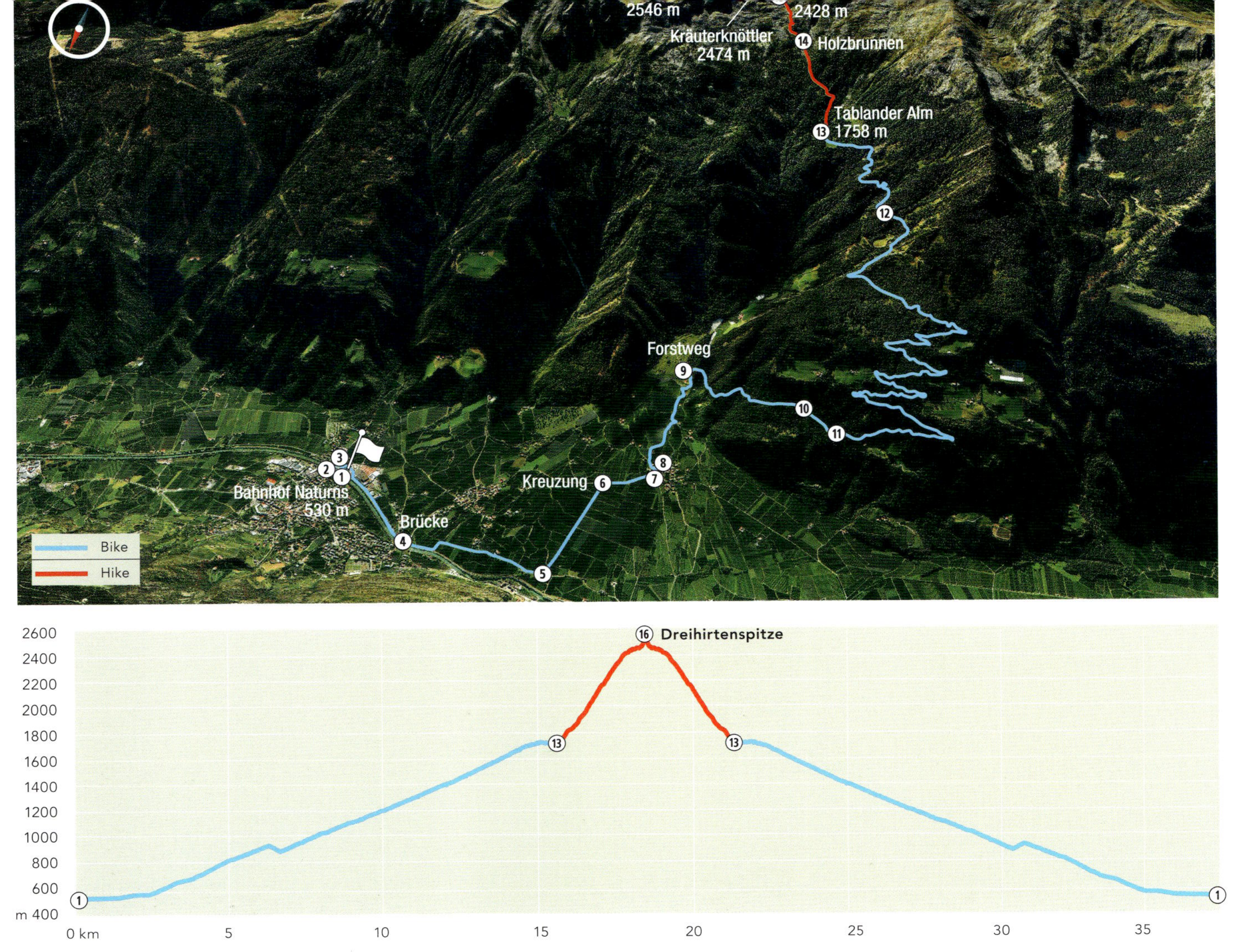
2546 m
Kräuterknöttler
2474 m
2428 m
14 Holzbrunnen
Tablander Alm
13 1758 m
12
Forstweg
9
10
11
8
7
Kreuzung
6
5
Brücke
4
3
2
1
Bahnhof Naturns
530 m
Bike
Hike
16 Dreihirtenspitze
13
13
1
1
m 400
600
800
1000
1200
1400
1600
1800
2000
2200
2400
2600
0 km
5
10
15
20
25
30
35

ersten ⑦ Kreuzung (großer Platz) kurz links aufwärts und bei der darauffolgenden ⑧ Kreuzung wiederum links weiter. Es gibt immer wieder kleine Wegschilder, die auf die Tablander Alm hinweisen. Man folgt nun der schmalen Straße durch die Obstwiesen aufwärts (bei der nächsten Wegverzweigung rechst halten), bis rechts ein ⑨ Forstweg abzweigt (Beschilderung Tablander Alm). Entlang der Forststraße bis zu einer ⑩ Weggabelung, wo man sich rechts hält. Es folgt eine kurze Abfahrt, die zur ⑪ Einmündung in den geteerten Höfeweg führt. Links halten. Sehr weit oben wird die Teerstraße zum Forstweg, der nach einem Parkplatz für den Autoverkehr gesperrt ist. Nochmals trifft man auf eine beschilderte ⑫ Weggabelung; man fährt geradeaus weiter zur ⑬ Tablander Alm (1758 m), bei der man das Bike abstellt. Bei der Abfahrt die Abzweigung ⑪ nicht verpassen; an die Batterieleistung denken (ca. 50 Hm Gegenanstieg)!

TABLANDER ALM → DREIHIRTENSPITZE

Strecke hin und zurück
5,6 km

Höhenmeter bergauf/bergab
810 m

Zeitbedarf insgesamt
4–4½ Stunden

Schwierigkeit

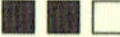

Ab der Scharte und im Gipfelbereich teilweise exponiert

Tablander Alm – Dreihirtenspitze (2546 m)

Von der Tablander Alm bis zur sogenannten „Scharte" verläuft der Weg ziemlich direkt und der Aufstieg ist deshalb relativ steil. Wer den etwas exponierten Anstieg zur Dreihirtenspitze vermeiden möchte, der kann gleich nach der Scharte vom Weg abzweigen und ein paar Meter zum wenig markanten Gipfel des Kreuzknöttler – auch Kräuterkofel – (2474 m) aufsteigen.

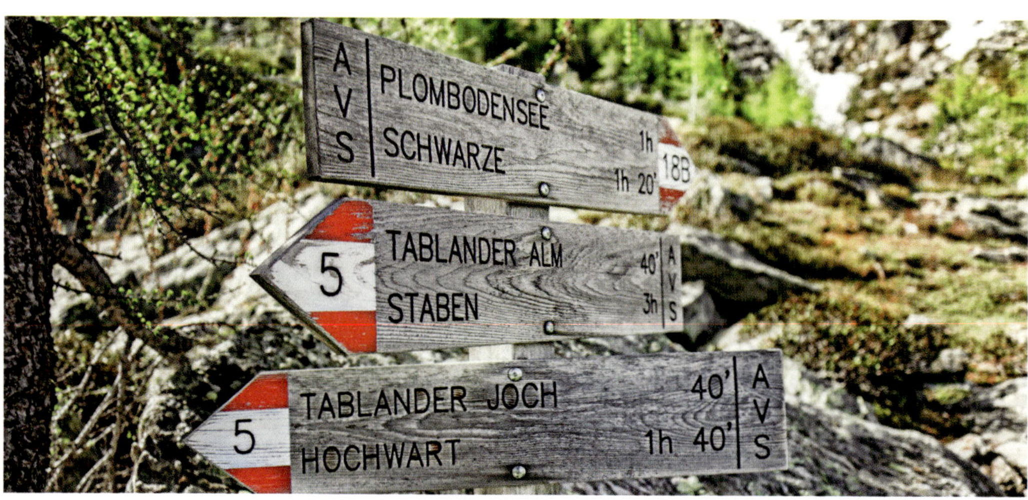

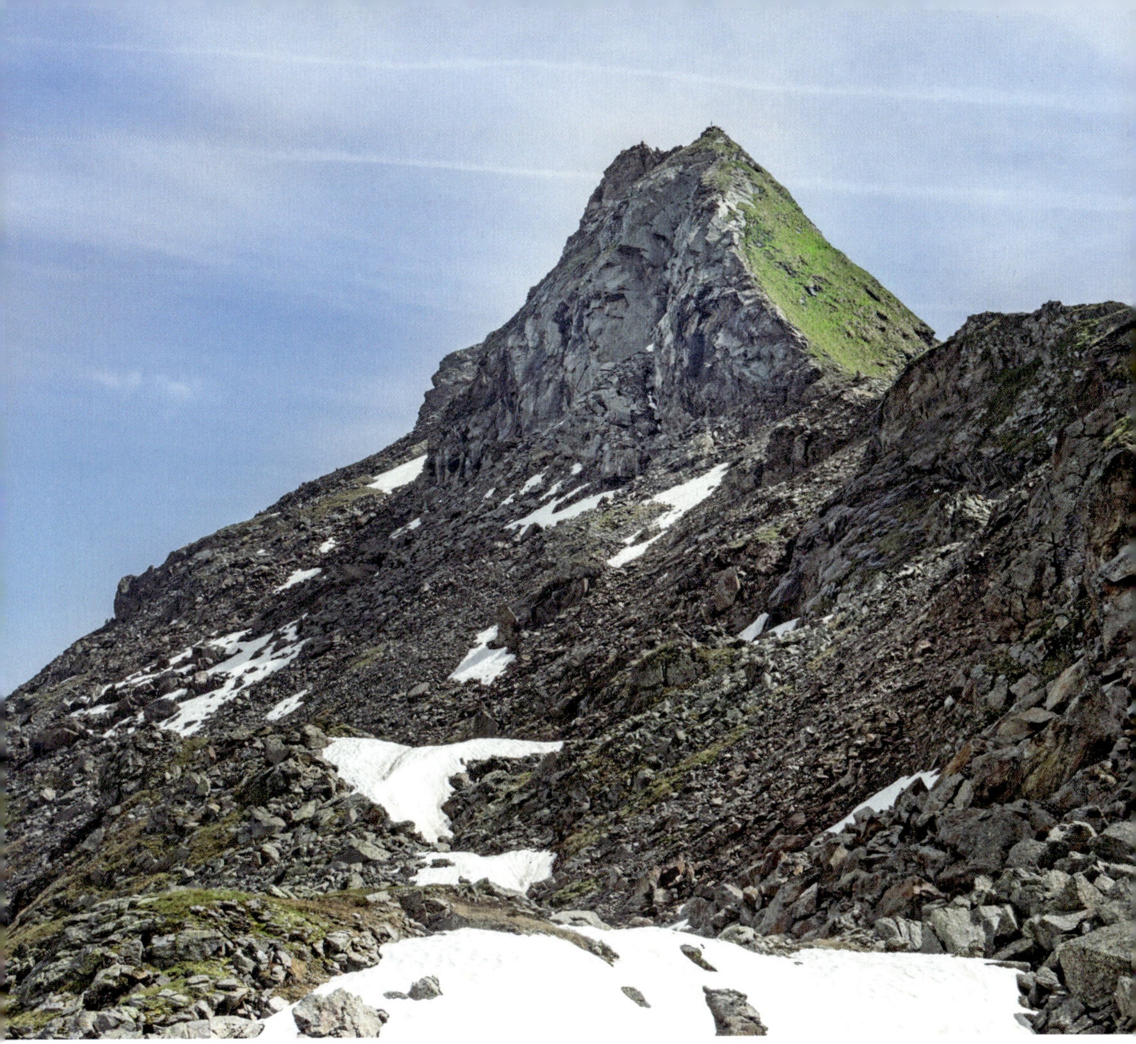

Die Dreihirtenspitze

Wegbeschreibung: Von der ⑬ Tablander Alm (1758 m) folgt man der Beschilderung zur Hochwart. Der gut markierte Steig leitet zum Teil recht steil aufwärts zu einer ⑭ Weggabelung (Holzbrunnen). Dort geht man links weiter und hinauf zur ⑮ Scharte (2428 m). Großartiger Blick Richtung Norden auf die Ötztaler Alpen und nach Südosten auf die Dolomiten! An der Scharte wendet man sich nach links (Beschilderung Hochwart) und folgt dem zum Teil etwas ausgesetzten Steig zur markanten und gut sichtbaren Erhebung der ⑯ Dreihirtenspitze (2546 m).

12 MERAN – GIGGELBERG – ORENKNOTT

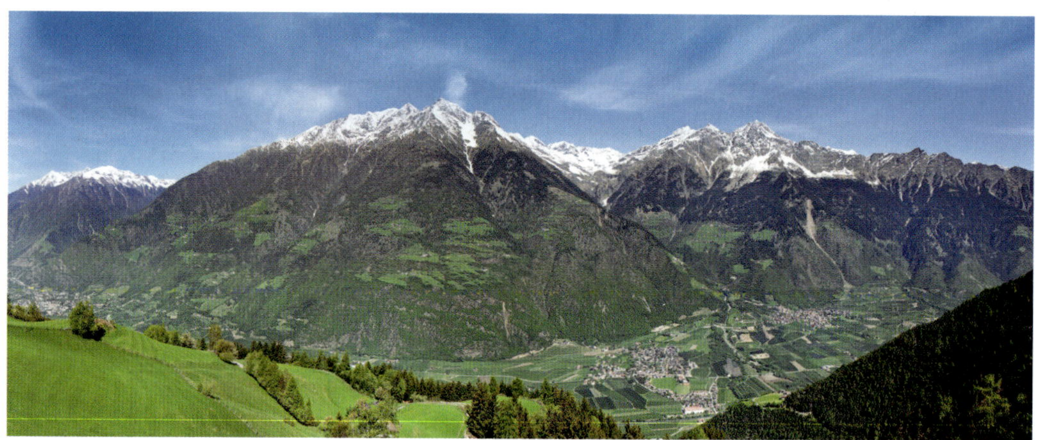

Blick auf die Texelgruppe; links im Bild die Zielspitze und der Orenknott

MERAN → GIGGELBERG

Strecke hin und zurück
38,4 km

Höhenmeter bergauf/bergab
1400 m

Zeitbedarf insgesamt
ca. 3¾ Stunden

Schwierigkeit

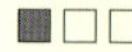

Anfahrt
Über die Schnellstraße MeBo nach Meran (Ausfahrt Meran Zentrum). Durch den Tunnel zum Kreisverkehr, dort die erste Ausfahrt rechts nehmen. Aufwärts zum nächsten Kreisverkehr beim großen Parkplatz (gebührenfrei) direkt am Bahnhof.

Tipp
- Es gibt ausgezeichnete Zugverbindungen (Bike-Transport) nach Meran
- Direkt am Bahnhof in Meran gibt es einen Radverleih. E-Bikes sollten reserviert werden.

Meran – Partschins – Giggelberg

Lange, zum Teil auch sehr steile Anfahrt, die im oberen Teil spürbar ausflacht. Die Route verläuft anfangs über den Radweg, dann über eine wenig benutzte Straße bis nach Partschins. Nur auf der kurzen Strecke Partschins, Abzweigung Höfestraße, gibt es etwas mehr Verkehr. Ein klein wenig Batterie sollte für den Rückweg gespart werden.

Tourenbeschreibung: Vom Bahnhof Meran (320 m) Richtung Zentrum. Beim Beginn des Gehsteiges in den ① Fahrradweg einfädeln. Weiter zum Kreisverkehr. Die Straße überqueren, dann gleich ② rechts abbiegen (rotes Radwegschild). Der Straße zum ③ Bahnübergang folgen. Man überquert die Geleise und fährt links weiter. Man folgt der Straße, die am Schwimmbad „Lido" vorbeiführt bis zu ihrem Ende. Dort, oder auch schon etwas davor, kann man auf den Radweg auffahren, der zuerst nach Algund und dann über Serpentinen aufwärts zur Töll (Stauwehr) führt. Bei der ④ Ampel fährt man geradeaus weiter. Am besten den Gehsteig benutzen, eventuell das Rad kurz schieben. Direkt nach dem ⑤ B&B-Hotel Botango biegt man auf die Zehentstraße ab und fährt zum Teil sehr steil Richtung Partschins (618 m). Nach dem Schwimmbad Partschins gelangt man bald schon an eine ⑥ Straßenkreuzung. Dort biegt man links ab.

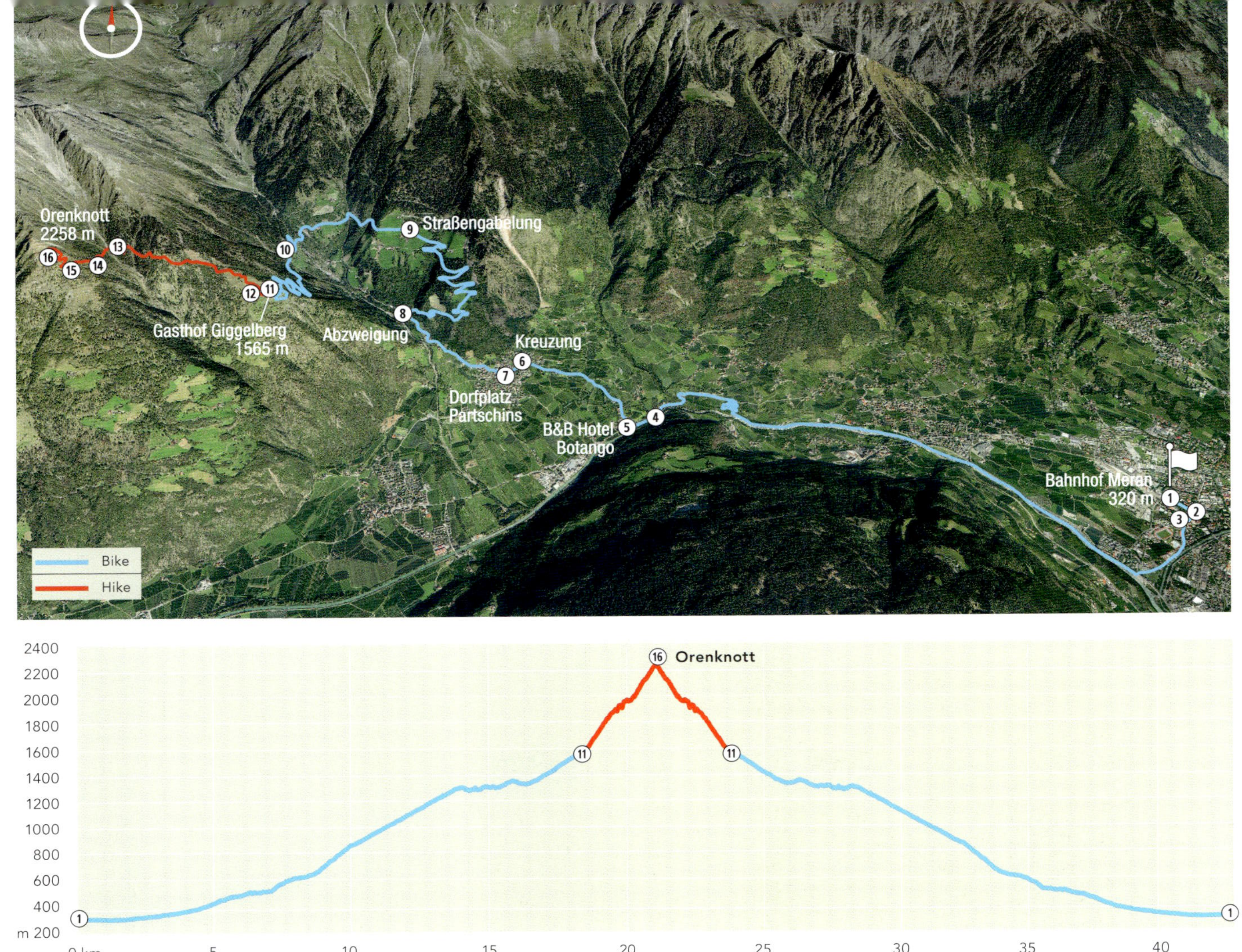

Orenknott
2258 m
Straßengabelung
Gasthof Giggelberg
1565 m
Abzweigung
Kreuzung
Dorfplatz
Partschins
B&B Hotel
Botango
Bahnhof Meran
320 m
Bike
Hike
Orenknott
2400
2200
2000
1800
1600
1400
1200
1000
800
600
400
m 200
0 km
5
10
15
20
25
30
35
40

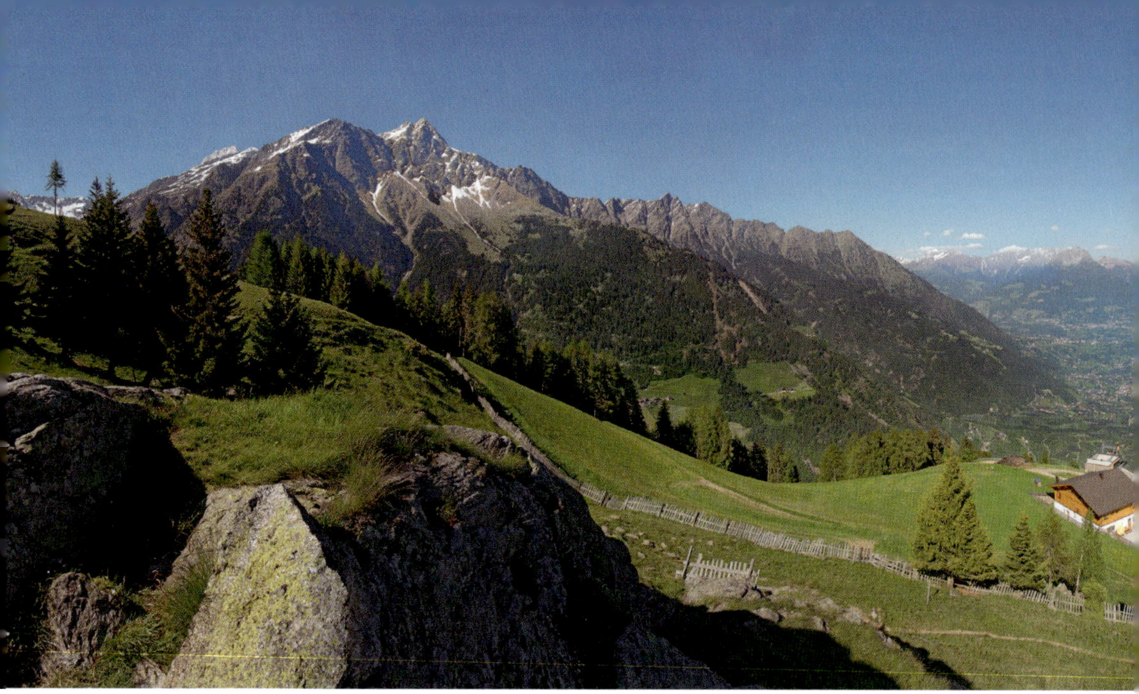

Das Gehöft Giggelberg hoch über dem Meraner Talkessel

Geradeaus weiter, vorbei am Tourismusbüro bis zu einem kleinen ⑦ Dorfplatz; rechts befindet sich das Schreibmaschinenmuseum. Am Ende des Platzes biegt man rechts ab (Beschilderung Wasserfall) und fährt über die steile Straße aufwärts. Der Beschilderung Richtung Wasserfall folgen. Der Weg ist auf langen Strecken sehr steil und legt sich erst bei der ⑧ Abzweigung nach Tabland wieder zurück. Rechts abbiegen und der Straße folgen. Über viele Kehren aufwärts, vorbei an der Einfahrt zum Gasthof Prünster, bis zu einer ⑨ Straßengabelung. Geradeaus weiter Richtung Zieltal, bis man auf eine ⑩ Abzweigung (Beschilderung Giggelberg) trifft, wo man wiederum geradeaus weiterfährt. Durch eine Lawinengalerie hindurch und schlussendlich über mehrere Kehren aufwärts zur Bergstation der Texelbahn. An dieser vorbei zum ⑪ Gasthof Giggelberg (1565 m), wo man das Bike abstellt.

GIGGELBERG → ORENKNOTT

Strecke hin und zurück
5,5 km

Höhenmeter bergauf/bergab
710 m

Zeitbedarf insgesamt
3–3½ Stunden

Schwierigkeit
■□□

Giggelberg – Orenknott (2258 m)

Der Orenknott ist ein kleiner Felsgipfel im langen Südostkamm der Zielspitze, einem Dreitausender in der Texelgruppe. Viele Gipfel in der Texelgruppe sind anspruchsvolle Hochtouren; man muss ein erfahrener Alpinist sein, um sie besteigen zu können. Der Aufstieg zum

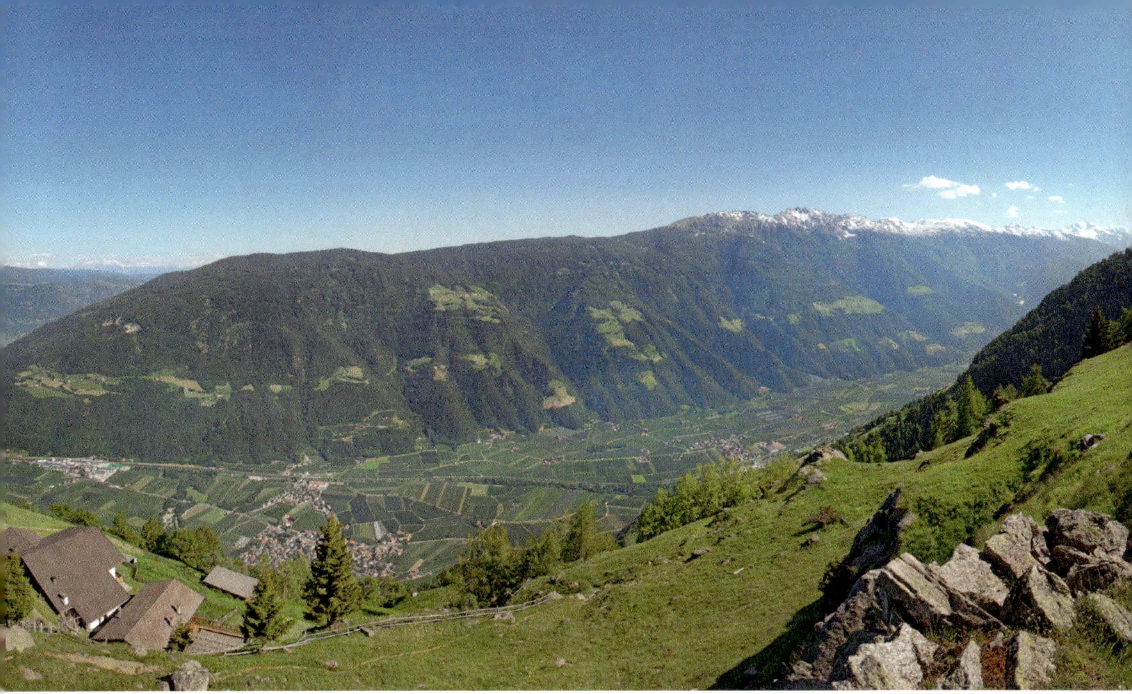

Orenknott hingegen ist eine relativ einfache Wanderung. Der Gipfel ist ein steil abfallender „Knott“ (Felsen) mit einem großen Gipfelkreuz und einem wunderbaren Blick auf den Meraner Talkessel sowie auf den Vinschgau.

Wegbeschreibung: Beim ⑪ Gasthof Giggelberg wandert man am Stadel vorbei, bis mehrere Schilder den Weg weisen. Man geht ⑫ rechts über den Weg Nr. 2 aufwärts (Beschilderung Zielspitze). Zuerst noch über die Bergwiesen, dann durch lichten Wald aufwärts, vorbei an einer kleinen Hütte. Bald schon verschwindet der Weg wieder im Wald. Nach etwa 30 Minuten trifft man im Wald auf eine relativ schlecht markierte ⑬ Abzweigung. Man geht dort geradeaus weiter (rechts führt der Weg hinauf zur Zielspitze) und quert kurz danach den großen Graben, der von der Zielspitze herunterzieht. Bei der nächsten ⑭ Weggabelung hält man sich rechts (der untere Weg führt zur Orenalm) und wandert zum Teil auch steil aufwärts bis zur nächsten ⑮ Gabelung (geradeaus steigt man zur Orenalm ab). Wiederum geht es steil, aber technisch einfach mit Blick auf den felsigen Gipfelaufbau weiter, den man rechts umgeht, um den höchsten Punkt, den ⑯ Orenknott (2258 m) zu erreichen.

13 MERAN – HEINI-HOLZER-KLETTERSTEIG – KLEINER IFINGER

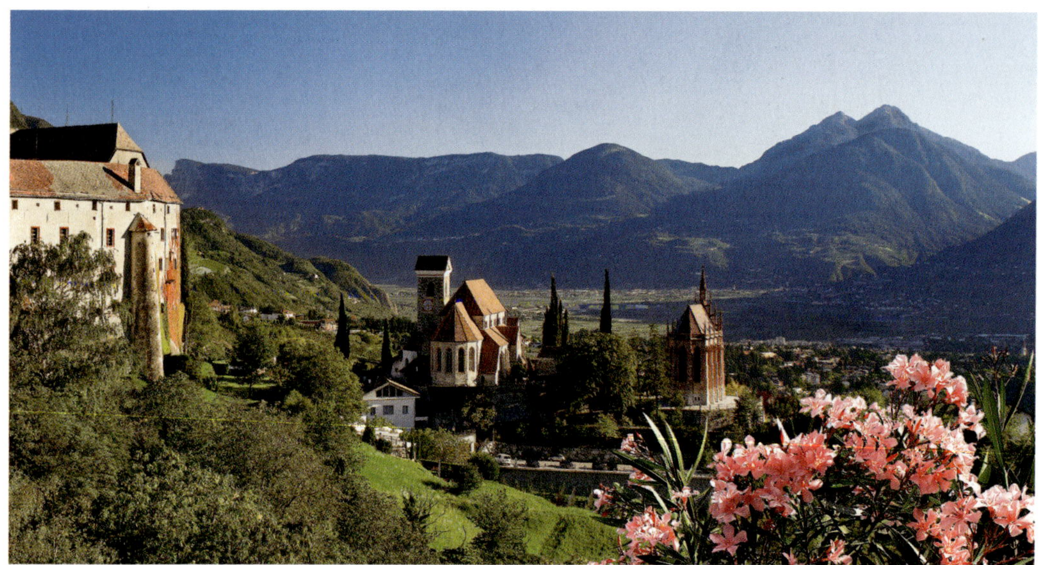

Schenna

Meran – Schenna – Gsteier – Ende Forststraße

Die Auffahrt nach Gsteier ist ein Klassiker unter den Mountainbike-Touren im Meraner Kessel. Die steile Teerstraße meistert man spielend mit dem E-Bike, doch sollte die Länge der Tour ab Meran nicht unterschätzt werden. In Kombination mit dem Klettersteig am Ifinger ergibt sich ein langer und fordernder Tag.

MERAN → ENDE FORST-STRASSE

Strecke hin und zurück
23,9 km

Höhenmeter bergauf/bergab
1160 m

Zeitbedarf insgesamt
ca. 2½ Stunden

Schwierigkeit

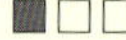

Tourenbeschreibung: Bei der ① Postbrücke (320 m) in Meran folgt man der Radwegbeschilderung „Passeiertal" (rote Schilder) durch den Elisabethpark (Marmorstatue „Sissi") und über die Weganlagen der Promenade aufwärts (immer rote Radwegschilder), wobei sich Biker und Fußgänger die Promenade teilen. Kurz vor einer steinernen Brücke endet die Promenade (mehrere Schilder). Man biegt ② hart rechts ab (Radwegbeschilderung in rot „Trauttmansdorff") und fährt hinauf zur Hauptstraße, die man überquert. Auf der gegenüberliegenden Seite des Zebrastreifens folgt man kurz der schmalen Straße, um dann nach ③ links (Radwegschild „Trauttmansdorff") in

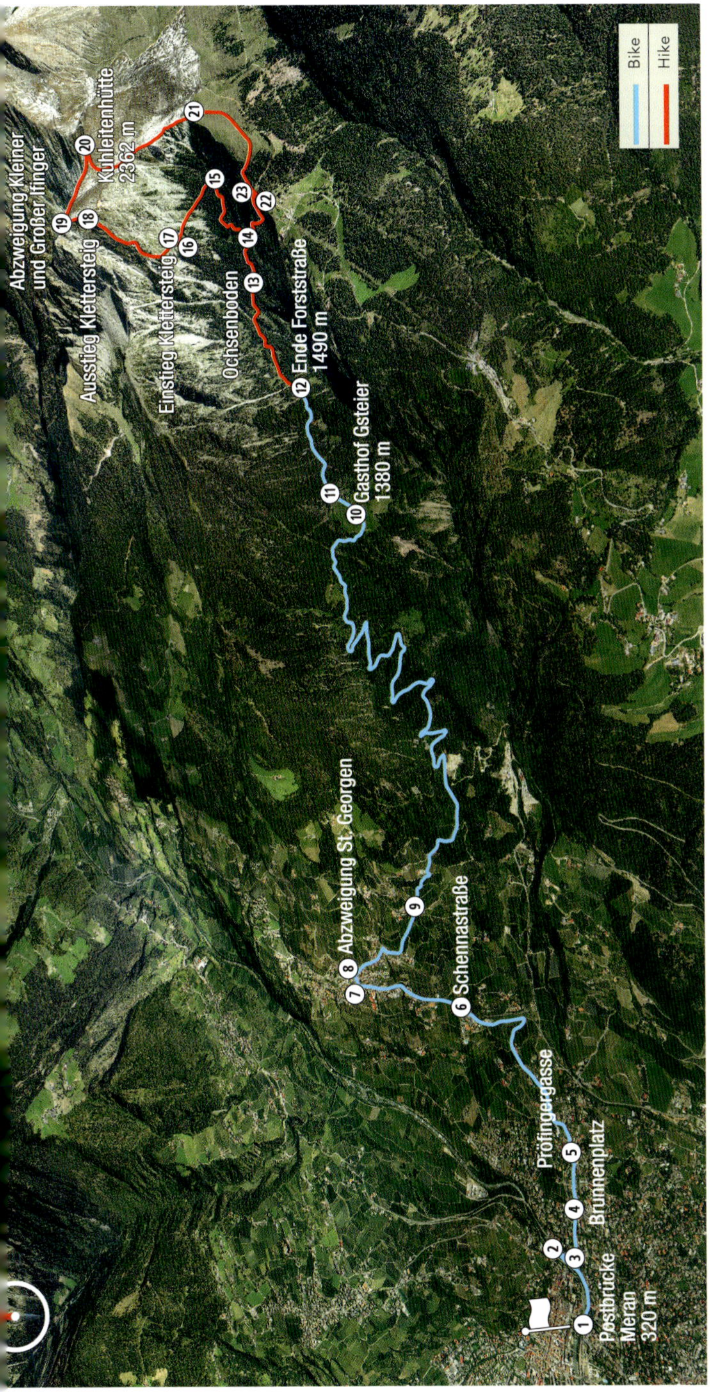

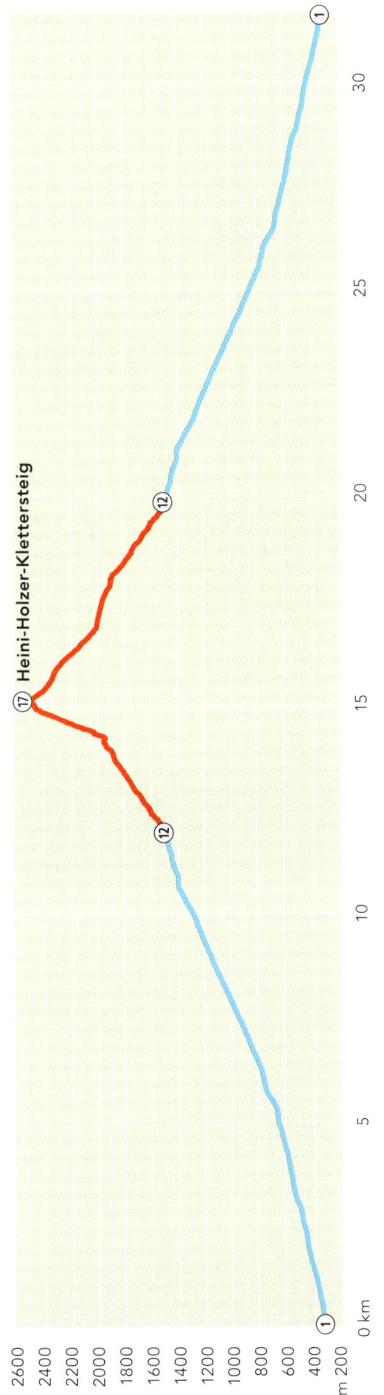
Abzweigung Kleiner und Großer Ifinger
Kuhleitenhütte 2362 m
Ausstieg Klettersteig
Einstieg Klettersteig
Ochsenboden
Ende Forststraße 1490 m
Gasthof Gsteier 1380 m
Abzweigung St. Georgen
Schennastraße
Pröfingergasse
Brunnenplatz
Postbrücke Meran 320 m
Bike
Hike
Heini-Holzer-Klettersteig
m 200
400
600
800
1000
1200
1400
1600
1800
2000
2200
2400
2600
0 km
5
10
15
20
25
30

Anfahrt
Über die Schnellstraße MeBo nach Meran (Ausfahrt Meran Zentrum). Durch den Tunnel zum Kreisverkehr, dort die erste Ausfahrt rechts nehmen. Aufwärts zum nächsten Kreisverkehr beim großen Parkplatz (gebührenfrei) direkt am Bahnhof. Mit dem Rad in ein paar Minuten ins Zentrum von Meran und durch die verkehrsberuhigte Altstadt zur Postbrücke. Start nach der Brücke links, orographisch linke Seite des Flusses „Passer".

Tipp
- Es gibt ausgezeichnete Zugverbindungen (Bike-Transport) nach Meran-Hauptbahnhof.
- Direkt am Bahnhof in Meran gibt es einen Radverleih. E-Bikes sollten reserviert werden.
- Zum Verkürzen der Tour mit dem Linienbus vom Bahnhof Meran nach Schenna. Dort gibt es einen E-Bike-Verleih.

den Kirchsteig einzubiegen. Über diesen aufwärts bis zum ④ Brunnenplatz. Die Straße überqueren; vorbei am Brunnen und neben dem Gebäude der Bank über die Reichenbachgasse hinauf bis zur Hauptstraße. Rechts abbiegen, um dann gleich wieder nach links in die ⑤ Pröfingergasse einzubiegen. Der schmalen Gasse bis zu ihrem Ende folgen, dann links weiter bis zu einer Kreuzung. Dort trifft man auf die Radwegbeschilderung nach Schenna. Man folgt dem Naifweg bis zur ersten Straßengabelung und biegt dort links ab (Radwegbeschilderung Schenna). Bald schon trifft man auf ein kurzes Stück Naturstraße; an deren Ende weist wiederum ein Schild den Weiterweg nach links. Weiter bis zum großen Hotelkomplex und nach der Unterführung steil nach rechts aufwärts zur ⑥ Hauptstraße (Schennastraße), die nach Schenna führt. Man folgt der Straße nach links bis zur Engstelle und dann noch ein kurzes Stück, bis ⑦ rechts eine Straße (Beschilderung Taser – St. Georgen) abzweigt. Man fährt ein kurzes Stück steil aufwärts, um dann wiederum nach ⑧ rechts abzubiegen (Richtung St. Georgen). Über die Straße aufwärts, bis man kurz nach der Pension Mühlhaus eine ⑨ Linkskehre erreicht. In der Kehre zweigt der beschilderte Weg nach Gsteier ab. Anfangs sehr steil, dann flacher werdend, bis sich kurz vor dem Ende der Teerstraße der Weg wieder aufsteilt. Vorbei am ⑩ Gasthof Gsteier (1380 m). Bei der nächsten ⑪ Weggabelung geradeaus (Beschilderung „Ochsenboden – Meran 2000") und weiter über die Forststraße, bis kurz vor ihrem Ende auf 1490 m links ein ⑫ Steig abzweigt. Dort parkt man das Bike.

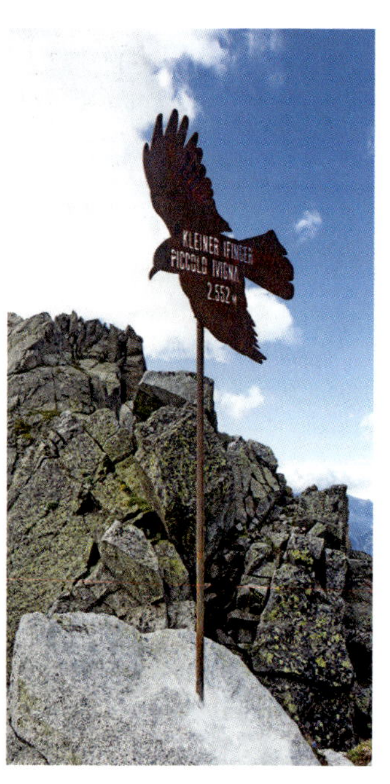

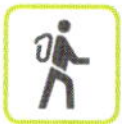 Ende Forststraße – Heini-Holzer-Klettersteig

Der 550 Höhenmeter lange Aufstieg (ab dem Einstieg), der mit 1000 Metern Stahlseil perfekt gesichert ist, weist mittlere Schwierigkeitsgrade auf. Für die Begehung des Klettersteiges sind ein früher Aufbruch sowie eine gute Gesamtkondition Grundvoraussetzungen. Entlang des Aufstieges gibt es kein Wasser und keine Fluchtwege. Ein eventueller Rückzug ist nur nach unten möglich. Die Ausrichtung des Aufstieges nach Südwesten erlaubt eine sehr frühe Begehung des Klettersteiges. Die Bergsaison reicht bis weit in den Spätherbst hinein.

Der Gipfel des Kleinen Ifinger (links) und am Heini-Holzer-Klettersteig (rechts)

Wegbeschreibung: Man folgt dem ⑫ Weg links (Beschilderung Ochsenboden) aufwärts und wandert bis zu einer ⑬ Waldlichtung (Ochsenboden – Weggabelung) mit mehreren Schildern. Gerade über die Bergwiese aufwärts und an ihrem oberen Ende wiederum geradeaus ansteigen bis zur nächsten ⑭ Weggabelung. Dort biegt man links ab. Bei der darauffolgenden ⑮ Wegverzweigung wiederum links weiter; der Zustieg zum Klettersteig ist beschildert. Über den teilweise gesicherten Schartlweg wandert man zu einer mit einem großen Metallschild gekennzeichneten ⑯ Abzweigung. Rechts weiter und kurz hinauf zur ⑰ Einstiegsplattform (1950 m) am Beginn des Klettersteiges. Beim ⑱ Ausstieg des Klettersteiges (2480 m) den Steinmarkierungen entlang des Grates bis zur beschilderten ⑲ Weggabelung (Kleiner oder Großer Ifinger) folgen. Über den neu angelegten Weg abwärts bis zu einer ⑳ Wegverzweigung kurz vor der gut sichtbaren Kuhleitenhütte (2362 m). Rechts abbiegen und über einen Steig zum Teil auch steil abwärts bis zur ㉑ Naturstraße. Rechts weiter. Über die Naturstraße absteigen, bis rechts ein ㉒ Waldweg abzweigt (Wegschilder und Metallschild mit Klettersteigroute). Über diesen Weg bis zur ersten ㉓ Weggabelung. Links abbiegen und dem Weg bis Punkt 14 folgen. Über den Aufstiegsweg zurück zum Ausgangspunkt.

ENDE FORSTSTRASSE → HEINI-HOLZER-KLETTERSTEIG

Strecke hin und zurück
8,1 km

Höhenmeter bergauf/bergab
1050 m

Zeitbedarf insgesamt
4½–5 Stunden

Schwierigkeit
bis B/C

Voraussetzungen
Stabiles Wetter, absolute Trittsicherheit, Bergerfahrung und solide Grunderfahrung am Klettersteig, sehr gute Kondition.

Ausrüstung
Leichte Trekkingschuhe mit guter Sohle, komplette Klettersteigausrüstung (Klettergurt, Klettersteigset und Helm) Bergbekleidung, Wetterschutz, etwas Proviant, Getränke.

Info
www.klettersteig-heiniholzer.com

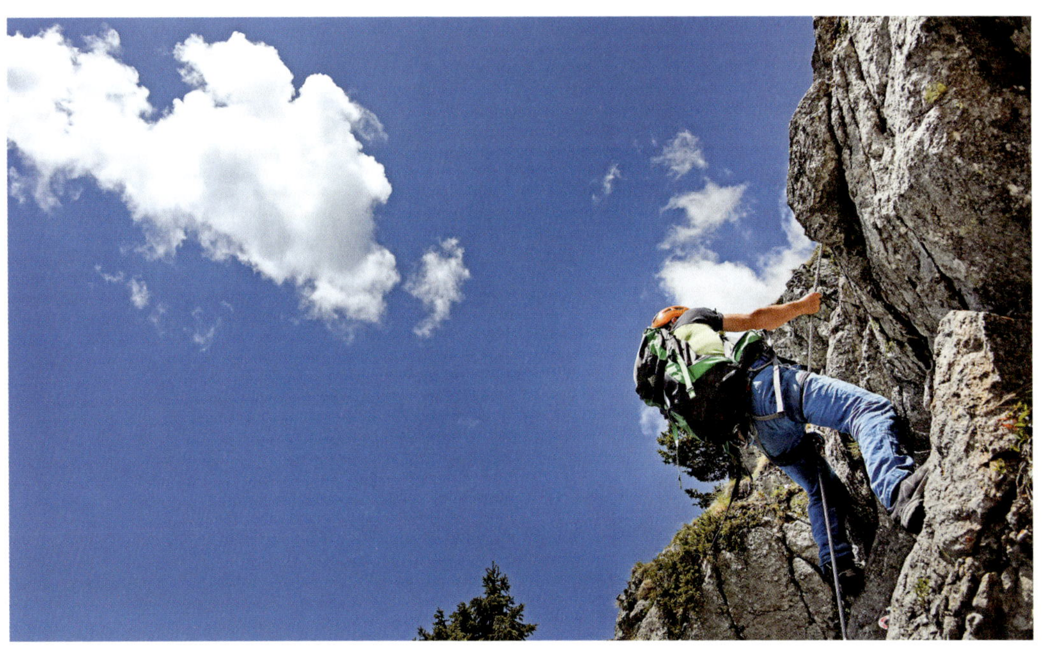

14 MERAN – HINTEREGGALM – PFANDLSPITZE

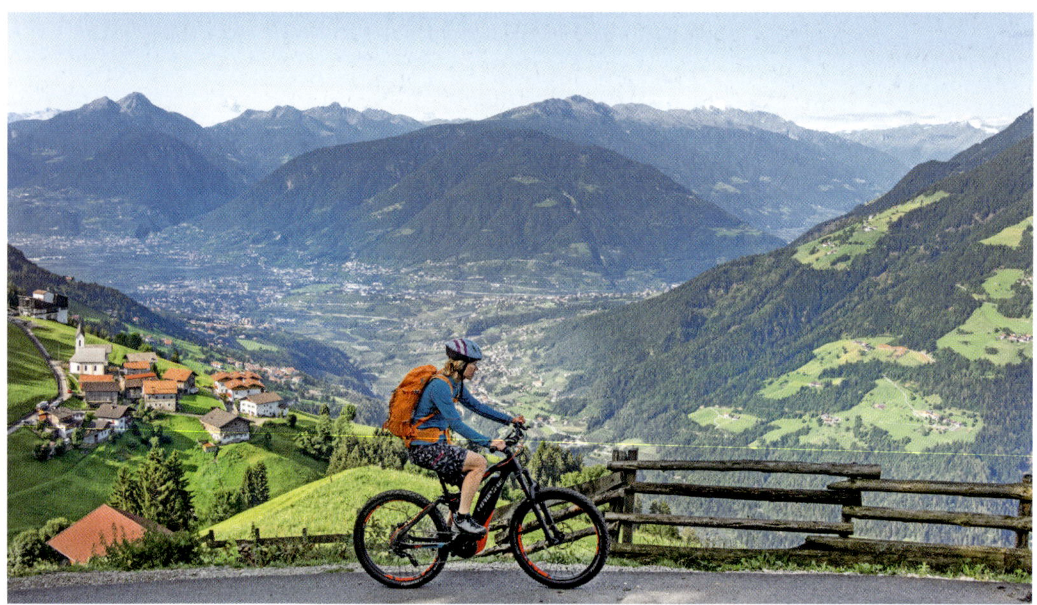

Der Weiler Tall und der Meraner Talkessel

MERAN → HINTEREGGALM (E-BIKE-RUNDE)

Strecke hin und zurück
ca. 43 km

Höhenmeter bergauf
1300 m

Höhenmeter bergab
2230 m

Zeitbedarf insgesamt
ca. 4¼ Stunden

Schwierigkeit

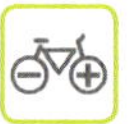

Meran – Hintereggalm – Videgg – Schenna

Großartige E-Bike-Runde, die mit Seilbahnunterstützung gefahren wird (Auffahrt mit der Hirzer Seilbahn zur Mittelstation „Prenn"). Schöne Forstwege für den Liebhaber von Naturstraßen, doch sollte die Länge der Tour auf keinen Fall unterschätzt werden. Da man auf dieser Tour auch bei der Abfahrt immer wieder auf Gegenanstiege trifft, ist eine gute Einteilung der Batterieleistung gefragt. Alternativ kann man die Batterie bei der Hintereggalm laden, während man die Pfandlspitze besteigt. Der breite Waldweg zwischen der Gompm-Alm und Grube ist technisch etwas anspruchsvoll. Hier ist etwas Fahrtechnik gefragt, ansonsten muss das Bike geschoben werden.

Tourenbeschreibung: Bei der ① Postbrücke in Meran (320 m) folgt man der Radwegbeschilderung durch den Elisabethpark (Marmorstatue „Sissi"), wobei sich Biker und Fußgänger die Promenade teilen. Kurz vor einer steinernen Brücke endet die Promenade. Man fährt

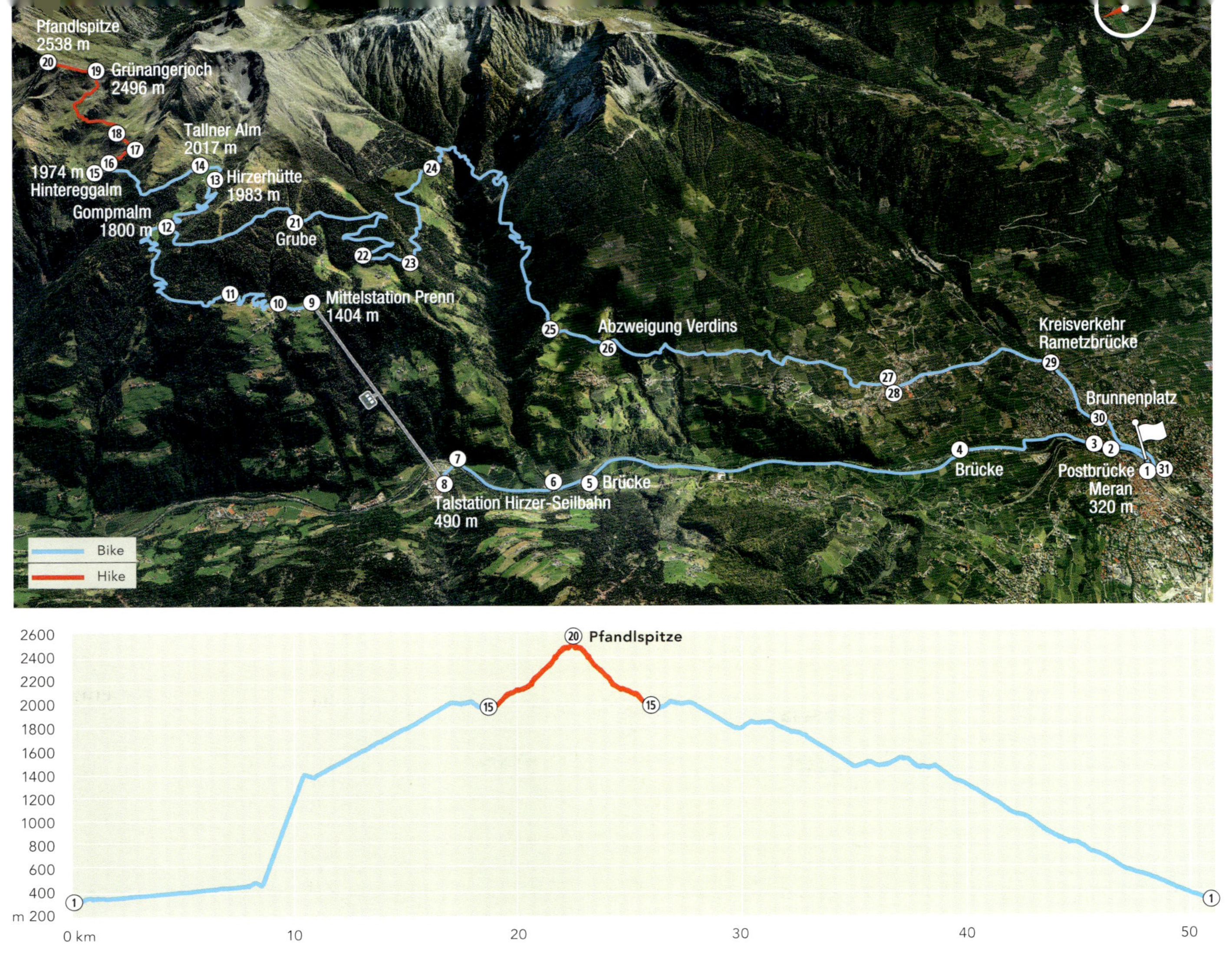
Pfandlspitze
2538 m
Grünangerjoch
2496 m
Tallner Alm
2017 m
1974 m
Hintereggalm
Hirzerhütte
1983 m
Gompmalm
1800 m
Grube
Mittelstation Prenn
1404 m
Abzweigung Verdins
Kreisverkehr
Rametzbrücke
Brunnenplatz
Brücke
Brücke
Postbrücke
Meran
320 m
Talstation Hirzer-Seilbahn
490 m
Bike
Hike
Pfandlspitze
2600
2400
2200
2000
1800
1600
1400
1200
1000
800
600
400
m 200
0 km
10
20
30
40
50

Anfahrt
Über die Schnellstraße MeBo nach Meran (Ausfahrt Meran Zentrum). Durch den Tunnel zum Kreisverkehr, dort die erste Ausfahrt rechts nehmen. Aufwärts zum nächsten Kreisverkehr beim großen Parkplatz (gebührenfrei) direkt am Bahnhof. Mit dem Rad in ein paar Minuten ins Zentrum von Meran und durch die verkehrsberuhigte Altstadt zur Postbrücke. Start nach der Brücke links, orographisch linke Seite des Flusses „Passer".

Tipp
- Es gibt ausgezeichnete Zugverbindungen (Bike-Transport) nach Meran-Hauptbahnhof.
- Direkt am Bahnhof in Meran gibt es einen Radverleih. E-Bikes sollten reserviert werden!

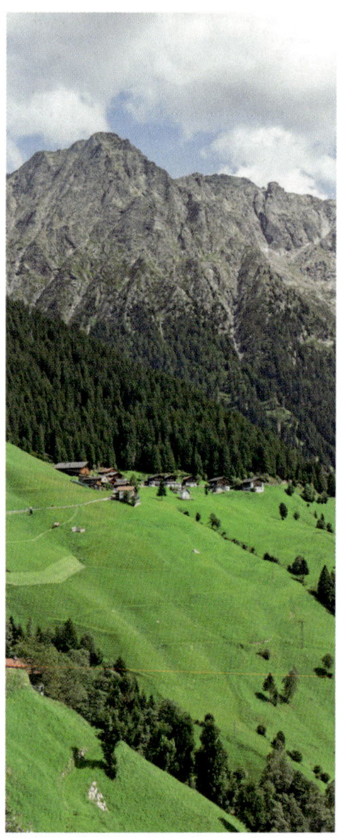

(2) rechts aufwärts, dann gleich wieder links über ein Steilstück und unter der Hauptstraße hindurch. Nach der (3) Unterführung links weiter über den Radweg Passeier bis zur Passer. Dem Fluss entlang bis zur (4) Brücke. Über die Brücke, dann rechts ab und neben der Passer bis zur nächsten (5) Brücke. Rechts abbiegen über die Brücke. Dann links weiter über Asphalt bis zur darauffolgenden (6) Weggabelung. Links abbiegen. Entlang des Radweges bis zur (7) Brücke über die Passer unterhalb der Talstation der Seilbahn Hirzer. Kurz aufwärts zur (8) Talstation (490 m) und mit der Bahn zur (9) Mittelstation Prenn (1404 m). Hinauf auf die Hauptstraße; dort nach links fahren bis zur ersten (10) Kehre. Direkt in der Kehre rechts abbiegen (mehrere Wegschilder, Beschilderung „Hochwies" und „Wiesbauer"). Über die Straße aufwärts bis zum (11) Beginn der Forststraße, über die man zur (12) Gompmalm (1800 m) radelt. Bei der Weggabelung links halten und auf dem durchwegs guten Forstweg hinauf zur (13) Wegkreuzung bei der Hirzerhütte (1983 m). Geradeaus weiter zur darüber liegenden (14) Tallner Alm (2017 m) und weiter über die breite Naturstraße zur (15) Hintereggalm (1974 m). Dort parkt man das Bike.
Bei der Rückfahrt mit dem Bike von der Alm zurück zur (12) Weggabelung bei der Gompmalm und dem breiten, ruppigen Waldweg nach (21) Grube folgen. Von Grube fährt man über den Forstweg ab bis zur (22) Einmündung in die Teerstraße. Links weiter und hinunter zur (23) Straße, die in mehreren Gegenanstiegen zum Weiler Videgg führt. Dort endet sie. Bei den letzten Häusern (24) gabelt sich eine Schotterstraße. Rechts halten und steil hinunter bis zum Bach. Es folgt eine lange Abfahrt, bevor man die (25) Einmündung in die Teerstraße Richtung Taser erreicht. Geradeaus weiter, vorbei am Gasthof Hasenegg und der (26) Abzweigung nach Verdins. Links halten und weiter entlang der Taser-Straße. Vorbei an der Talstation der Taser-Seilbahn bis zur ersten (27) Straßenkreuzung in der Ortschaft Schenna. Rechts abbiegen. Bei der (28) Einmündung in die Hauptstraße links abbiegen Richtung Meran. Über die Hauptstraße bis zum ersten (29) Kreisverkehr bei der Rametzbrücke. Erste Ausfahrt nehmen und abwärts bis zur (30) nächsten Straßenkreuzung (Brunnenplatz). Links weiter, dann wiederum abwärts bis zur (31) Hauptstraße ins Passeiertal. Links abbiegen und zurück zum (1) Ausgangspunkt bei der Postbrücke.

Links: Blick auf Tall
Rechts: Gesicherter Abschnitt im Aufstieg zur Pfandlspitze

Hintereggalm – Pfandlspitze

Nicht allzu lange Bergtour auf einen eher wenig besuchten Gipfel. Kurze, seilgesicherte Passagen setzen Trittsicherheit und ein wenig Bergerfahrung voraus. Wunderbarer Ausblick über das Sarntal auf die Dolomiten.

Wegbeschreibung: Von der ⑮ Hintereggalm geht man kurz über den Anfahrtsweg zurück. Gleich nach der Stallung zweigt ⑯ links ein Weg ab (Beschilderung „Almenweg"). Über viele Serpentinen aufwärts bis zur ⑰ Einmündung in den Almenweg. Links weiter bis zur nächsten ⑱ Weggabelung. Dort ist der Weiterweg zur Pfandlspitze beschildert. Über den gut markierten Steig aufwärts (kurze, seilgesicherte Passage) in den oberen Kessel und dann steil über Serpentinen zum ⑲ Grünangerjoch (2496 m). Den Markierungen nach links folgen, um gleich darauf eine Felspassage mit Seilsicherungen zu überwinden. Weiter am Kamm aufwärts zur ⑳ Pfandlspitze (2538 m). Über denselben Weg absteigen bis zur ⑱ Einmündung in den Almenweg. Rechts abbiegen. Weiter zur Mahdalm (1990 m) und von dort zurück zur ⑮ Hintereggalm. Oder vom Punkt ⑱ über den Aufstiegsweg zurück zur Hintereggalm.

HINTEREGGALM → PFANDLSPITZE

Strecke hin und zurück: ca. 8 km

Höhenmeter bergauf/bergab: 600 m

Zeitbedarf insgesamt: 3–3½ Stunden

Schwierigkeit: ■■□

Kurzer seilgesicherter Abschnitt nach dem Grünangerjoch

Hinweis: Man kann vor dem Start auf der Hintereggalm und beim Abstieg auf der Mahdalm einkehren.

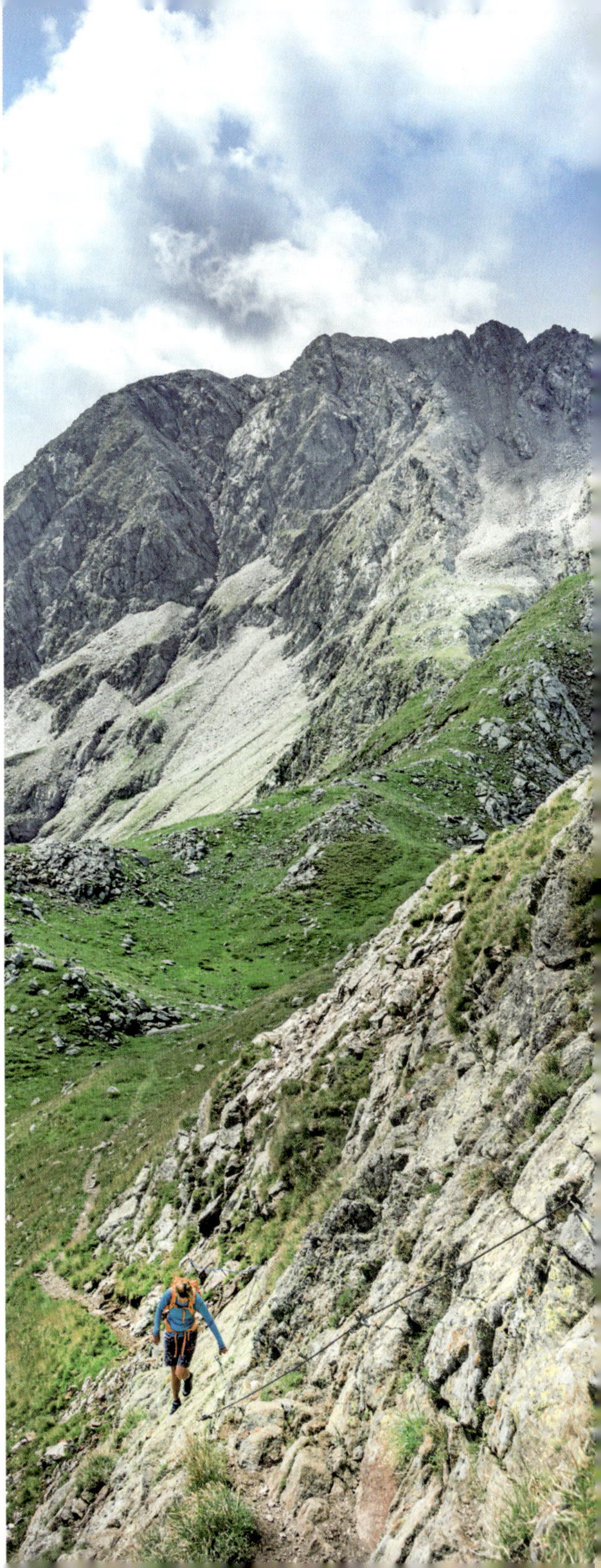

15 MERAN – HIRZERHÜTTE – HIRZER

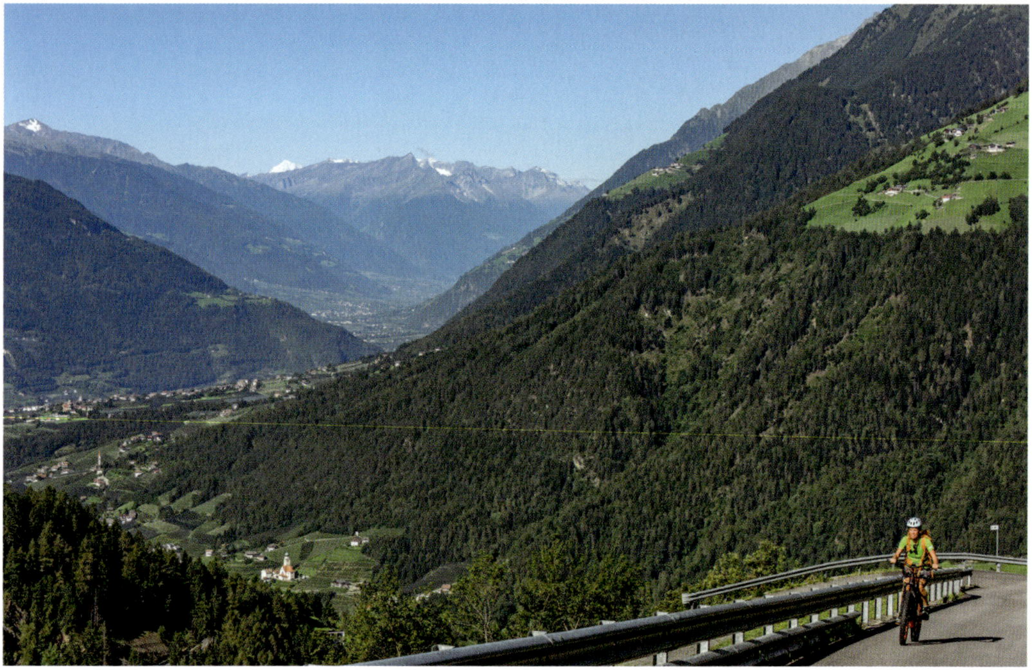

Der Höfeweg nach Tall

MERAN → TALLNER ALM (E-BIKE-RUNDE)

Strecke hin und zurück
ca. 36 km

Höhenmeter bergauf
1060 m

Höhenmeter bergab
1970 m

Zeitbedarf insgesamt
ca. 3½ Stunden

Schwierigkeit

Meran – Talstation Seilbahn Hirzer – Prenn – Tallner Alm – Prenn – Tall – Meran

Eine der großen E-Bike-Runden im Meraner Land, die mit Seilbahnunterstützung gefahren wird (Auffahrt mit der Hirzer-Seilbahn zur Mittelstation „Prenn"). Abfahrt von Tall nach Schenna über die wenig befahrene Höfestraße, die mitten durch die Steilhänge einer grandiosen Bergbauernlandschaft führt.

Tourenbeschreibung: Bei der ① Postbrücke in Meran (320 m) folgt man der Radwegbeschilderung durch den Elisabethpark (Marmorstatue „Sissi"), wobei sich Biker und Fußgänger die Promenade teilen. Kurz vor einer steinernen Brücke endet die Promenade. Man fährt ganz kurz ② rechts aufwärts, dann gleich wieder links über ein Steilstück und unter der Hauptstraße hindurch. Nach der ③ Unterführung

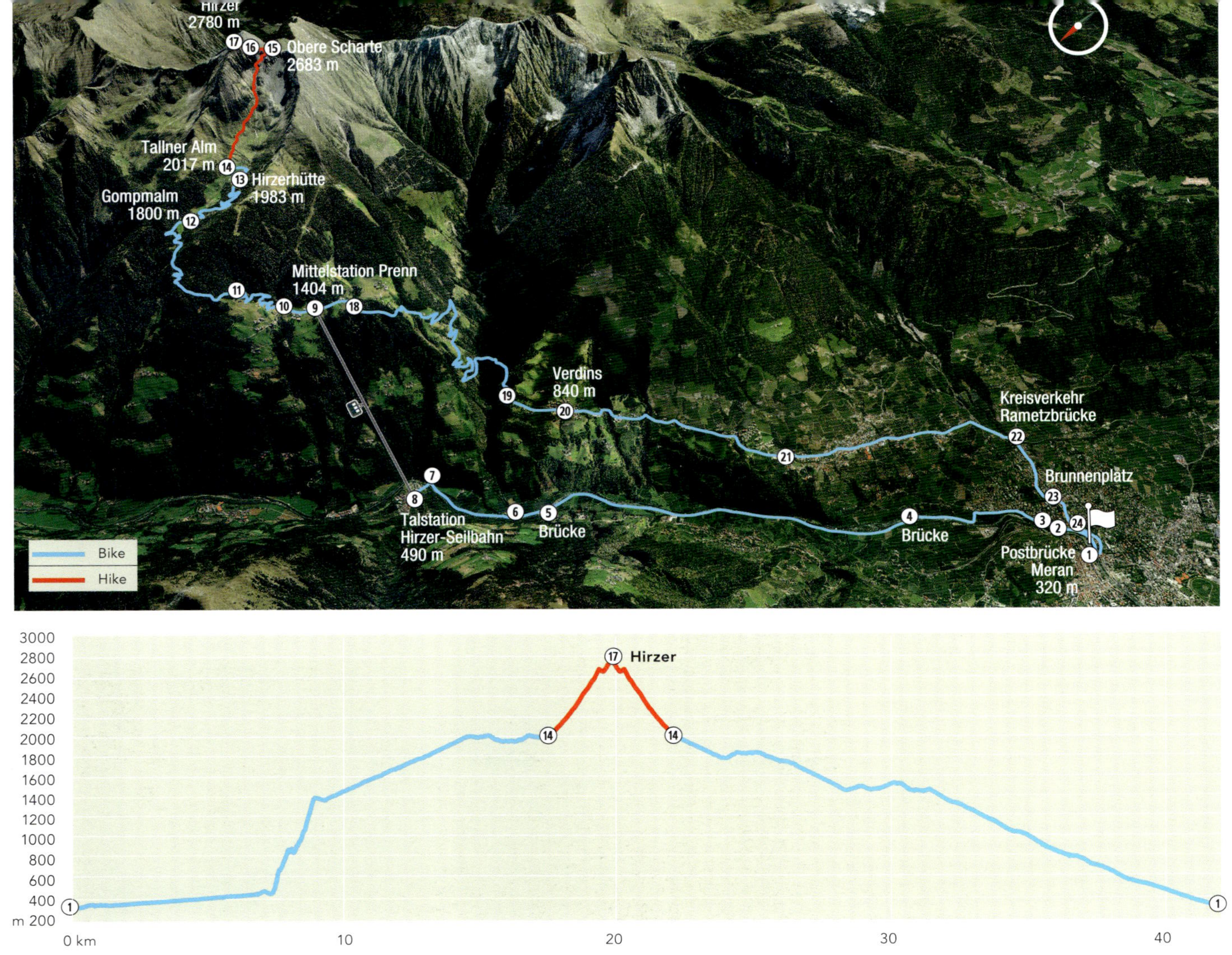
Hirzer
2780 m
Obere Scharte
2683 m
Tallner Alm
2017 m
Hirzerhütte
1983 m
Gompmalm
1800 m
Mittelstation Prenn
1404 m
Verdins
840 m
Kreisverkehr
Rametzbrücke
Brunnenplätz
Talstation
Hirzer-Seilbahn
490 m
Brücke
Brücke
Postbrücke
Meran
320 m
Bike
Hike
Hirzer
3000
2800
2600
2400
2200
2000
1800
1600
1400
1200
1000
800
600
400
m 200
0 km
10
20
30
40

Anfahrt
Über die Schnellstraße MeBo nach Meran (Ausfahrt Meran Zentrum). Durch den Tunnel zum Kreisverkehr, dort die erste Ausfahrt nehmen. Aufwärts zum nächsten Kreisverkehr beim großen Parkplatz (gebührenfrei) direkt am Bahnhof. Mit dem Bike in ein paar Minuten ins Zentrum von Meran und durch die verkehrsberuhigte Altstadt zur Postbrücke. Start nach der Brücke links, orographisch linke Seite des Flusses Passer.

Tipps
- Es gibt ausgezeichnete Zugverbindungen (Bike-Transport) nach Meran-Hauptbahnhof.
- Direkt am Bahnhof in Meran gibt es einen Radverleih. E-Bikes sollten vorbestellt werden.

links weiter über den Radweg Passeier bis hin zur Passer. Dem Fluss entlang bis zur ④ Brücke. Über die Brücke, dann rechts ab und neben der Passer bis zur nächsten ⑤ Brücke. Rechts abbiegen, über die Brücke, danach links weiter über Asphalt bis zur darauffolgenden ⑥ Weggabelung. Links abbiegen. Entlang des Radweges bis zur ⑦ Brücke über die Passer unterhalb der Talstation der Seilbahn Hirzer. Kurz aufwärts zur ⑧ Talstation (490 m) und mit der Bahn zur ⑨ Mittelstation Prenn (1404 m). Hinauf auf die Hauptstraße; links weiterfahren bis zur ersten ⑩ Kehre. Direkt in der Kehre rechts abbiegen (mehrere Wegschilder, Beschilderung „Hochwies" und „Wiesbauer"). Über die Straße aufwärts bis zum ⑪ Beginn der Forststraße, über die man zur ⑫ Gompmalm (1800 m) radelt. Bei der Weggabelung links halten und über den durchwegs guten Forstweg hinauf zur ⑬ Wegkreuzung bei der Hirzerhütte (1983 m). Geradeaus weiter zur darüber liegenden ⑭ Tallner Alm (2017 m). Dort parkt man das Bike. Nach der Gipfeltour zurück mit dem Bike über den Anfahrtsweg zur ⑨ Mittelstation Prenn und weiter der Straße Richtung Weiler Videgg (1536 m) folgen. Bei der nächsten ⑱ Straßengabelung (mehrere Schilder und rote Postkästen) rechts abbiegen und zum Teil steil über die schmale Höfestraße abwärts. Immer auf dieser Straße bleiben. Kurz vor der Brücke über die Masulschlucht durch einen spärlich beleuchteten Tunnel. Nach der Brücke folgt ein kurzer Gegenanstieg bis zur ⑲ Einmündung in die Straße nach Verdins. Geradeaus weiter nach ⑳ Verdins (840 m). Durch die Ortschaft hindurch und bis zur ersten ㉑ Straßengabelung am Ortseingang von Schenna. Links halten. Vorbei an der Feuerwehrhalle und weiter über die Hauptstraße bis zum ersten ㉒ Kreisverkehr bei der Rametzbrücke. Erste Ausfahrt nehmen und abwärts bis zur ㉓ nächsten Straßenkreuzung (Brunnenplatz). Links weiter, dann wiederum abwärts bis zur ㉔ Hauptstraße ins Passeiertal. Links abbiegen und zurück zum ① Ausgangspunkt bei der Postbrücke.

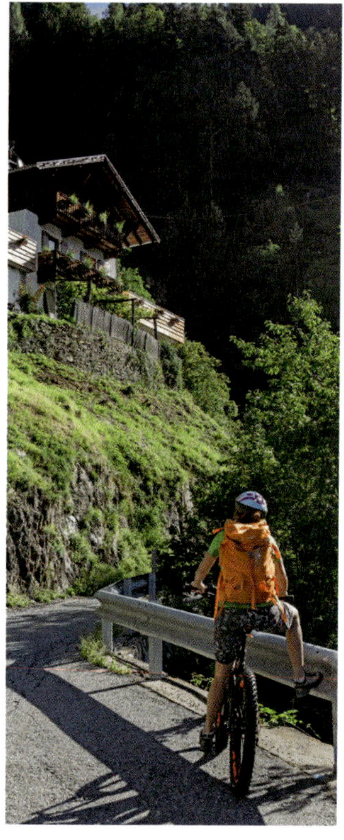

Richtung Tall

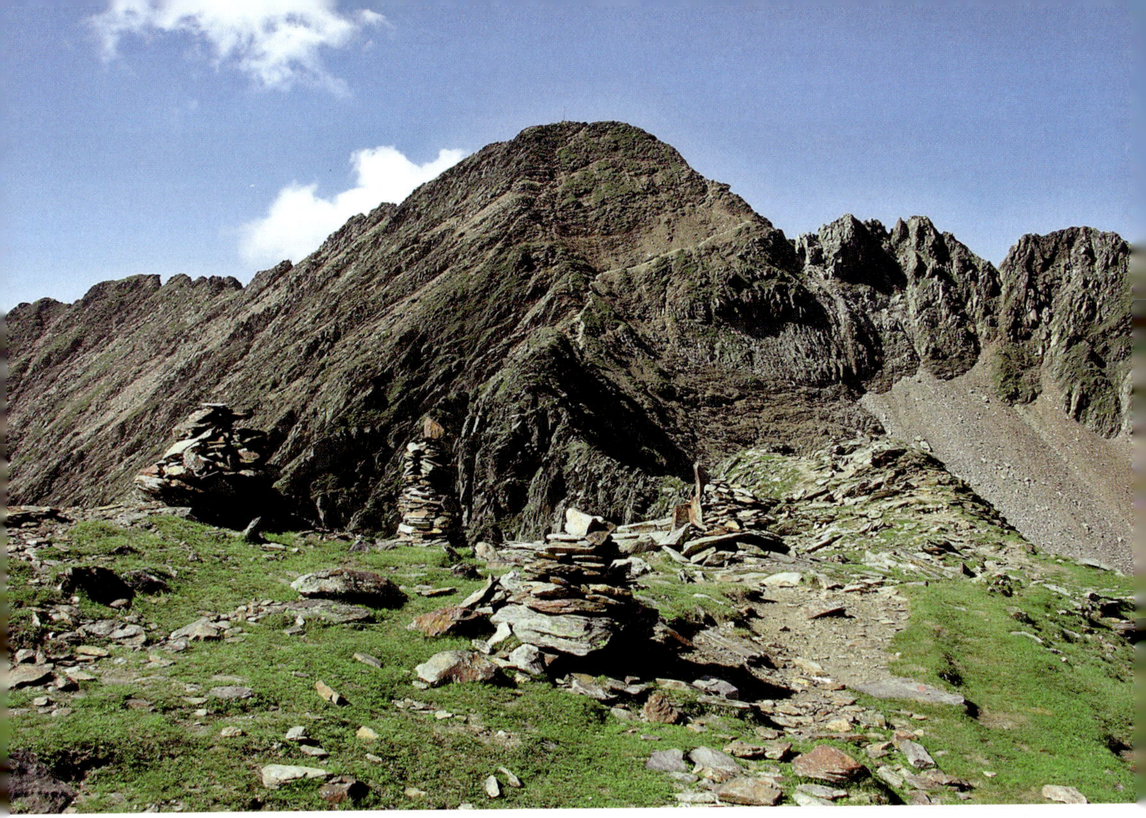

Der Hirzer, prächtiger Aussichtsberg in den Sarntaler Alpen

Tallner Alm – Hirzer (2780 m)

Klassischer Gipfel im Raum Meran und Umgebung. Vielbegangene Tour, die am Anfang etwas eintönig durch das weite Sauerloch-Kar führt. Der kurze Abschnitt hinauf in die obere Scharte, über den auch wieder abgestiegen wird, verlangt etwas Trittsicherheit. Der Gipfel bietet ein eindrucksvolles 360-Grad-Panorama, das einen Großteil Südtirols umfasst.

Wegbeschreibung: Der Aufstieg zum Hirzer ist bei der ⑭ Tallner Alm (2017 m) beschildert. Man wandert durch das weite Hochkar in Serpentinen aufwärts bis unter die ⑮ Obere Scharte (2683 m). Der Aufstieg in die Scharte ist gesichert. Direkt in der Scharte weist ein Wegweiser den weiteren Anstieg zum Gipfel. Leicht abwärts zur nächsten ⑯ Weggabelung; dort geht man geradeaus weiter und steigt über die Südflanke zum ⑰ Gipfel des Hirzer (2780 m). Beim Abstieg vom Gipfel sollte man unbedingt dem Aufstiegsweg folgen. Im Gipfelbereich gibt es einige „Abkürzungen“, von denen ein paar im steilen, unwegsamen Gelände enden!

TALLNER ALM → HIRZER

Strecke hin und zurück
ca. 5,9 km

Höhenmeter bergauf/bergab
800 m

Zeitbedarf insgesamt
4–4½ Stunden

Schwierigkeit

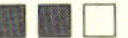

Hinweis: Man kann vor dem Start auf der Tallner Alm einkehren.

16 MERAN – SCHENNA – SCHNUGGER – LAUWANDSPITZE

MERAN → BANNWALDWEG

Strecke hin und zurück
29,6 km

Höhenmeter bergauf/bergab
1500 m

Zeitbedarf insgesamt
ca. 3 Stunden

Schwierigkeit
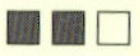

Anfahrt
Über die Schnellstraße MeBo nach Meran (Ausfahrt Meran Zentrum). Durch den Tunnel zum Kreisverkehr, dort die erste Ausfahrt rechts nehmen. Aufwärts zum nächsten Kreisverkehr beim großen Parkplatz (gebührenfrei) direkt am Bahnhof. Mit dem Rad in ein paar Minuten ins Zentrum von Meran und durch die verkehrsberuhigte Altstadt zur Postbrücke. Start nach der Brücke links, orographisch linke Seite des Flusses Passer.

Tipps
- Es gibt ausgezeichnete Zugverbindungen (Bike-Transport) nach Meran-Hauptbahnhof.
- Direkt am Bahnhof in Meran gibt es einen Radverleih. E-Bikes sollten reserviert werden.
- Zum Verkürzen der Tour mit dem Linienbus vom Bahnhof Meran nach Schenna. Dort gibt es einen E-Bike-Verleih

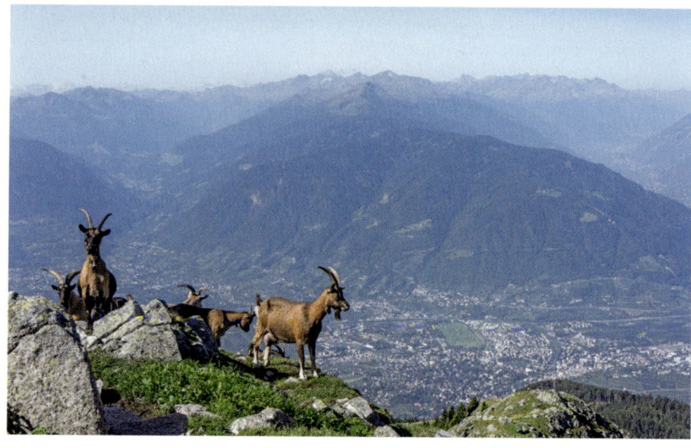

Auf der Lauwandspitze

Meran – Schenna – Schnugger – Bannwaldweg

Die Zufahrtstraße hinauf zum Schnugger ist wenig befahren und liegt morgens angenehm im Schatten. Kurz nach dem Schnuggerhof erreicht man den Bannwaldweg, eine schöne Forststraße, die im oberen Teil etwas steiler und auch ein wenig ruppig wird. Kein Problem, man hat genügend Batterieleistung und muss nur für den kleinen Gegenanstieg am Beginn des Bannwaldweges ein paar Prozent Batterieleistung sparen. Wer am Rückweg den kurzen Abschnitt auf einem breiten Waldweg vermeiden möchte – diese Strecke setzt etwas Fahrtechnik voraus – kann über den Anfahrtsweg zurück zum Ausgangspunkt fahren.

Tourenbeschreibung: Bei der ① Postbrücke in Meran (320 m) folgt man der Radwegbeschilderung „Passeiertal" (rote Schilder) durch den Elisabethpark (Marmorstatue „Sissi") und über die Weganlagen der Promenade aufwärts (immer rote Radwegschilder), wobei sich Biker und Fußgänger die Promenade teilen. Kurz vor einer steinernen Brücke endet die Promenade (mehrere Schilder). Man biegt ② hart rechts ab (Radwegbeschilderung in rot „Trauttmansdorff") und fährt hinauf zur Hauptstraße, die man überquert. Auf der gegenüberliegenden Seite des Zebrastreifens folgt man kurz der schmalen Straße, um dann nach ③ links (Radwegschild „Trauttmansdorff")

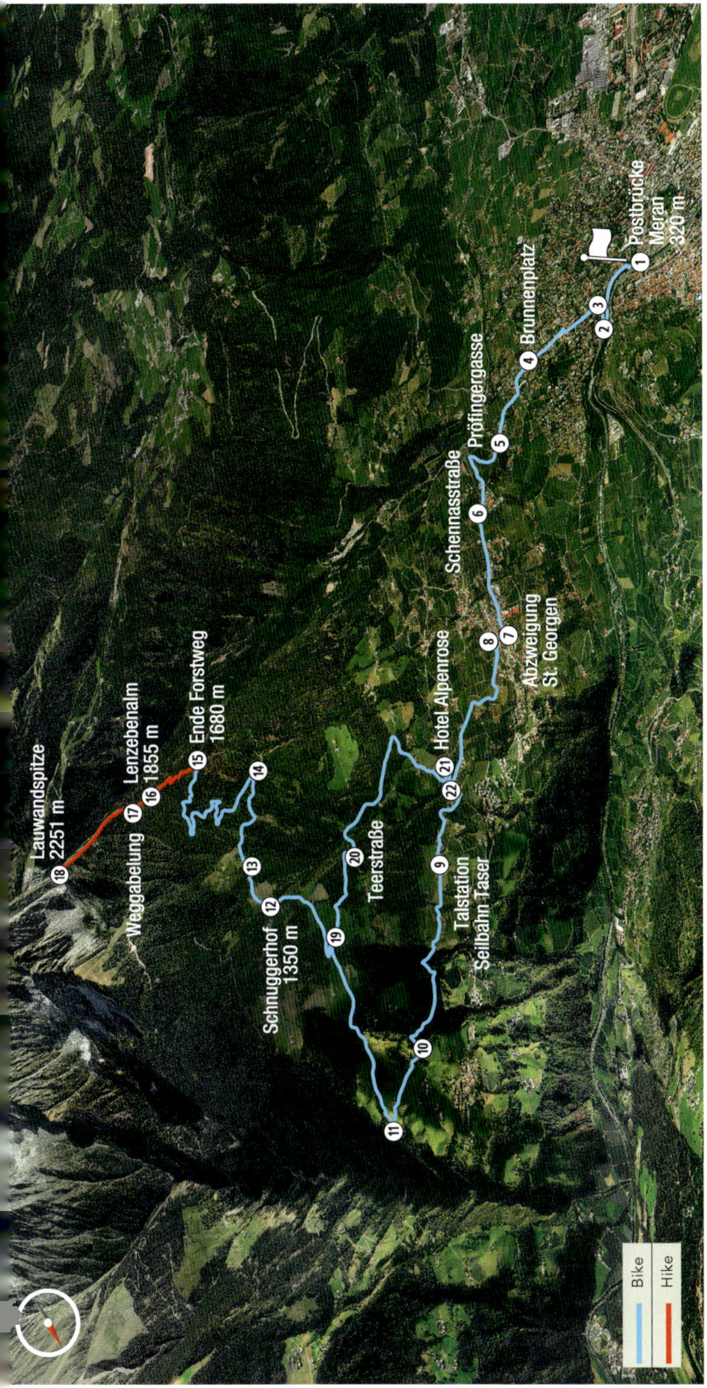

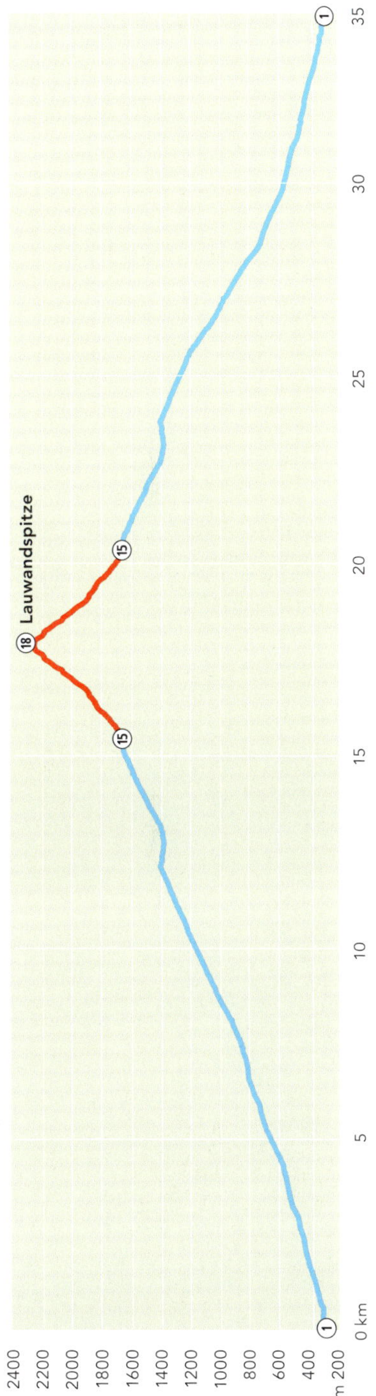
Lauwandspitze 2251 m
Weggabelung
Lenzebenalm 1855 m
Ende Forstweg 1680 m
Schnuggerhof 1350 m
Teerstraße
Talstation Seilbahn Taser
Hotel Alpenrose
Abzweigung St. Georgen
Schennastraße
Pröfingergasse
Brunnenplatz
Postbrücke Meran 320 m
Bike
Hike
Lauwandspitze
m 200
400
600
800
1000
1200
1400
1600
1800
2000
2200
2400
0 km
5
10
15
20
25
30
35

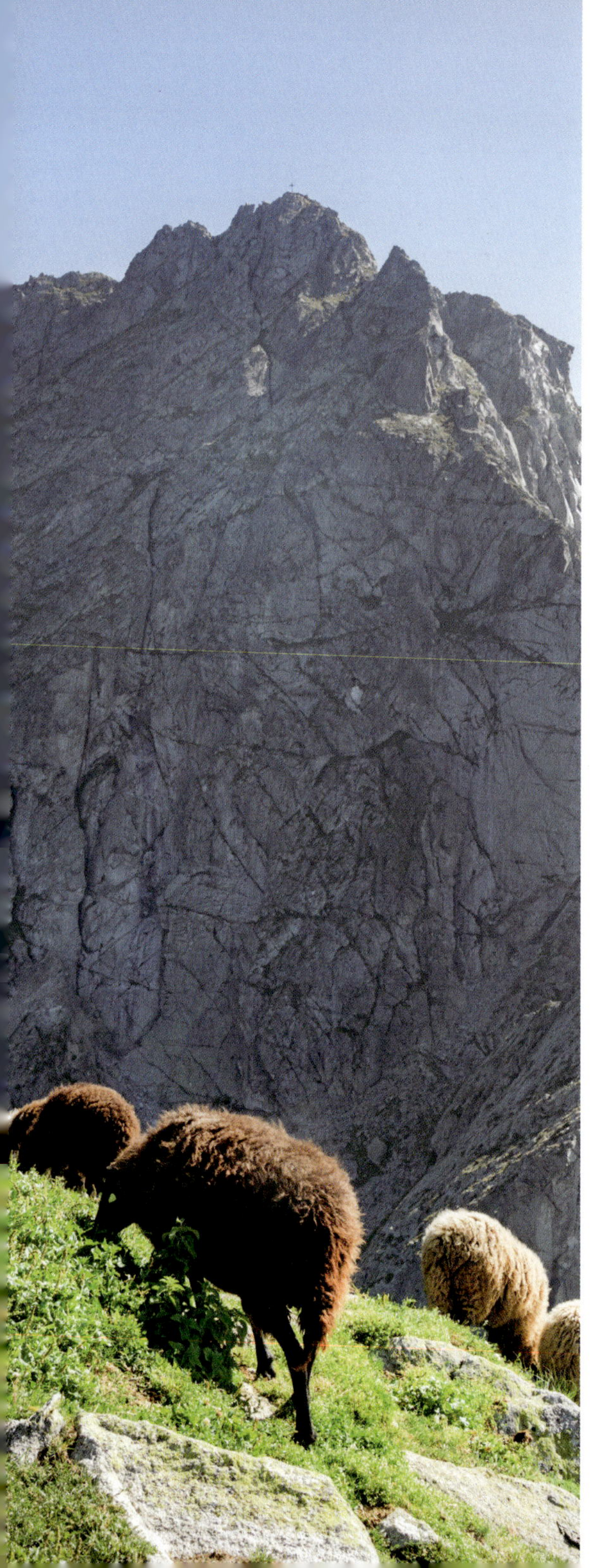

in den Kirchsteig einzubiegen. Über diesen aufwärts bis zum (4) Brunnenplatz. Die Straße überqueren; vorbei am Brunnen und neben dem Gebäude der Bank über die Reichenbachgasse hinauf bis zur Hauptstraße. Rechts abbiegen, um dann gleich wieder nach (5) links in die Pröfingergasse einzubiegen. Der schmalen Gasse bis zu ihrem Ende folgen, dann links weiter bis zu einer Kreuzung. Dort trifft man auf die Radwegbeschilderung nach Schenna. Man folgt dem Naifweg bis zur ersten Straßengabelung und biegt dort links ab (Radwegbeschilderung Schenna). Bald schon trifft man auf ein kurzes Stück Naturstraße; an deren Ende weist wiederum ein Schild den Weiterweg nach links. Weiter bis zum großen Hotelkomplex und nach der Unterführung steil nach rechts aufwärts zur (6) Hauptstraße (Schennastraße) nach Schenna (600 m). Man folgt der Straße nach links bis zur Engstelle und dann noch ein kurzes Stück, bis (7) rechts eine Straße (Beschilderung Taser – St. Georgen) abzweigt. Ca. 50 Meter steil aufwärts zur (8) Straßengabelung, wo man links weiterfährt (Richtung Taser). Die Straße führt zum Teil steil hinauf zur (9) Talstation Seilbahn Taser. Man fährt geradeaus über die schmale Teerstraße weiter, die bald schon im Wald verschwindet. Bei der nächsten (10) Straßengabelung (links geht es nach Verdins) rechts halten und über ein kurzes, sehr steiles Stück ins offene Gelände. Man fährt an einem Bauernhof vorbei bis zu einer (11) Kehre. Rechts über die Teerstraße weiter aufwärts. Die Strecke führt bald schon durch ein Wäldchen, dann über offenes Gelände, vorbei an einem Bauernhof zum nächsten Wald. Man erreicht in Kürze eine

Blick auf den Ifinger

Linkskehre und ca. 50 Meter später eine Rechtskehre. Kurz nach der Kehre gibt es auf der linken Seite einen Parkplatz. Immer der Straße folgend gelangt man zu einer (12) Linkskehre. Rechts weiter Richtung Schnuggerhof (1350 m). Über die Teerstraße, am Hof vorbei und durch die Wiesen aufwärts. In einer (13) Linkskehre geradeaus über die Forststraße (Bannwaldweg) weiter. Es folgt eine kurze Abfahrt (etwas Batterieleistung für die Rückfahrt sparen!). Vorbei an der Schranke, bis zur nächsten (14) Linkskehre (Gehege). Durch die Kehre nach links aufwärts. Der Weg wird nun steiler und auch etwas ruppiger. Man fährt über mehrere Kehren aufwärts bis zum (15) Ende des Forstweges (ca. 1680 m). Dort parkt man das Bike.

Nach der Gipfeltour fährt man mit dem E-Bike über den Weg zurück bis zum Schnuggerhof und in der (12) Kehre links abwärts (Anfahrtsweg) bis zu einem Parkplatz (auf der rechten Seite). Es folgt eine Linkskehre und gleich darauf eine (19) Rechtskehre. Direkt in der Kehre biegt man links ab. Vorbei am Gehöft, kurz über einen Wiesenweg, der in einen Waldweg übergeht. Für diesen Teil der Abfahrt ist ein klein wenig Fahrtechnik gefragt. Bei der (20) Einmündung in die Teerstraße links weiter. Über die Teerstraße abwärts, vorbei am Gasthaus Jägerrast bis zum (21) Hotel Alpenrose. Rechts weiter und kurz abwärts bis zur (22) Einmündung in die Hauptstraße. Links abbiegen und über den Anfahrtsweg zurück zum (1) Ausgangspunkt in Meran.

Ende Bannwaldweg – Lauwandspitze (2251 m)

Wegbeschreibung: Am Ende der (15) Forststraße weist ein Schild den Weiterweg zur Lauwandspitze. Man wandert nicht allzu steil über einen guten Weg durch den Wald aufwärts, etwas später dann vorbei an der (16) Lenzebenalm (1855 m) bis hin zu einer beschilderten (17) Weggabelung. Von links kommt der Anstieg von der Ifingerhütte. Geradeaus weiter über den steiler werdenden, nicht markierten Steig aufwärts. Man muss ein klein wenig auf den Wegverlauf achten, da die Markierungen zur Gänze fehlen. Vorbei an einem kleinen Holzkreuz und steil hinauf zum weithin sichtbaren Wetterkreuz. Von dort steigt man weiter zum höchsten Punkt im Kamm. Die letzten Meter hinauf zur (18) Lauwandspitze (2251 m) verlangen etwas Trittsicherheit. Der Weg führt unterhalb des kleinen Gipfels hindurch Richtung Ifinger und dann erst zum höchsten Punkt.

ENDE BANNWALDWEG → LAUWANDSPITZE

Strecke hin und zurück
4,8 km

Höhenmeter bergauf/bergab
600 m

Zeitbedarf insgesamt
2½–3 Stunden

Schwierigkeit
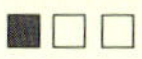

17 HAFLING – IFINGER – VERDINSER PLATTENSPITZE

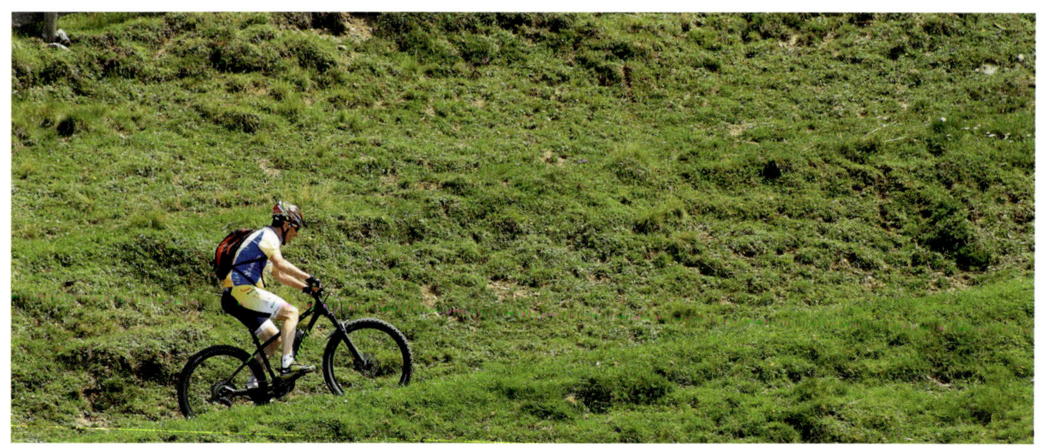

Im Wandergebiet Meran 2000

HAFLING → KUHLEITENHÜTTE

Strecke hin und zurück
23 km

Höhenmeter bergauf/bergab
1150 m

Zeitbedarf insgesamt
ca. 2½ Stunden

Schwierigkeit
■■■

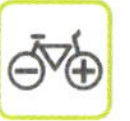

Hafling – Piffinger Köpfl – Kuhleitenhütte

Großartige Anfahrt durch das vielbesuchte Wandergebiet Meran 2000. Um viele Wanderer auf den Wegen zu vermeiden, ist ein früher Start angesagt. Die Naturstraße, die hinauf zur Kuhleitenhütte führt, wird bald nach der Waidmannalm sehr steil und ruppig, Hier ist gute Fahrtechnik sowohl im Anstieg als auch bei der Abfahrt gefragt.

Tourenbeschreibung: Vom (1) Parkplatz in Hafling (1265 m) über die relativ viel befahrene Straße nach (2) Falzeben (1609 m). Zum Teil auch steil über die Naturstraße, die neben der Gondelbahn beginnt,

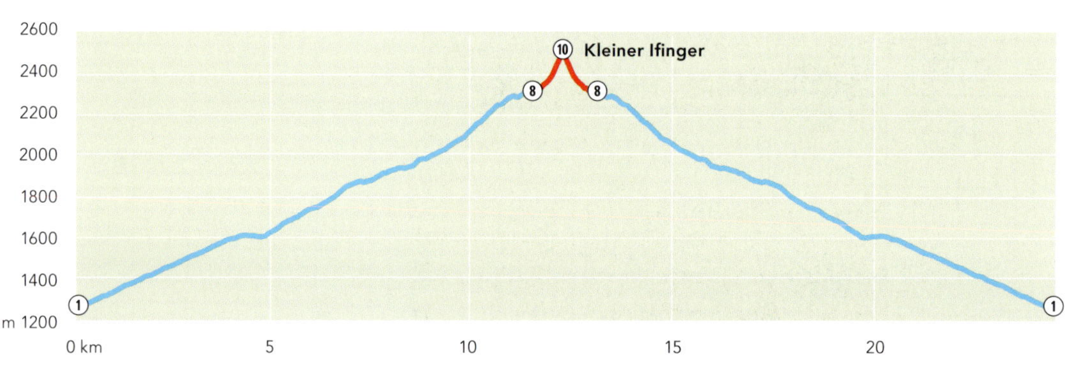

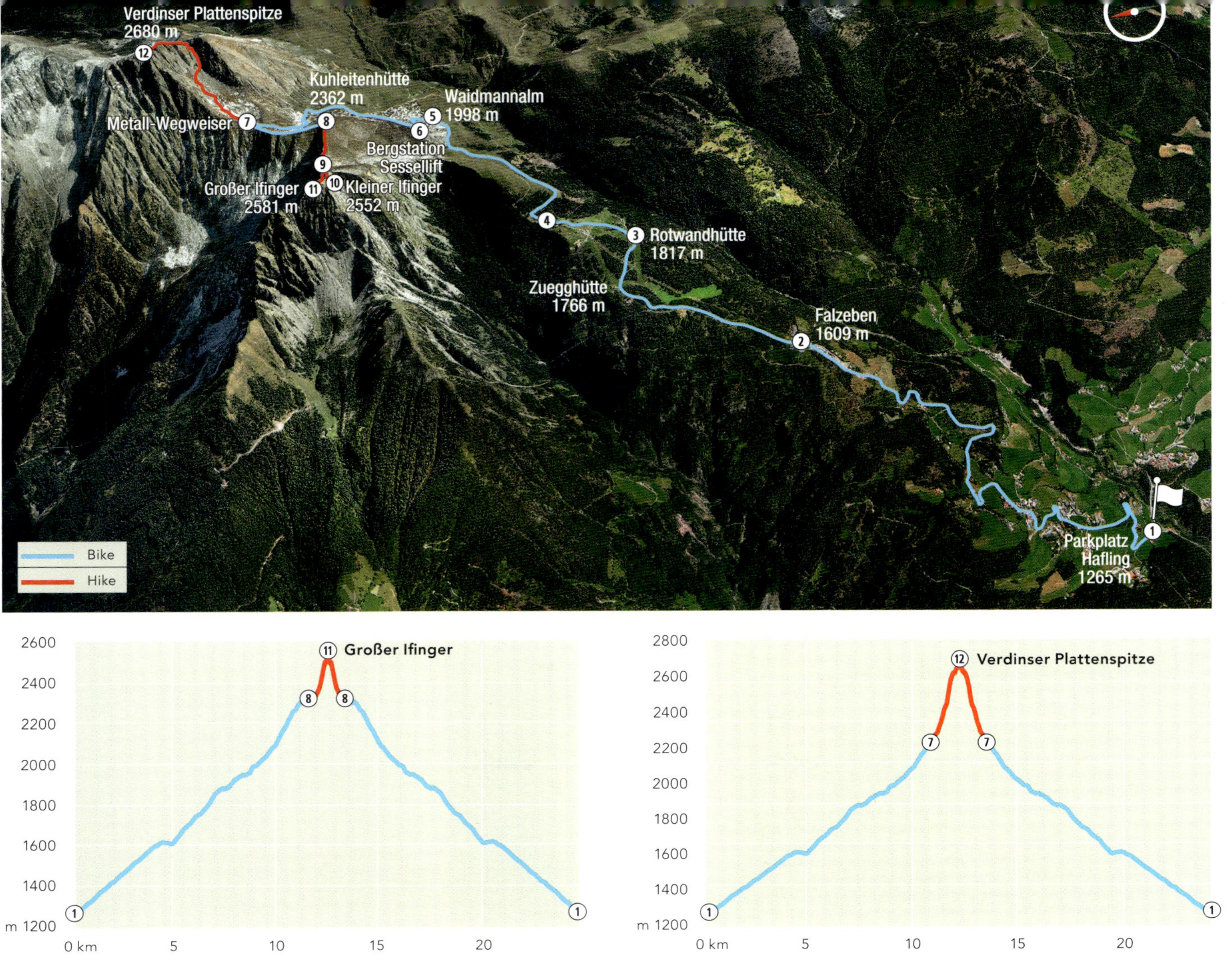
Verdinser Plattenspitze 2680 m
Kuhleitenhütte 2362 m
Waidmannalm 1998 m
Metall-Wegweiser
Bergstation Sessellift
Großer Ifinger 2581 m
Kleiner Ifinger 2552 m
Rotwandhütte 1817 m
Zuegghütte 1766 m
Falzeben 1609 m
Parkplatz Hafling 1265 m
Bike
Hike
Großer Ifinger
Verdinser Plattenspitze
m 1200
1400
1600
1800
2000
2200
2400
2600
2800
0 km
5
10
15
20

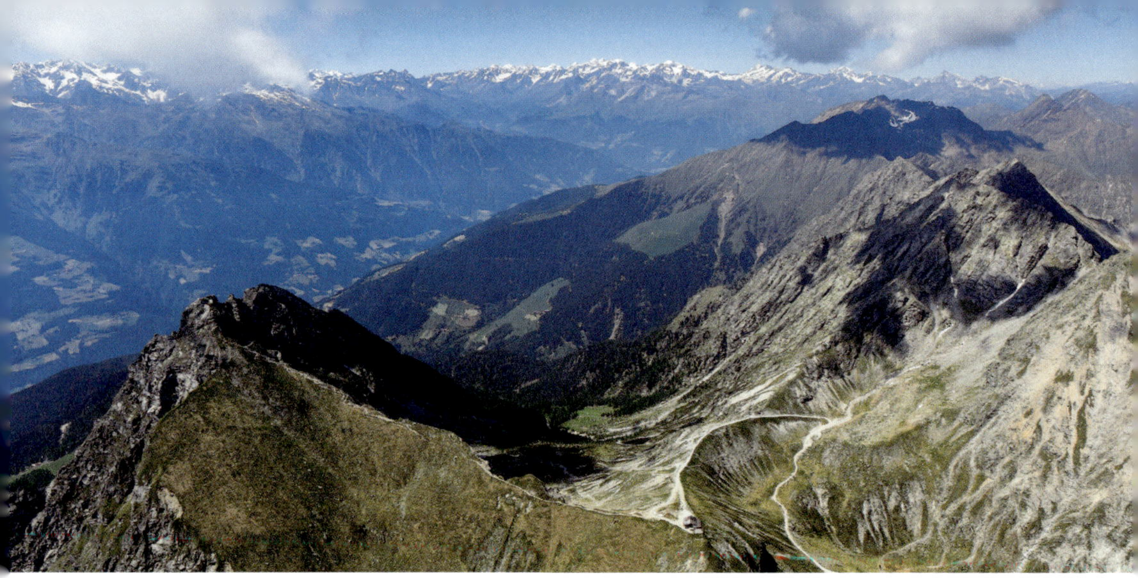

Ifinger und Verdinser Plattenspitze

Anfahrt
Von Meran nach Hafling. Nach einem Tunnel vor der Tankstelle links Richtung Falzeben abbiegen. Nach ca. 100 m gibt es auf der rechten Seite einen gebührenfreien Parkplatz.

Tipps
- Man kann die Tour verkürzen, indem man mit dem Auto bis nach Falzeben zum gebührenpflichtigen Parkplatz fährt. Falzeben–Kuhleitenhütte: Strecke insgesamt 13,6 km, sowie 730 Hm im Auf- und Abstieg, ca. 1½ Stunden.
- Früh genug losfahren! Sowohl auf der Zufahrtsstraße nach Falzeben, als auch auf den Naturstraßen (auch für Wanderer) im Gebiet Meran 2000 ist später am Tag immer viel los.
- Man kann die Tour auch in Meran starten. Mit dem Bike von Meran nach Obermais, dann Richtung Hafling bis zur Talstation der Großkabinenbahn nach Meran 2000. Auffahrt mit der Bahn. Von dort über den breiten Weg bis zur ersten, markanten Wegverzweigung (viele Schilder). Kurz rechts abwärts bis zum Punkt 4 und weiter siehe Tourenbeschreibung.

aufwärts. Vorbei an der Zuegghütte (1766 m), dann unter der Skipiste (Unterführung) hindurch bis zu einer ③ Weggabelung. Links halten. Steil aufwärts bis zur nächsten ④ Weggabelung, wo man sich rechts hält (Wegschild Waidmannalm). Der Naturstraße bis zur ⑤ Wegverzweigung kurz vor der Waidmannalm (1998 m) folgen. Links aufwärts bis zur ⑥ Bergstation des Sesselliftes (nur Winterbetrieb). Rechts weiter (Beschilderung Kuhleitenhütte) und zum Teil sehr steil hinauf bis in die sandige Ebene, wo ⑦ rechts der Aufstieg zur Verdinser Plattenspitze abzweigt (großes Wegschild aus Metall). Weiter über die Straße aufwärts zur ⑧ Kuhleitenhütte (2362 m).

Kuhleitenhütte – Großer Ifinger (2581 m)

Der Ifinger ist das Markenzeichen der Stadt Meran. Obwohl die Kurstadt von weitaus höheren Bergen umgeben ist, zeigt sich der Ifinger von seiner besten Seite. Steil, abweisend und alleine dastehend richtet er sich fast schon ein wenig überheblich über der Touristenhochburg Schenna auf. Der Normalweg zum Gipfel des Großen Ifinger – ein netter, gut gesicherter Klettersteig – versteckt sich auf der Nordostseite und verlangt Aufmerksamkeit sowie ein wenig Bergerfahrung.

Wegbeschreibung: Bei der ⑧ Kuhleitenhütte wird der Anfahrtsweg zum schmalen Steig, der über einen schön angelegten Weg am Graskamm, mit Blick auf den Gipfel, aufwärts zur ⑨ Abzweigung

Kleiner Ifinger – Großer Ifinger (schönes Metallschild und große Figur aus Metall) führt. Der Weg zum ⑪ Großen Ifinger (2581 m) beginnt mit einer nordseitigen Querung nach rechts; im Frühsommer kann dort oft noch Restschnee liegen. Obwohl das Stahlseil seit der Instandsetzung fast bis zur Abzweigung Kleiner–Großer Ifinger reicht, kann es im Frühsommer eingeschneit sein. Von einer Begehung des Klettersteiges ist dann abzuraten!

Kuhleitenhütte – Kleiner Ifinger (2552 m)

Der Aufstieg zum Kleinen Ifinger ist zwar im letzten Teil eine relativ steile, aber einfache Bergwanderung.

Wegbeschreibung: Von der ⑧ Kuhleitenhütte (2362 m) derselbe Aufstieg wie beim Großen Ifinger. Bei der ⑨ Abzweigung (Metallschild und Heini-Holzer Figur) geradeaus weiter zum Gipfel des ⑩ Kleinen Ifinger (2552 m) mit einer wunderbaren Dohle als Windfahne.

Verdinser Plattenspitze (2680 m)

Die Verdinser Plattenspitze ist ein lohnenswerter Gipfel, der ein Dornröschendasein verbringt. Gerade gegenüber liegt der vielbesuchte Kleine und Große Ifinger. Der Aufstieg zur Plattenspitze ist ein kleines alpines Unternehmen, der Zustieg eher beschwerlich. Der Klettersteig ist nicht besonders schwierig, doch ist der Anstieg nur auf Teilstrecken mit Stahlseil gesichert. Dazwischen trifft man immer wieder auf einfache Klettereinlagen, die bis zum oberen ersten Schwierigkeitsgrad reichen.

Wegbeschreibung: Man fährt nicht bis zur Kuhleitenhütte, sondern parkt nach dem Flachstück beim ⑦ Wegweiser aus Metall (ca. 2280 m). Verblasste Farbtupfer und viele Steinmänner weisen den Weg durch das Geröll in die gut sichtbare Scharte. Der Weg verläuft bis hinauf unter die Felsen entlang des grasbewachsenen, linken Abschnittes der Geröllhalde, quert dann unterhalb der Felsen nach rechts in die Schuttrinne, durch die man die Scharte erreicht. Wenig oberhalb der Scharte – man geht links weiter – beginnen die ersten Stahlseilsicherungen. Im weiteren Anstieg hin zur ⑫ Verdinser Plattenspitze (2680 m) wechseln sich gesicherte und ungesicherte Passagen ab. Immer auf die verblassten Farbmarkierungen achten!

KUHLEITENHÜTTE → GROSSER IFINGER

Strecke hin und zurück
2,1 km

Höhenmeter bergauf/bergab
260 m

Zeitbedarf insgesamt
2–2½ Stunden

Schwierigkeit
bis B/C (eine Stelle)

Voraussetzungen
Bergerfahrung, gute Kondition, etwas Erfahrung am Klettersteig von Vorteil; komplette Klettersteigausrüstung inklusive Helm.

KUHLEITENHÜTTE → KLEINER IFINGER

Strecke hin und zurück
1,8 km

Höhenmeter bergauf/bergab
230 m

Zeitbedarf insgesamt
1½–2 Stunden

Schwierigkeit
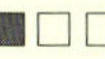

KUHLEITENHÜTTE → VERDINSER PLATTENSPITZE

Strecke hin und zurück
2,8 km

Höhenmeter bergauf/bergab
420 m

Zeitbedarf insgesamt
2½–3 Stunden

Schwierigkeit
bis B und Kletterstellen bis zum oberen 1. Grad

Voraussetzungen
Stabiles Wetter, Bergerfahrung, absolute Trittsicherheit, Grunderfahrung an Klettersteigen mit kurzen Freikletterstellen, sehr gute Kondition, komplette Klettersteigausrüstung (Klettergurt, Klettersteigset und Helm)

18 HAFLING – GROSSER MITTAGER – SPIELER

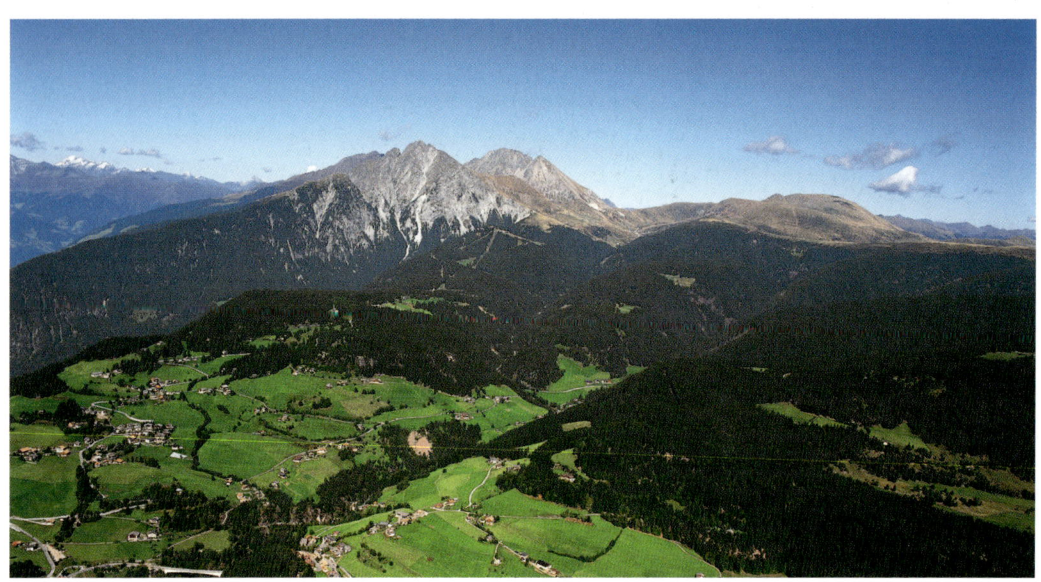

Die Ortschaft Hafling und rechts im Bild der Spieler

HAFLING → MERANER HÜTTE

Strecke hin und zurück
20,2 km

Höhenmeter bergauf/bergab
800 m

Zeitbedarf insgesamt
ca. 2 Stunden

Schwierigkeit
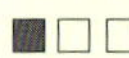

Anfahrt
Von Meran nach Hafling. Nach dem Tunnel vor der Tankstelle links Richtung Falzeben abbiegen. Nach ca. 100 m gibt es auf der rechten Seite einen gebührenfreien Parkplatz.

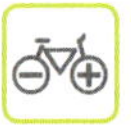

Hafling – Piffinger Köpfl – Meraner Hütte

Sehr lohnenswerte, klassische Radtour im Herzen des Wandergebietes Meran 2000. Einfach und gut zu befahrende Naturstraßen führen direkt zur Meraner Hütte, die über eine E-Bike-Ladestation verfügt.

Tourenbeschreibung: Vom ① Parkplatz in Hafling (1265 m) über die relativ viel befahrene Straße nach ② Falzeben (1609 m).
Zum Teil steil über die Naturstraße, die neben der Gondelbahn beginnt; bergauf bis zur Zuegghütte (1766 m). Weiter dem Forstweg entlang, unter der Skipiste (Unterführung) hindurch bis zu einer ③ Weggabelung. Geradeaus weiter, vorbei an der Rotwandhütte (1817 m) und der Naturstraße bis zur ④ Kirchsteigeralm (1945 m) folgen. Kurz aufwärts zur ⑤ Meraner Hütte (1960 m). Dort parkt man das Bike.
Man kann die Tour verkürzen, indem man mit dem Auto bis nach Falzeben zum gebührenpflichtigen Parkplatz fährt. Falzeben–Meraner Hütte: Strecke insgesamt 10,6 km sowie 330 Hm im Auf- und Abstieg und ca. 1 Stunde; siehe Beschreibung Hafling–Kuhleitenhütte.

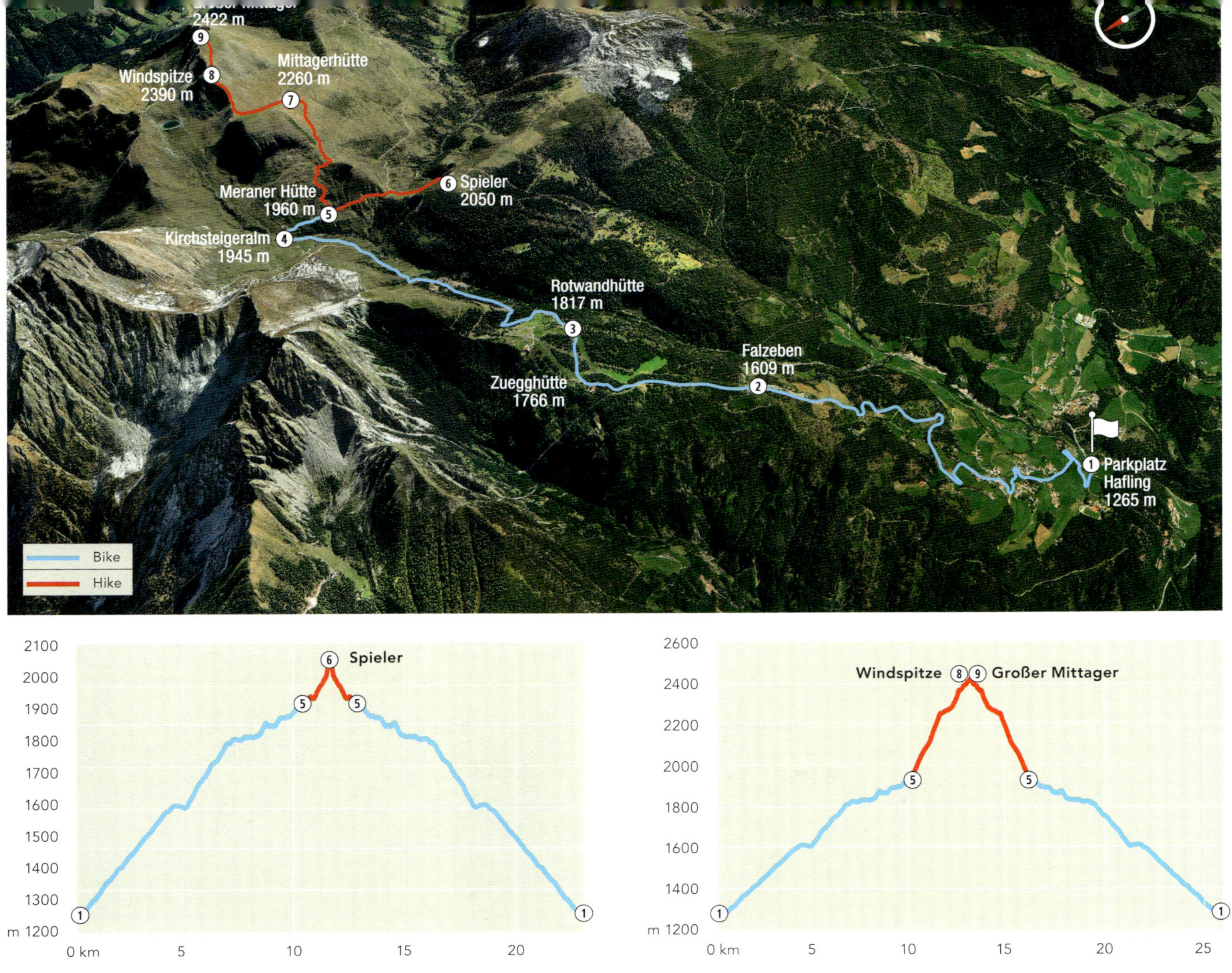
2422 m
9
Windspitze
2390 m
8
Mittagerhütte
2260 m
7
6 Spieler
2050 m
Meraner Hütte
1960 m
5
Kirchsteigeralm
1945 m
4
Rotwandhütte
1817 m
3
Zuegghütte
1766 m
Falzeben
1609 m
2
1 Parkplatz
Hafling
1265 m
Bike
Hike
Spieler
2100
2000
1900
1800
1700
1600
1500
1400
1300
m 1200
0 km
5
10
15
20
Windspitze
Großer Mittager
2600
2400
2200
2000
1800
1600
1400
m 1200
0 km
5
10
15
20
25

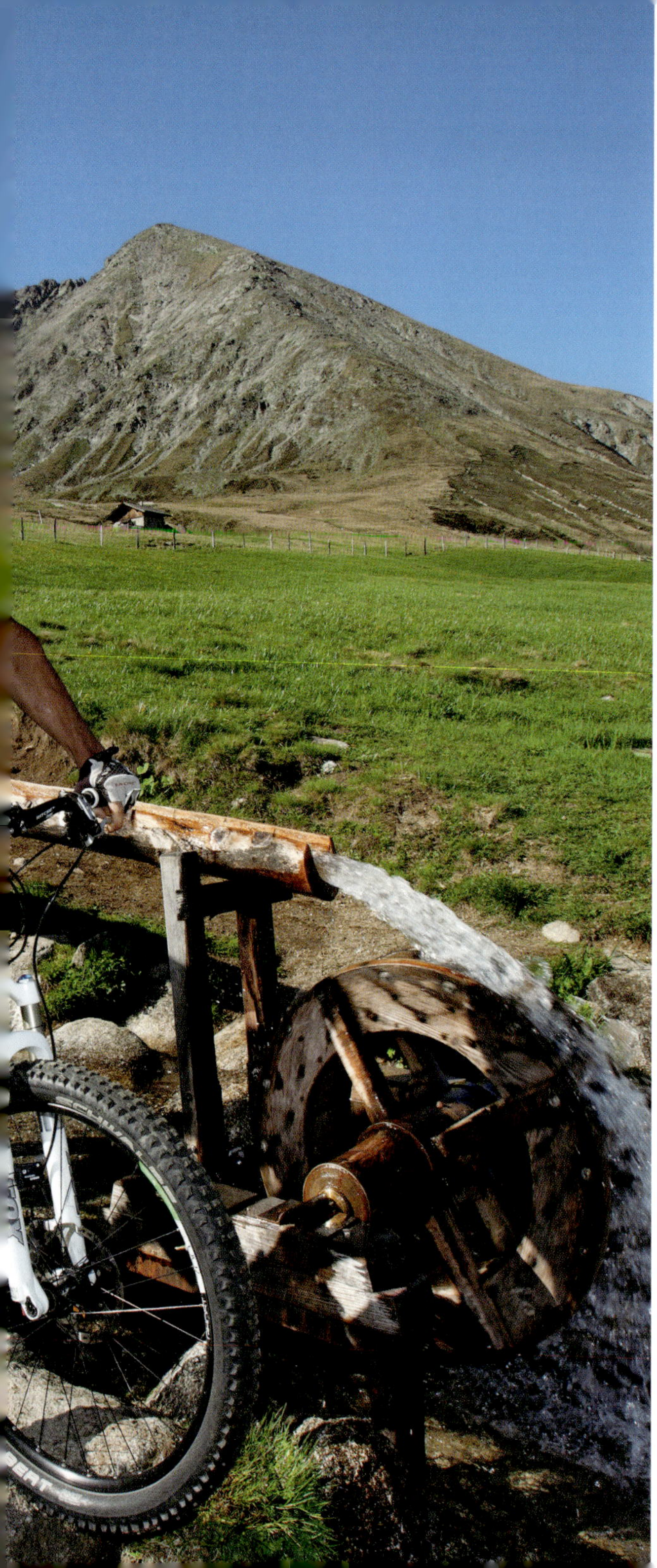

Meraner Hütte – Spieler (2050 m)

Kurze, gemütliche Wanderung, die auf einen relativ unspektakulären Gipfel führt. Das Rundumpanorama ist jedoch kaum zu übertreffen.

Wegbeschreibung: Von der 5 Meraner Hütte der Naturstraße Richtung Süden bis zu einer beschilderten Weggabelung folgen. Dort rechts halten. Über den Weg aufwärts, bis ein Steig hinauf zur runden Kuppe mit Kreuz – dem 6 Spieler (2050 m) – führt. Es gibt mehrere, gut ausgetretene Steige hinauf zum höchsten Punkt (auch weglos möglich).

MERANER HÜTTE → SPIELER

Strecke hin und zurück
2,4 km

Höhenmeter bergauf/bergab
160 m

Zeitbedarf insgesamt
1–1½ Stunden

Schwierigkeit

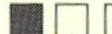

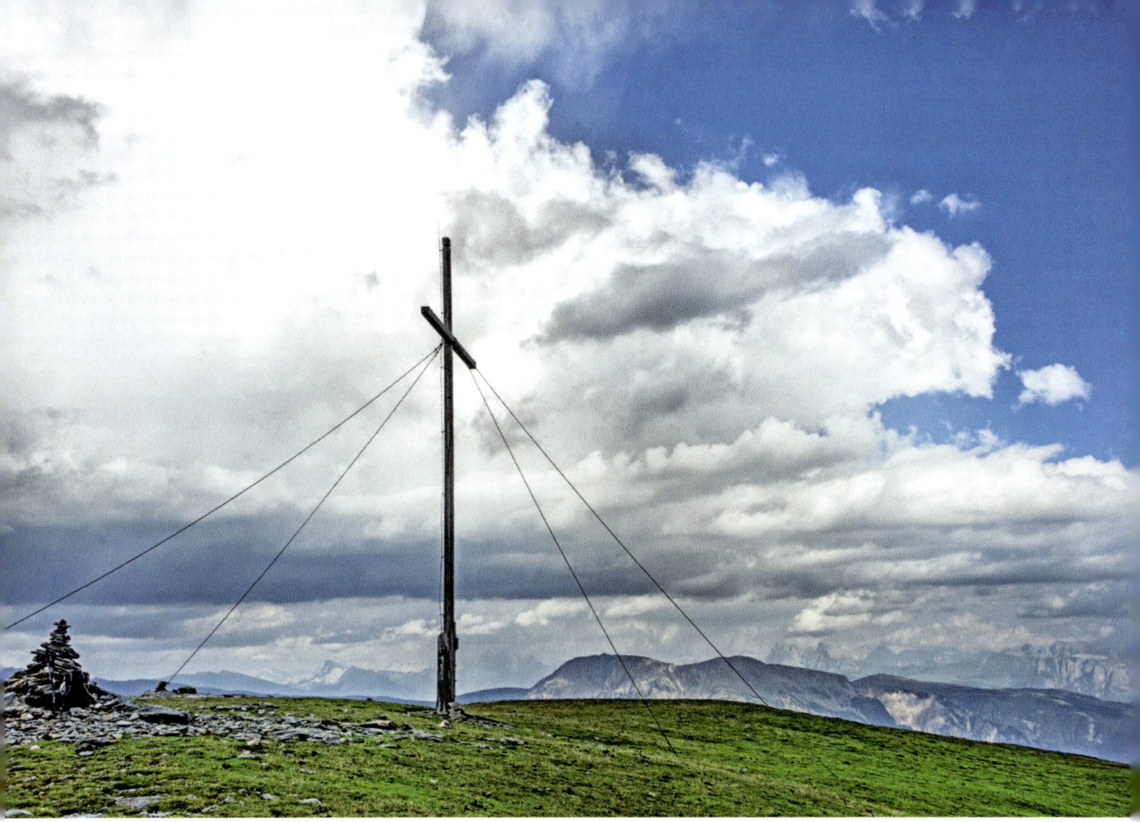

Gipfelkreuz am Großen Mittager

Meraner Hütte – Mittager Hütte – Windspitze (2390 m) – Großer Mittager (2422 m)

Klassischer und einfacher Anstieg. Von der weiten Gipfelkuppe des Mittager bietet sich ein imposanter Blick auf einen großen Teil Südtirols, inklusive der nahen Dolomiten, der Sarntaler Alpen und der Ortlergruppe. Die Windspitze ist ein dem Mittager vorgelagerter Gipfel, den man während des Aufstieges zum Mittager überschreiten kann.

Wegbeschreibung: Von der 5 Meraner Hütte (1960 m) folgt man ein kurzes Stück dem Fahrweg Richtung Süden, um dann beim Schilderbaum (Wegschild Mittager usw.) links abzuzweigen und über den ausgezeichnet angelegten Weg zur 7 Mittagerhütte (2260 m) anzusteigen. Hier weisen wiederum Schilder den Weiterweg zum inzwischen gut sichtbaren Gipfel. Bei der beschilderten 8 Abzweigung zur Windspitze (2390 m) kann man entweder die paar Höhenmeter zum Gipfel ansteigen, diesen überschreiten oder geradeaus zum 9 Großen Mittager (2422 m) weitergehen.

MERANER HÜTTE → GROSSER MITTAGER

Strecke hin und zurück
6,1 km

Höhenmeter bergauf/bergab
490 m

Zeitbedarf insgesamt
2–2½ Stunden

Schwierigkeit

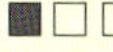

19 ST. LEONHARD – HOCHWART / HOHE KREUZSPITZE

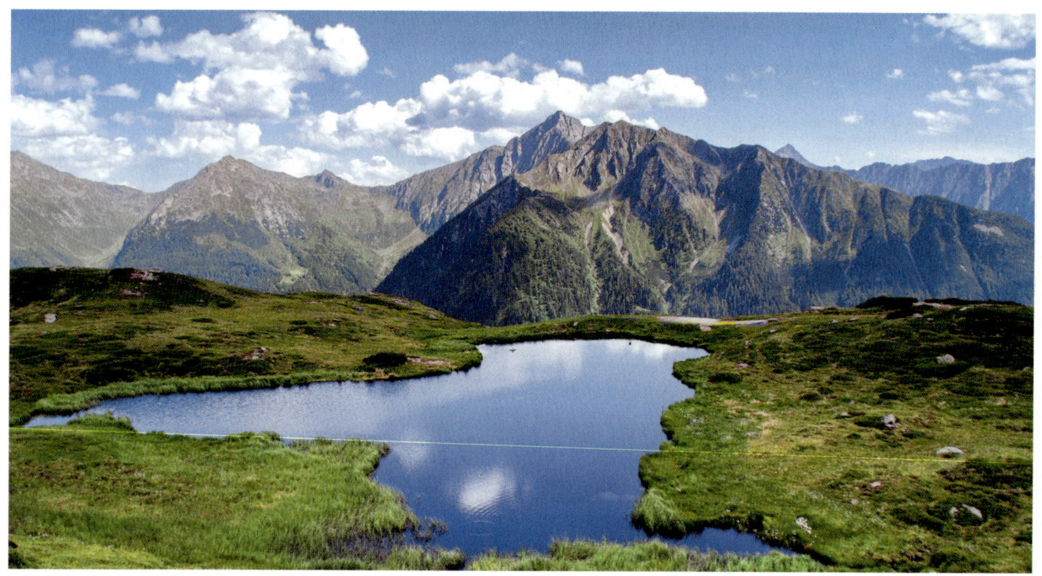

Blick vom Jaufenkamm auf die Hochwart

ST. LEONHARD → EGGER-GRUB-ALM

Strecke hin und zurück
36 km

Höhenmeter bergauf/bergab
1150 m

Zeitbedarf insgesamt
ca. 3 Stunden

Schwierigkeit

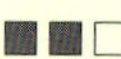

Anfahrt
Durch das Passeiertal bis nach St. Leonhard. Nahe dem öffentlichen Schwimmbad stehen gebührenfreie Parkplätze zur Verfügung.

Hinweis
› Auf dem Rückweg von Moos nach Platt sind noch ca. 150 Höhenmeter im Gegenanstieg zu überwinden.

St. Leonhard im Passeier – Egger-Grub-Alm

Eine lange Bergfahrt entlang verkehrsarmen Nebenstraßen, einige Kilometer verlaufen auf der Straße zum Timmelsjoch und das letzte Teilstück auf dem steilen Forstweg bis zum Zwischenziel, der Egger-Grub-Alm. Auf der sehr schmalen, aber asphaltierten Bergstraße, die über Breiteben nach Platt führt, ist auf den Gegenverkehr achtzugeben. Bei hohem Batterieverbrauch ist eine Nachladung notwendig.

Tourenbeschreibung: Vom (1) Parkplatz in St. Leonhard (689 m) auf die Straße zurückfahren und gleich beim Brückenwirt (Kreisverkehr) der Beschilderung nach Breiteben folgen. Unzählige Kehren führen zum Weiler Breiteben und dem gleichnamigen (2) Gasthof. Nach etwa 2 km erreicht man (3) Platt. Auf der Landesstraße bis nach (4) Moos abfahren. Gleich bei der Dorfausfahrt kreuzt man die (5) Timmelsjochstraße. Links halten, dem Straßenverlauf bergauf folgen, nach zwei Kehren gelangt man zur (6) Abzweigung, die nach (7) Stuls führt. Kurz vor der (8) Kirche links abdrehen (Schild Egger-Grub-Alm Nr. 14).

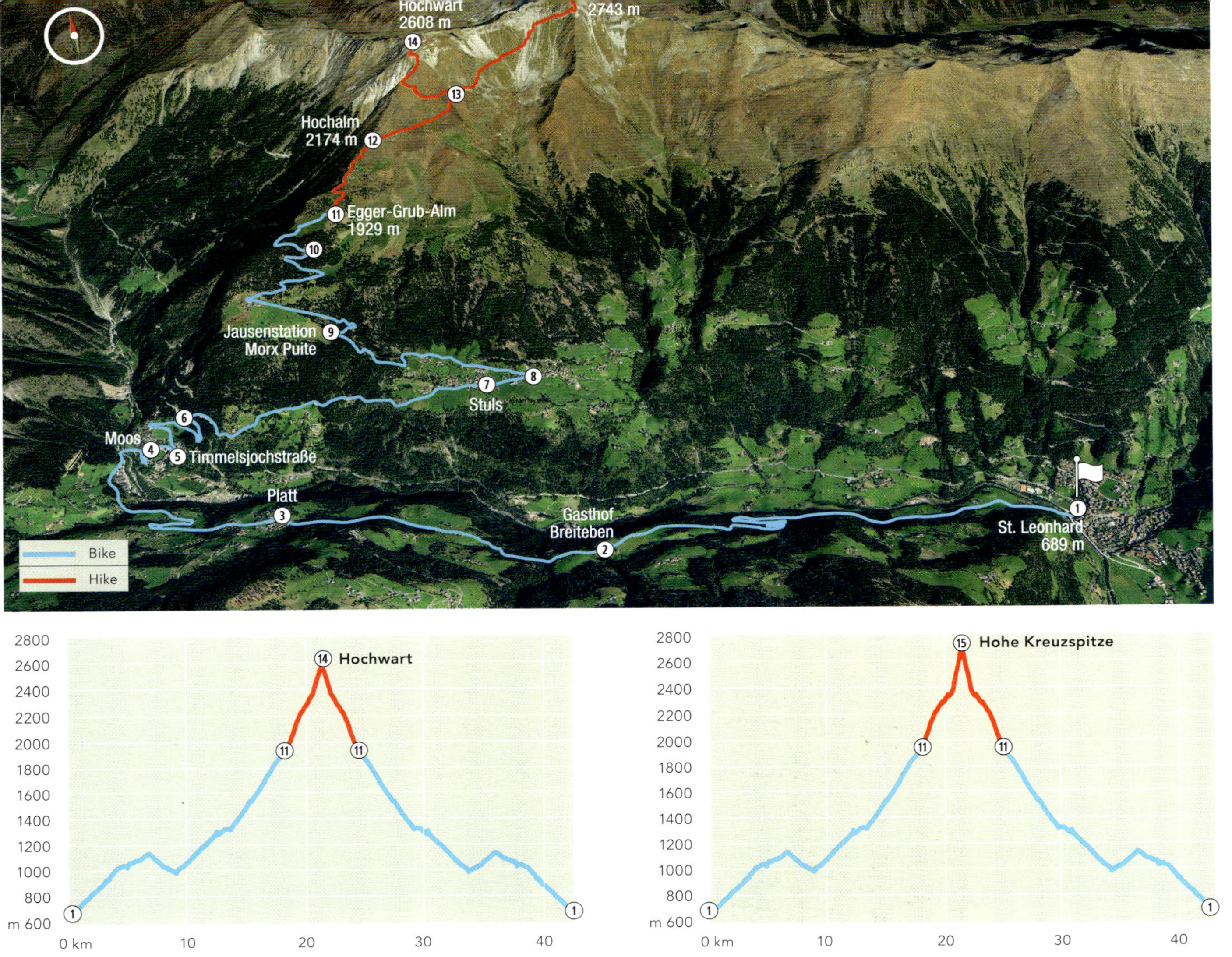
Hochwart
2608 m
2743 m
Hochalm
2174 m
Egger-Grub-Alm
1929 m
Jausenstation
Morx Puite
Stuls
Moos
Timmelsjochstraße
Platt
Gasthof
Breiteben
St. Leonhard
689 m
Bike
Hike
Hochwart
Hohe Kreuzspitze
m 600
0 km

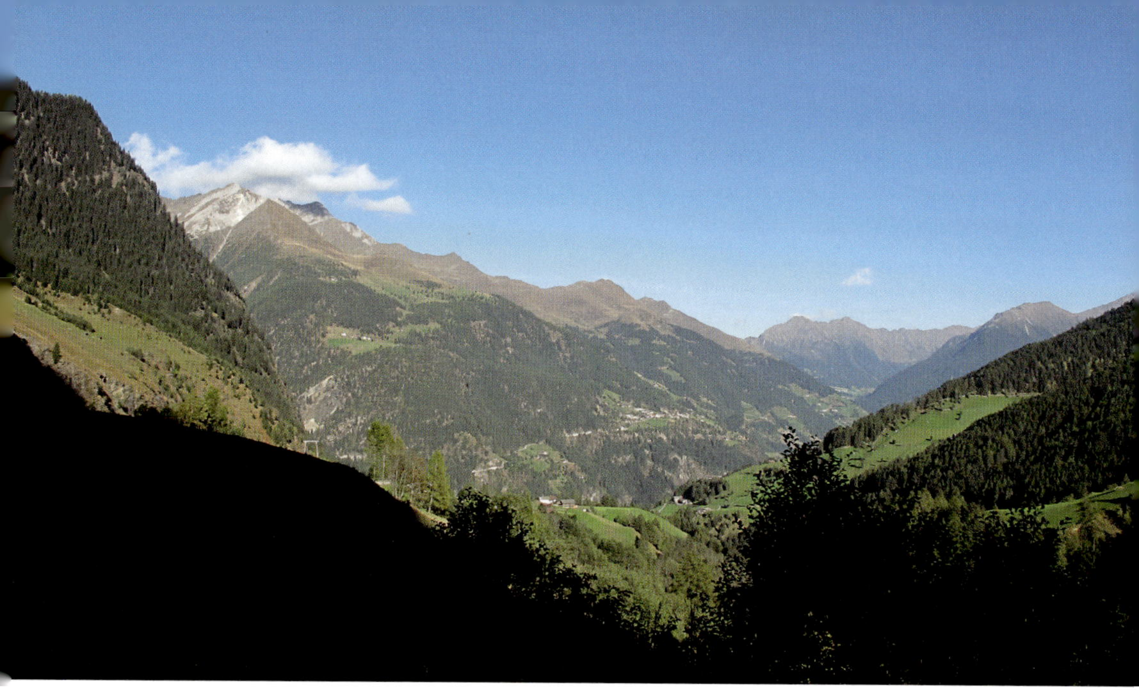

Stuls, links im Bild die Hochwart und daneben die Hohe Kreuzspitze

Der asphaltierten Höfestraße folgend erreicht man die Jausenstation (9) Morx Puite, gleich nach der Jausenstation geradeaus weiterfahren (Hinweisschild Egger-Grub-Alm Nr. 14/B). Nach mehreren Kehren trifft man auf den (10) Forstweg, der rechts zur (11) Egger-Grub-Alm (1929 m) führt, wo das Bike abgestellt wird.
Rückfahrt wie Hinfahrt.

Egger-Grub-Alm – Hochwart (2608 m)

Schöne, einfache Gipfelbesteigung am westlichen Jaufenkamm. Die südseitliche Ausrichtung ermöglicht eine Besteigung in den frühen Sommermonaten, bis spät in den Herbst hinein. Vom Gipfel aus öffnet sich eine Rundumsicht mit der imposanten Texelgruppe, den vergletscherten Stubaier Alpen, bis weit in das südliche Meranerland.

EGGER-GRUB-ALM → HOCHWART

Strecke hin und zurück
6 km

Höhenmeter bergauf/bergab
660 m

Zeitbedarf insgesamt
2½–3 Stunden

Schwierigkeit
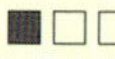

Wegbeschreibung: Von der (11) Egger-Grub-Alm (Hinweisschilder zur Hochwart/Hohe Kreuzspitze Nr. 14/26) über steile Almwiesen bis zur (12) Hochalm. Der Beschilderung folgend, den Bergrücken querend, in nordöstlicher Richtung, bis man die (13) Abzweigung zur Hohen Kreuzspitze erreicht. Nach links Kehrtwenden (Nr. 26), den grasigen Bergrücken in südlicher Richtung überwinden. Über steiles Gelände den Vorgipfel mit Steinmann passieren und bis zum Tagesziel, den Gipfel der ⑭ Hochwart (2608 m), steigen. Abstieg entlang der Aufstiegsroute.

Egger-Grub-Alm – Hohe Kreuzspitze (2743 m)

Anstrengendes Gipfelerlebnis mit einmaligem Panorama. Für dieses Unternehmen braucht es eine gute Kondition. Vom Kessel des „Ursprungs" führt ein steiler Pfad mit unzähligen Serpentinen zum Felsrücken der Weißwände und dann über steiles Gelände bis zum Gipfel. Abstieg entlang der Aufstiegsroute.

Wegbeschreibung: Von der ⑪ Egger-Grub-Alm (Hinweisschilder Hochwart/Hohe Kreuzspitze Nr. 14/26) über steile Almwiesen bis zur ⑫ Hochalm. Der Beschilderung folgend, den Talkessel in nordöstlicher Richtung querend, erreicht man eine ⑬ Abzweigung, geradeaus weitergehen (Nr. 14), links geht es zur Hochwart. Am Ende der Querung windet sich ein steiler Pfad mit unzähligen Serpentinen zum ⑮ Gipfel der Hohen Kreuzspitze (2743 m) empor.

EGGER-GRUB-ALM → HOHE KREUZSPITZE

Strecke hin und zurück
7 km

Höhenmeter bergauf/bergab
840 m

Zeitbedarf insgesamt
3½ Stunden

Schwierigkeit
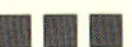

Steile Serpentinen zum Felsrücken der Weißwände.

Stuller Mahder mit Hoher Kreuzspitze

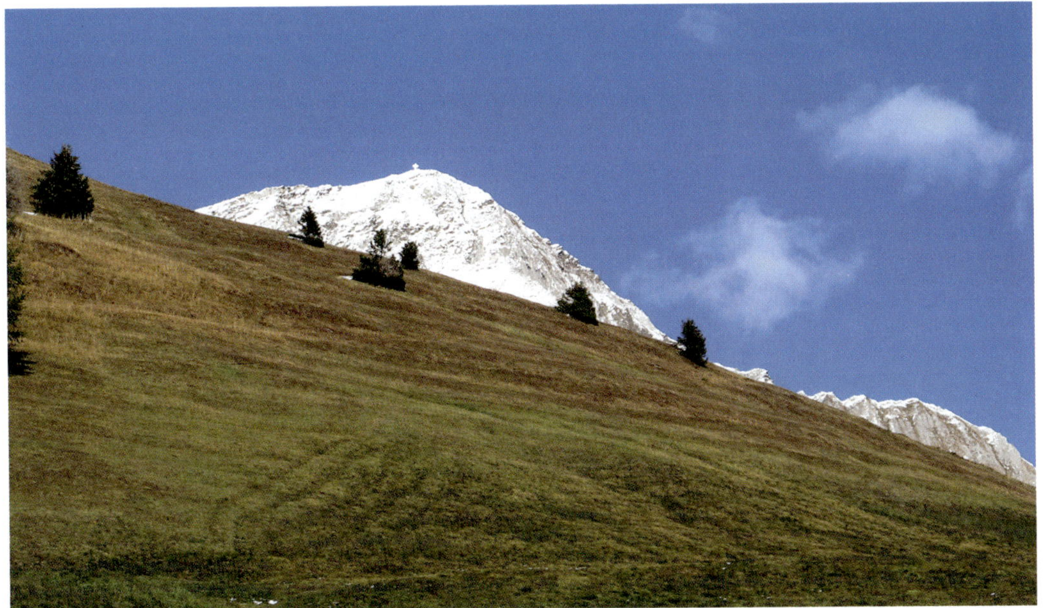

20 ST. LEONHARD – HÜHNERSPIEL – ALPLERSPITZE

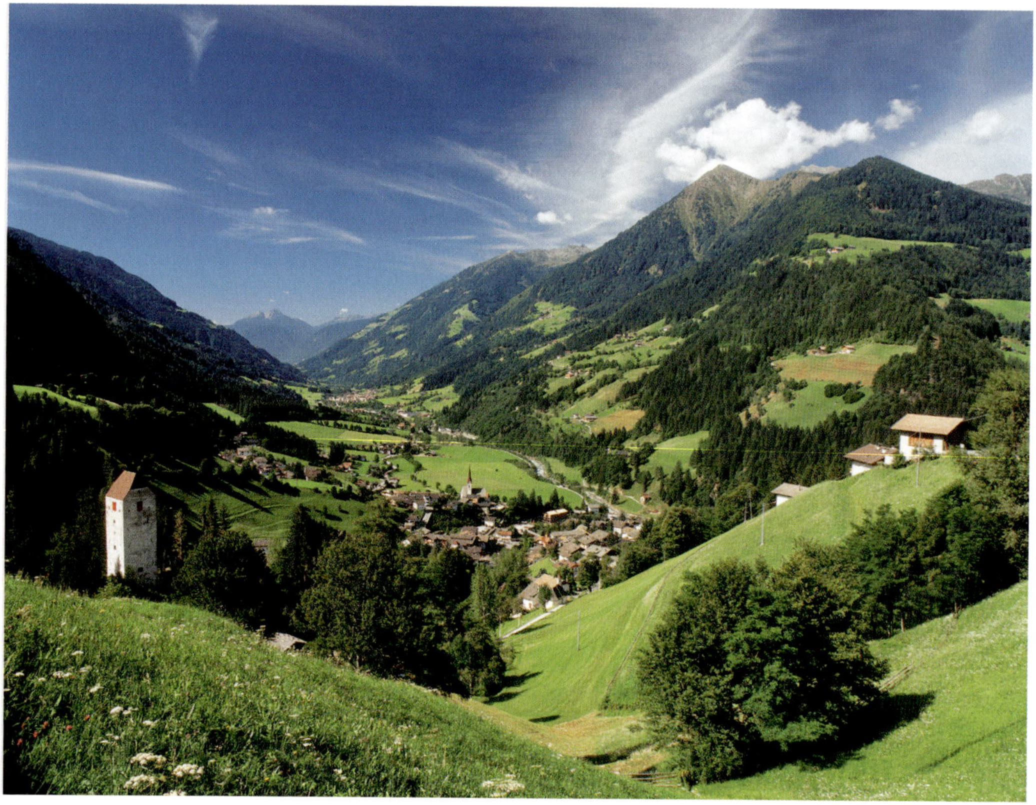

St. Leonhard in Passeier

ST. LEONHARD → FARTLEISALM

Strecke hin und zurück
25,4 km

Höhenmeter bergauf/bergab
1180 m

Zeitbedarf insgesamt
ca. 2½ Stunden

Schwierigkeit
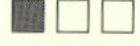

St. Leonhard – St. Martin – Fartleisalm

Dieser Ausflug führt vom äußerst belebten Passeiertal in eine ungemein ruhige Gegend. Besonders an heißen Sommertagen bietet das enge Fartleistal früh am Morgen eine angenehme Auffahrt im kühlen Schatten. Die Forststraße ist ab dem letzten Gehöft auf kurzen Abschnitten etwas steiler. Nicht vergessen, für die Rückfahrt (kurzer Gegenanstieg) und für den Radweg etwas Batterieleistung zu sparen!

Tourenbeschreibung: Vom ① Parkplatz in der Sportzone St. Leonhard in Passeier (670 m) zurück zum Kreisverkehr. Die dritte ② Aus-

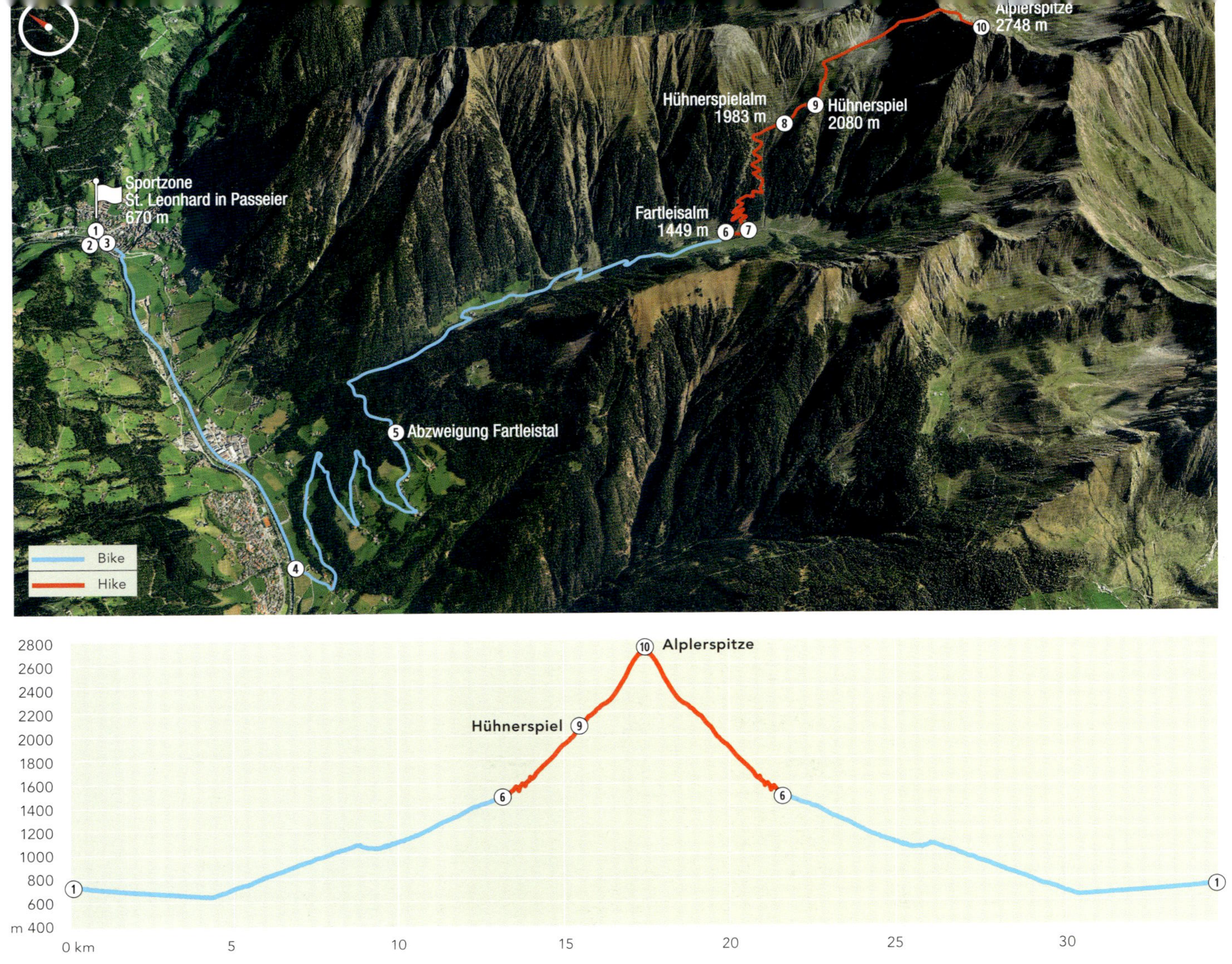
Alplerspitze
2748 m
Hühnerspielalm
1983 m
Hühnerspiel
2080 m
Sportzone
St. Leonhard in Passeier
670 m
Fartleisalm
1449 m
Abzweigung Fartleistal
Bike
Hike
Alplerspitze
Hühnerspiel
2800
2600
2400
2200
2000
1800
1600
1400
1200
1000
800
600
m 400
0 km
5
10
15
20
25
30

Anfahrt
Durch das Passeiertal bis nach St. Leonhard. Von dort nicht in den Ortskern, sondern der Beschilderung zum Timmelsjoch folgen. Beim Kreisverkehr die dritte, schmale Ausfahrt in die Sportzone nehmen. Dort gibt es gebührenfreie Parkplätze.

Tipp
- Man kann die Tour verkürzen, indem man in St. Martin startet. Großer, gebührenfreier Parkplatz bei der Sportzone neben der Hauptstraße. Von dort dem Fluss Passer entlang Richtung Meran, über eine Brücke, dann siehe Beschreibung. Hin und zurück: 8,4 km Wegstrecke und ca. 100 Höhenmeter Ersparnis.

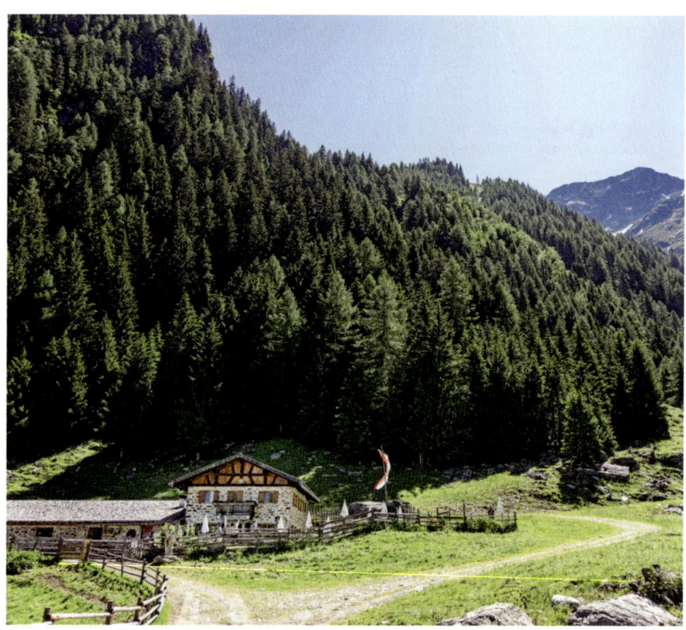

Die Prantacheralm auf Fartleis

Prantacheralm (Fartleis), 1460 m

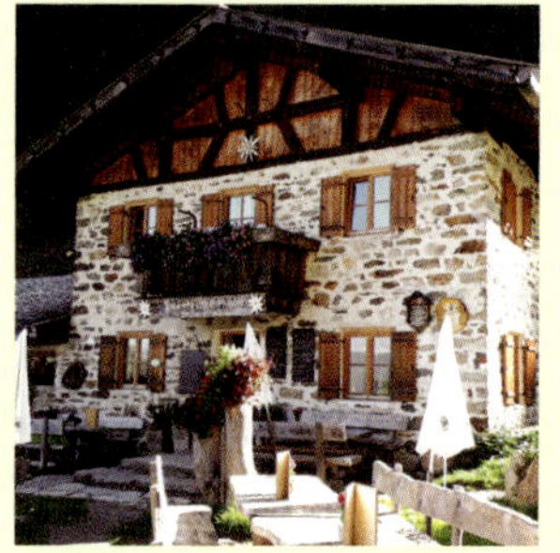

Traditionelle Südtiroler Gerichte, hausgemachte Kuchen, Jogurt und Butter. Auch die Säfte und der sehr beliebte Frischkäse werden hier auf dieser herrlich authentischen Alm mit viel Liebe selbstgemacht. Auf der Panorama-Sonnenterrasse haben 50 Gäste Platz und 20 weitere in der gemütlichen und urigen Stube. Zur Freude der Kinder ist auch ein kleiner Spielplatz vorhanden.

Mobil +39 348 2452943
petralamprecht14@gmail.com
Öffnungszeiten: Mai bis Mitte Oktober

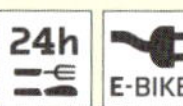

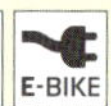

fahrt Richtung St. Leonhard nehmen. Kurz entlang der Straße bis zum ③ Fußgängerübergang. Dort rechts auf die schmale Straße abbiegen. Abwärts bis zur Einmündung in eine Straße. Rechts weiterfahren, die Handwerkerzone durchqueren bis zu einer Unterführung. Gleich nach der Unterführung beginnt links der Radweg, dem man bis zum Dorfende von St. Martin folgt. Nach der Brücke über die Passer, den Radweg verlassen und ④ links halten (Richtung Prantach). Der Höfestraße folgen und über viele Kehren aufwärts zur ⑤ Abzweigung ins Fartleistal (Beschilderung). Es folgt eine Abfahrt (etwas Batterieleistung für den Rückweg sparen). Durch das Tal aufwärts bis zur ⑥ Fartleisalm (1449 m), die im Talschluss am Ende der Forststraße liegt. An der Alm stellt man das Bike ab.

Fartleisalm – Hühnerspiel (2080 m)

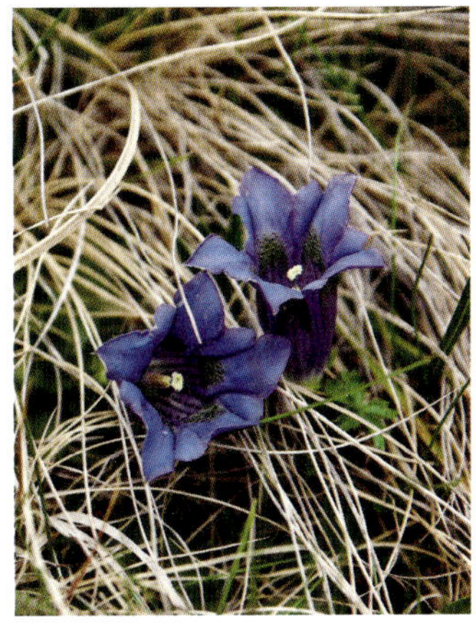

Direkt oberhalb der Hühnerspielalm gibt es eine unbedeutende und nicht gekennzeichnete Erhebung, die früher als das Hühnerspiel bezeichnet wurde (nicht zu verwechseln mit dem Gipfel der Hühnerspitze). Der Anstieg von der Fartleisalm hinauf zur kleinen Kuppe ist sehr steil, wer „Einsamkeitsgarantie" und eine wilde Umgebung sucht, der ist hier am rechten Ort. Kein großes alpinistisches Unternehmen, aber sicherlich etwas für die „Seele". Dazu der großartige Blick auf die Texelgruppe und die nahen Ötztaler Alpen.

Wegbeschreibung: Von der ⑥ Fartleisalm kurz dem Traktorweg Richtung Talschluss folgen, um bald schon ⑦ links abzuzweigen (Wegschild Hühnerspiel). Über viele Serpentinen zum Teil sehr steil hinauf zur ⑧ Hühnerspielalm (1983 m, nicht bewirtschaftet) und weiter Richtung Alplerspitze. Nochmals ungefähr 100 Höhenmeter steil aufwärts bis zur flachen, wenig prominenten Erhebung des ⑨ Hühnerspiels (2080 m).

FARTLEISALM → HÜHNERSPIEL

Strecke hin und zurück
4,6 km

Höhenmeter bergauf/bergab
700 m

Zeitbedarf insgesamt
2½–3 Stunden

Schwierigkeit
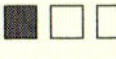

Fartleisalm – Alplerspitze (2748 m)

Die Tour zur Alplerspitze ist lange und fordernd, ausgezeichnete Kondition ist ein Muss. Im oberen Teil wird die Route zudem relativ schwierig. Etwas Erfahrung im einfachen Klettergelände ist auf alle Fälle von Vorteil, der Anstieg entlang des Grates, der zum Gipfel führt, ist exponiert.

Wegbeschreibung: Wie oben beschrieben bis zur Erhebung des Hühnerspiels (2080 m), dann dem gut markierten Steig durch den weiten Kessel bis unter den steil aufragenden Kamm folgen. Durch eine Art Kamin hinauf in eine Scharte und dort rechts weiter. Über Felsen klettert man zum Vorgipfel, um dem luftigen Gipfelgrat zum höchsten Punkt der ⑩ Alplerspitze (2748 m) zu folgen.

FARTLEISALM → ALPLERSPITZE

Strecke hin und zurück
8,4 km

Höhenmeter bergauf/bergab
1350 m

Zeitbedarf insgesamt
5½–6 Stunden

Schwierigkeit
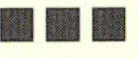

Kurze, seilgesicherte Stellen

21 ST. LEONHARD – HAHNL – MATATZSPITZE

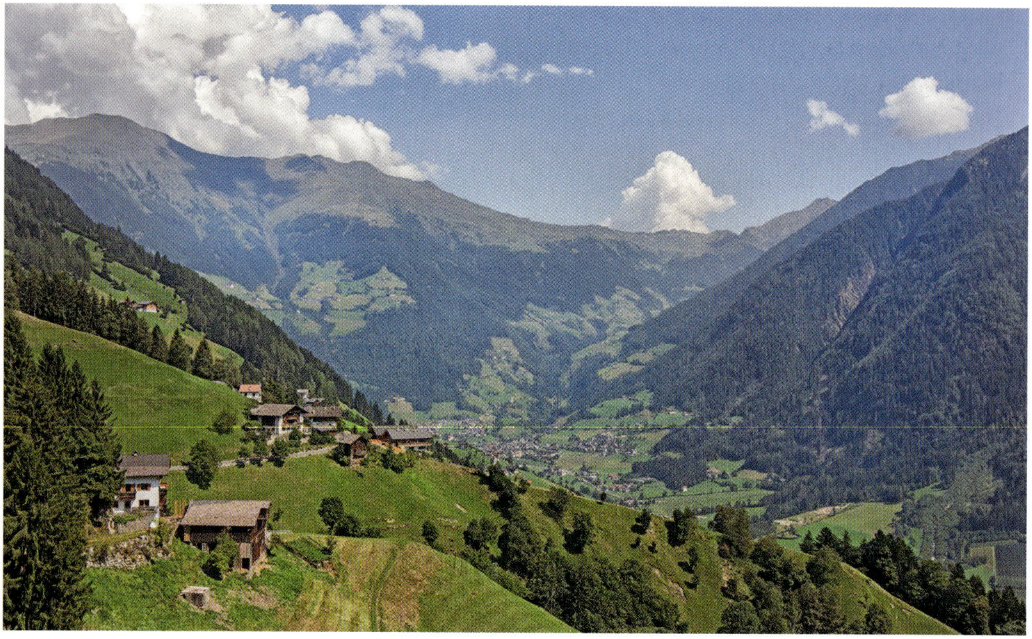

Blick auf St. Leonhard

ST. LEONHARD → WAALERHÜTTE

Strecke hin und zurück
20 km

Höhenmeter bergauf/bergab
940 m

Zeitbedarf insgesamt
ca. 2 Stunden

Schwierigkeit

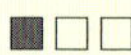

Anfahrt
Durch das Passeiertal bis nach St. Leonhard. Von dort nicht in den Ortskern, sondern der Beschilderung zum Timmelsjoch folgen. Beim Kreisverkehr die dritte Ausfahrt in die Sportzone nehmen. Dort gibt es kostenlose Parkplätze.

St. Leonhard – Breiteben – Waalerhütte

Die Auffahrt bis in den Weiler Breiteben erfolgt über eine schmale, wenig befahrene Asphaltstraße, die inzwischen von vielen Bergradfahrern und E-Bikern genutzt wird. Etwas Vorsicht ist am Morgen geboten; die Einheimischen, die zur Arbeit müssen, sind nicht besonders „zimperlich" beim Befahren schmaler Bergstraßen! Ab Breiteben bis zur Waalerhütte verläuft die Route über eine ruhige Forststraße. Die Batterieleistung ist auf dieser Tour kein großes Thema; man kann im unteren etwas steileren Teil, auch mal ordentlich mit der Batterie prassen.

Tourenbeschreibung: Vom ① Parkplatz in der Sportzone in St. Leonhard in Passeier (670 m) zurück zum Kreisverkehr. Gleich rechts abbiegen. Über die Brücke, vorbei beim Brückenwirt und der schmalen Teerstraße nach ② Breiteben (1035 m) folgen. Direkt vor den ersten Häusern biegt man links Richtung Christl ab. Man folgt der Straße

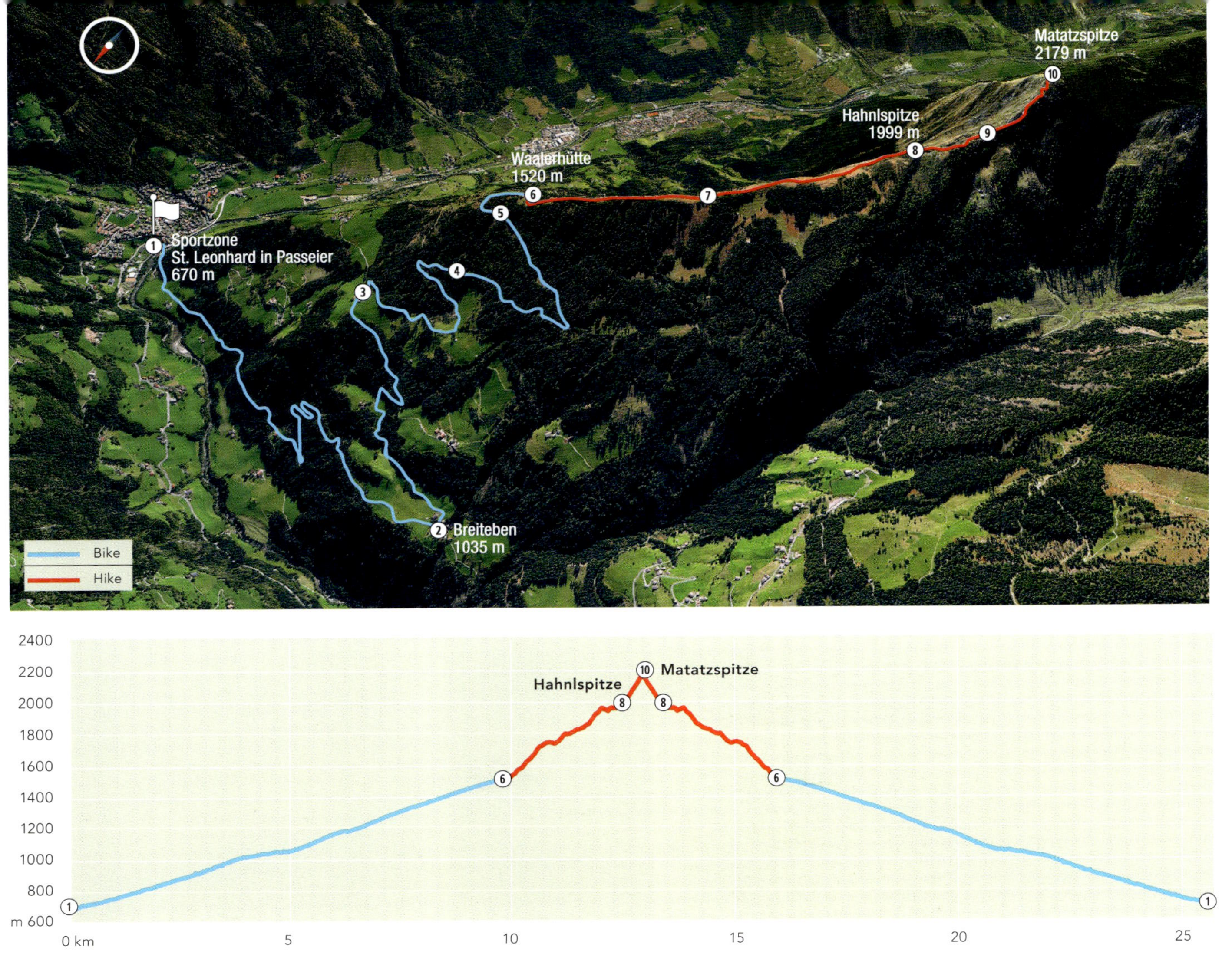
Matatzspitze
2179 m
Hahnlspitze
1999 m
Waalerhütte
1520 m
Sportzone
St. Leonhard in Passeier
670 m
Breiteben
1035 m
Bike
Hike
Hahnlspitze
Matatzspitze
2400
2200
2000
1800
1600
1400
1200
1000
800
m 600
0 km
5
10
15
20
25

WAALERHÜTTE → HAHNL-SPITZE

Strecke hin und zurück
4,4 km

Höhenmeter bergauf/bergab
480 m

Zeitbedarf insgesamt
2–2½ Stunden

Schwierigkeit
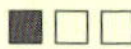

Tipp
Einkehr auf der Waalerhütte. Dort arbeitet der wahrscheinlich letzte Waaler Südtirols, der nicht nur interessante Geschichten zu erzählen hat, sondern auch eine Kleinigkeit kredenzt.

zu einer ③ Ansammlung von Gebäuden, die von der Straße durchschnitten wird. Rechts aufwärts (Beginn des Forstweges, Wegschild „Meraner Höhenweg") und entlang der Forststraße bis zu einer ④ Abzweigung, ca. 250 m nach einer Rechtskehre. Geradeaus weiter, über eine Linkskehre aufwärts bis zur nächsten ⑤ Weggabelung. Geradeaus weiter zur ⑥ Waalerhütte (1520 m), wo das Bike abgestellt wird.

Waalerhütte – Hahnlspitze (1999 m)

Die unscheinbare Erhebung der Hahnlspitze, die im Winter gerne von Skitourengehern besucht wird, ist ein lohnendes Ziel für den Wanderer. Der einfache, kurze Anstieg über den aussichtsreichen, breiten Gratrücken bietet imposante Weitblicke auf die Sarntaler und die Ötztaler Alpen.

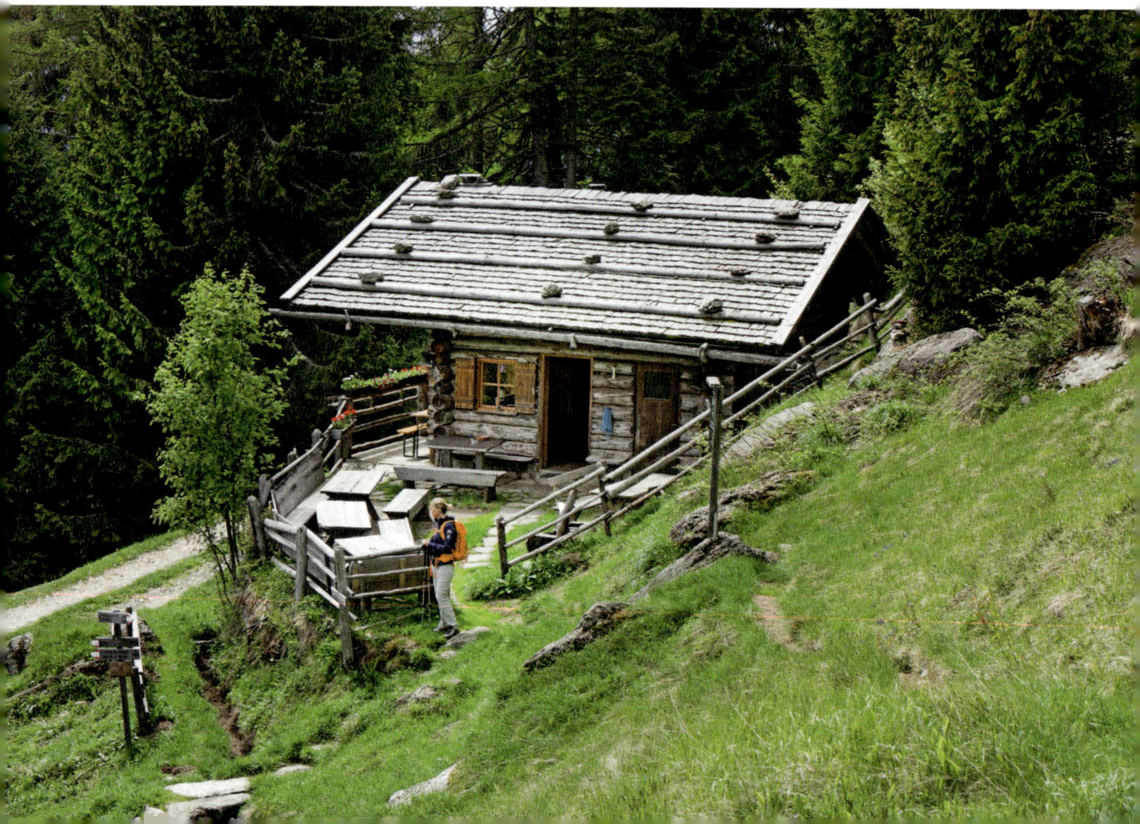

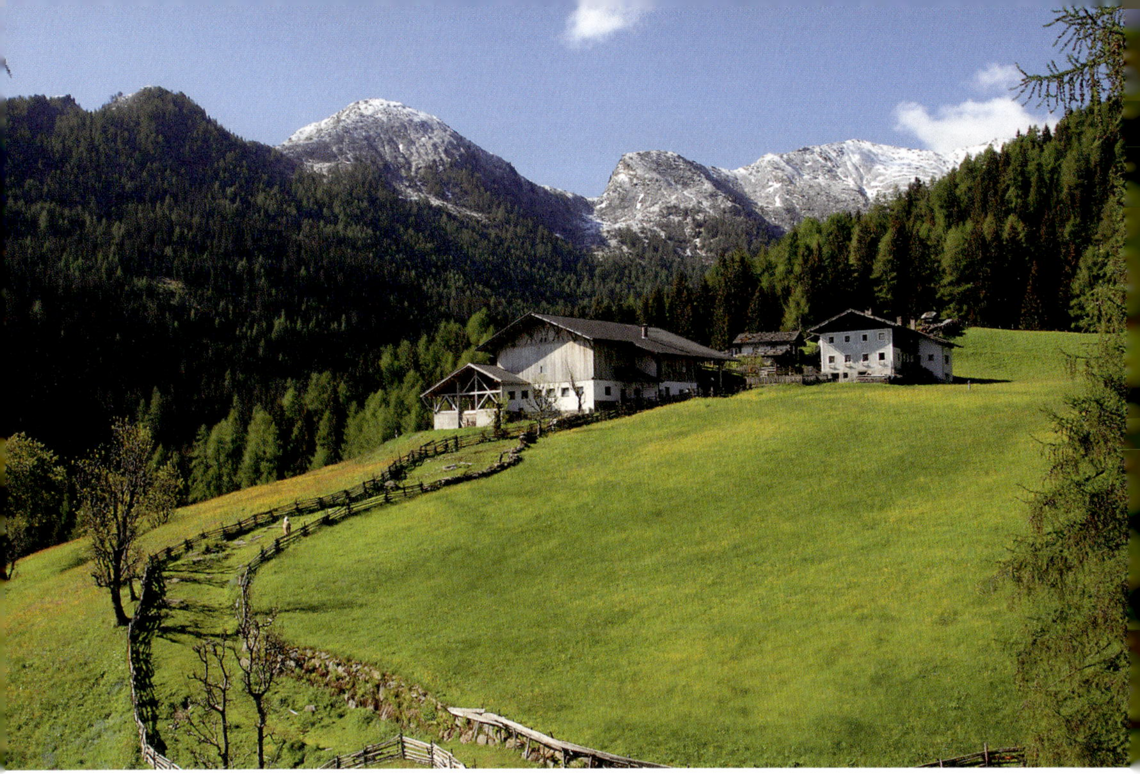

Linke Seite: Die Waalerhütte
Oben: Die Matatzspitze (im Bild links)

Wegbeschreibung: Hinter der 6 Waalerhütte (1520 m) folgt man dem Steig Nr. 3 aufwärts, der in Serpentinen hinauf zum breiten Gratrücken leitet. Bei einer beschilderten 7 Wegverzweigung geht man geradeaus über den Bergrücken weiter, bis der Anstieg kurz etwas steiler wird und zu einem verwitterten, kleinen Kreuz auf der 8 Hahnlspitze (1999 m) führt.

Waalerhütte–Matatzspitze (2179 m)

Wer den Tag etwas verlängern möchte, kann von der Hahnlspitze (1999 m) zur gut sichtbaren Matatzspitze (2179 m) weitergehen. Der Weg über den Nordgrat, der über viele Steinstufen zum höchsten Punkt führt, ist steil, aber relativ einfach zu begehen.

Wegbeschreibung: Bis zur 8 Hahnlspitze siehe oben. Man folgt weiterhin dem schmalen Weg, steigt kurz ab und geht bei der nächsten 9 Weggabelung geradeaus weiter Richtung Nordgrat, über den man zur 10 Matatzspitze (2179 m) aufsteigt.

WAALERHÜTTE → MATATZSPITZE

Strecke hin und zurück
6 km

Höhenmeter bergauf/bergab
660 m

Zeitbedarf insgesamt
3½–4 Stunden

Schwierigkeit
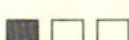

22 ST. LEONHARD – FLECKNERHÜTTE – DREIGIPFELTOUR

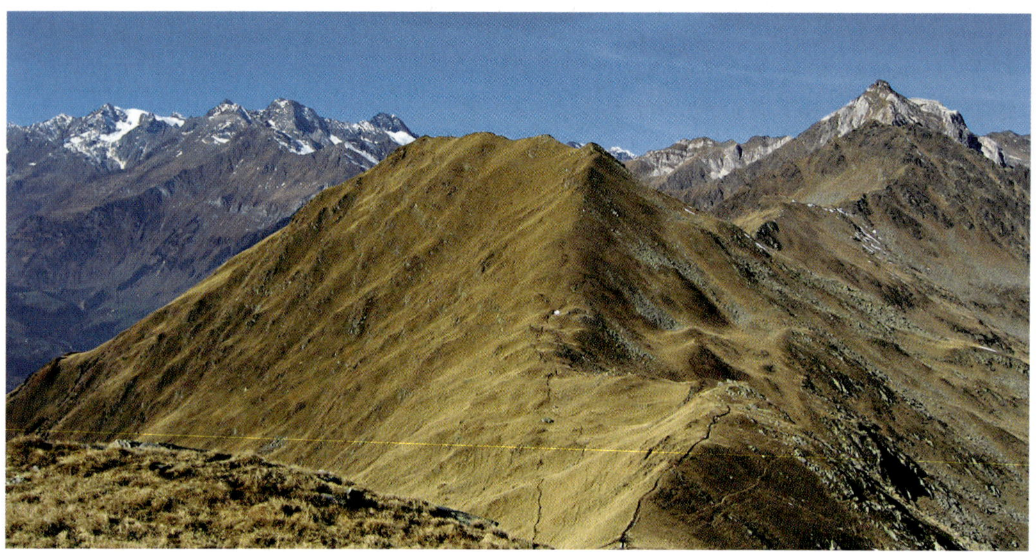

Der Saxner mit den Ötztaler Alpen

ST. LEONHARD → FLECKNERHÜTTE

Strecke hin und zurück
38 km

Höhenmeter bergauf/bergab
1600 m

Zeitbedarf insgesamt
3–4 Stunden

Schwierigkeit
■■□

Anfahrt
Von Meran über die Staatsstraße SS 44, Richtung Jaufenpass bis St. Leonhard in Passeier. Kostenloser Parkplatz bei der Bushaltestelle und beim öffentlichen Schwimmbad in St. Leonhard.

St. Leonhard – Flecknerhütte

Anstrengende, lange Bergfahrt, hoch über St. Leonhard in Passeier. Der erste Teil führt über verkehrsarme Nebenstraßen, der zweite Abschnitt über die, in den Sommermonaten stark befahrene Jaufenpassstraße! Für die Rückfahrt sollte man noch etwas Batterieleistung ansparen – ab Wegpunkt Nr. 5 sind noch ca. 60 Höhenmeter im Gegenanstieg zu überwinden. Notfalls kann entlang der Jaufenpassstraße bis zum Ausgangspunkt zurückgefahren werden.

Tourenbeschreibung: Vom ① Parkplatz in der Sportzone St. Leonhard (670 m) zum Kreisverkehr zurückfahren und von dort kurz bis zur Dorfmitte von ② St. Leonhard. Zwischen den Hotels (Frickhof und Stroblhof) auf dem Kirchweg entlang bis zur Grundschule. Kurz davor links halten, bei der nächsten Gabelung wiederum links halten und dem ③ Platzerbergweg (Schild Karlegg) bergauf folgen. Nach einigen Kehren flacht die Straße etwas ab und man trifft auf eine Abzweigung mit einem ④ Forstweg; diesen rechts liegenlassen. Der Straße nach Walten (rot-weiße Markierung) folgen, die Brücke passieren und berg-

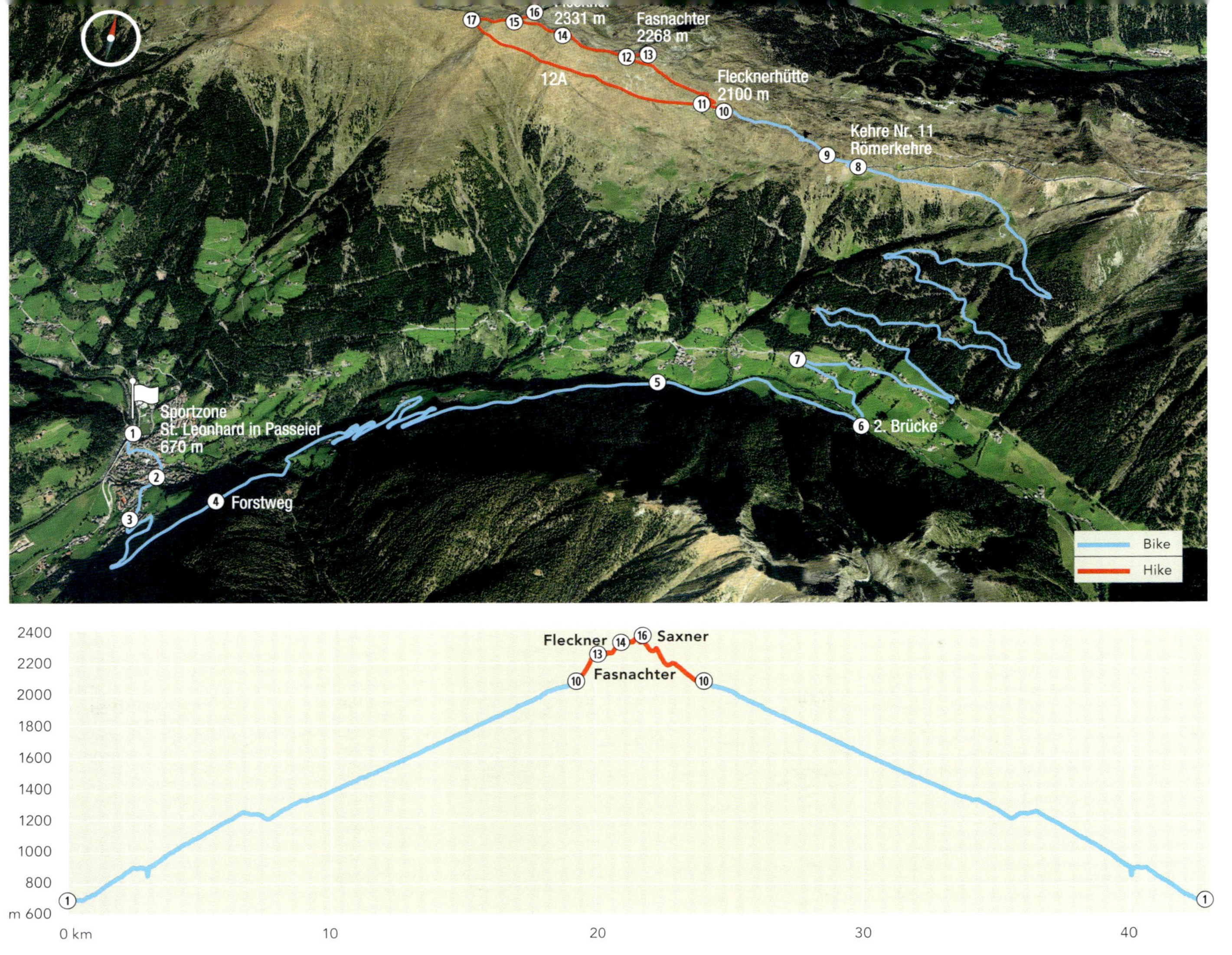

2331 m
Fasnachter
2268 m
12A
Flecknerhütte
2100 m
Kehre Nr. 11
Römerkehre
Sportzone
St. Leonhard in Passeier
670 m
Forstweg
2. Brücke
Bike
Hike
Fleckner
Saxner
Fasnachter
m 600
800
1000
1200
1400
1600
1800
2000
2200
2400
0 km
10
20
30
40

auf weiter, bis man zu den letzten Höfen gelangt. Von diesen talwärts bis zum 5 Bach hinunterfahren, dort rechts abbiegen und an einer ersten Holzbrücke vorbeifahren. Die 6 zweite Brücke überqueren, bis zur 7 Jaufenpassstraße hochfahren und dem Straßenverlauf bergauf folgen. Nach 8 km gelangt man zur 8 Kehre Nr. 11 (Römerkehre), links abdrehen. Der Beschilderung zur Flecknerhütte folgend, passiert man einen 9 Parkplatz und erreicht in bequemer Steigung das Zwischenziel, die 10 Flecknerhütte (2100 m), wo man das Bike abstellt.
Rückfahrt wie Hinfahrt.

FLECKNERHÜTTE → DREI-GIPFELTOUR

Strecke hin und zurück
5 km

Tagesziele
Fasnachter (2268 m), Fleckner (2331 m) und Saxner (2358 m)

Höhenmeter bergauf/bergab
400 m

Zeitbedarf insgesamt
1–1½ Stunden

Schwierigkeit
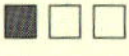

Flecknerhütte – Dreigipfeltour

Diese gemütliche Rundwanderung entlang des Jaufenkammes bietet tiefe Blicke ins benachbarte Ratschinger Tal und weit in den Meraner Talkessel hinein. Die drei Gipfel kann man fast „nebenbei" besteigen, sie liegen direkt oder unweit des Streckenverlaufes.

Wegbeschreibung: Gleich hinter der 10 Flecknerhütte folgt man der Wegmarkierung Nr. 12A/12B. Nach etwa 50 Metern stößt man auf eine 11 Abzweigung, dort rechts halten (jetzt Nr. 12B). Über einen schönen Pfad erreicht man den Bergrücken und eine etwas tiefer gelegene 12 Wasserlacke. Kurz davor folgt man rechterhand den Steigspuren und erreicht nach wenigen Höhenmetern und einer leichten Kletterpassage das Gipfelkreuz des 13 Fasnachter (2268 m). Den gleichen Weg bis zur Lacke zurückgehen und dem Grat entlang der Markierung (wechselt jetzt auf Nr. 12) folgen. Man wechselt kurz auf die Ratschinger Talseite und erreicht alsbald den zweiten Aussichtsgipfel mit Kreuz, den 14 Fleckner (2331 m). Dem Wegverlauf immer in westlicher Richtung folgend, gelangt man zu einem auffälligen 15 Durchgang zwischen zwei größeren Steinen. Dort rechts halten und den Pfadspuren bis zum letzten Aussichtspunkt, den 16 Saxner (2358 m), folgen. Bis zur Abzweigung zurückgehen und auf dem Grat entlang weitergehen. Nach einem kurzen Gegenanstieg stößt man auf eine 17 Abzweigung, macht linkerhand eine Kehrtwende (Abkürzung 12A) und geht zur 10 Flecknerhütte zurück.

Flecknerhütte und Jaufenspitze

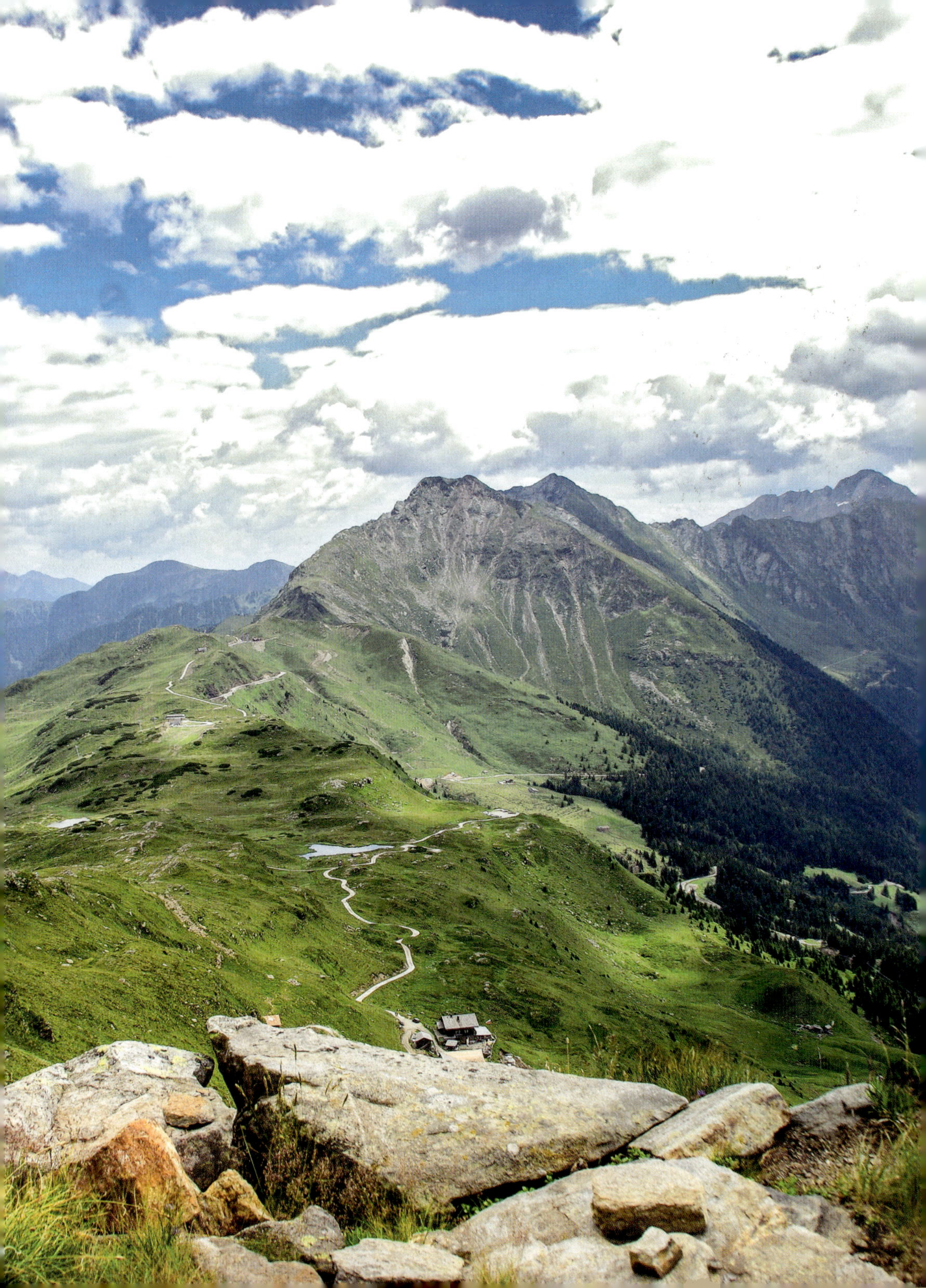

23 ST. PANKRAZ – NATURNSER HOCHWART

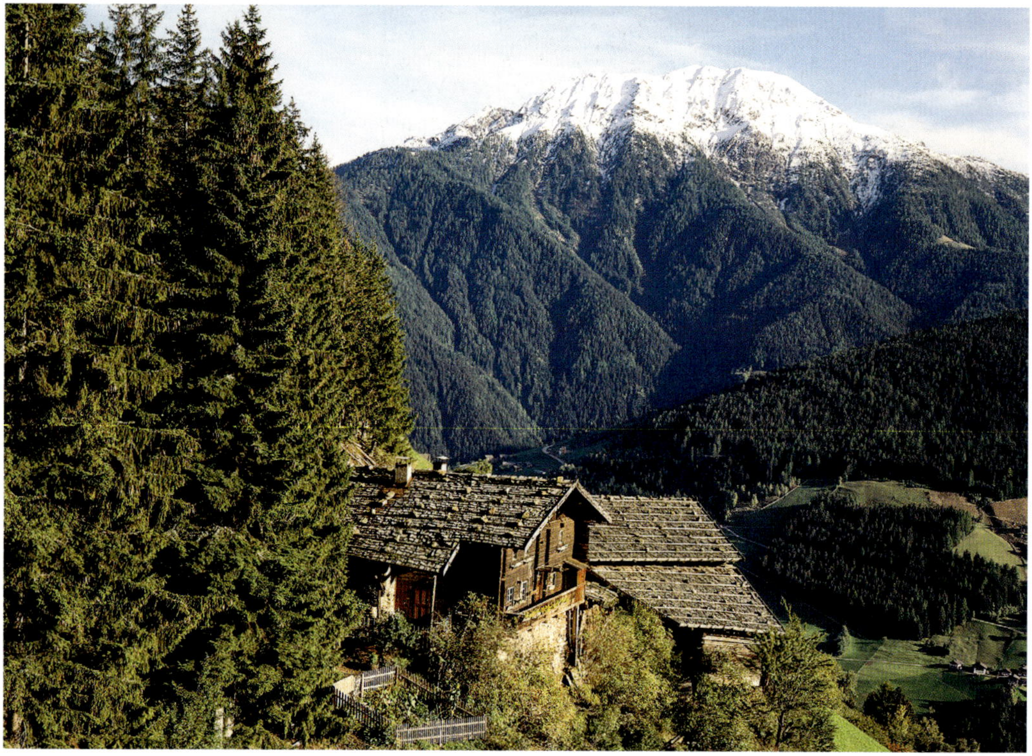

Bauernhof auf der Straße nach St. Helena, dahinter der Laugen

ST. PANKRAZ → MARIOL-BERGALM

Strecke hin und zurück
27 km

Höhenmeter bergauf/bergab
1000 m

Zeitbedarf insgesamt
2–2½ Stunden

Schwierigkeit
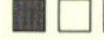

Anfahrt
Ins Ultental bis nach St. Pankraz, kostenloser Parkplatz beim Friedhof, Hinweisschild „Auf der Station"

St. Pankraz – Mariolbergalm

In den Sommermonaten, besonders an Sonn- und Feiertagen ist die Mariolbergalm bei den Wanderern ein beliebtes Ausflugsziel. Dort kann auf dem Forstweg, der zur Alm führt, die Fahrt manchmal ins Stocken geraten ... Für die knapp 1000 Höhenmeter reicht eine Batterieladung vollkommen aus, die Rückfahrt erfolgt auf der gleichen Strecke.

Tourenbeschreibung: Vom ① Parkplatz in St. Pankraz (730 m) auf die Landesstraße LS 41 zurückfahren, links taleinwärts weiterfahren. Nach etwa 800 m stößt man auf eine ② Abzweigung, dort rechterhand vorerst der Beschilderung nach St. Helena folgen. Kurz darauf passiert man

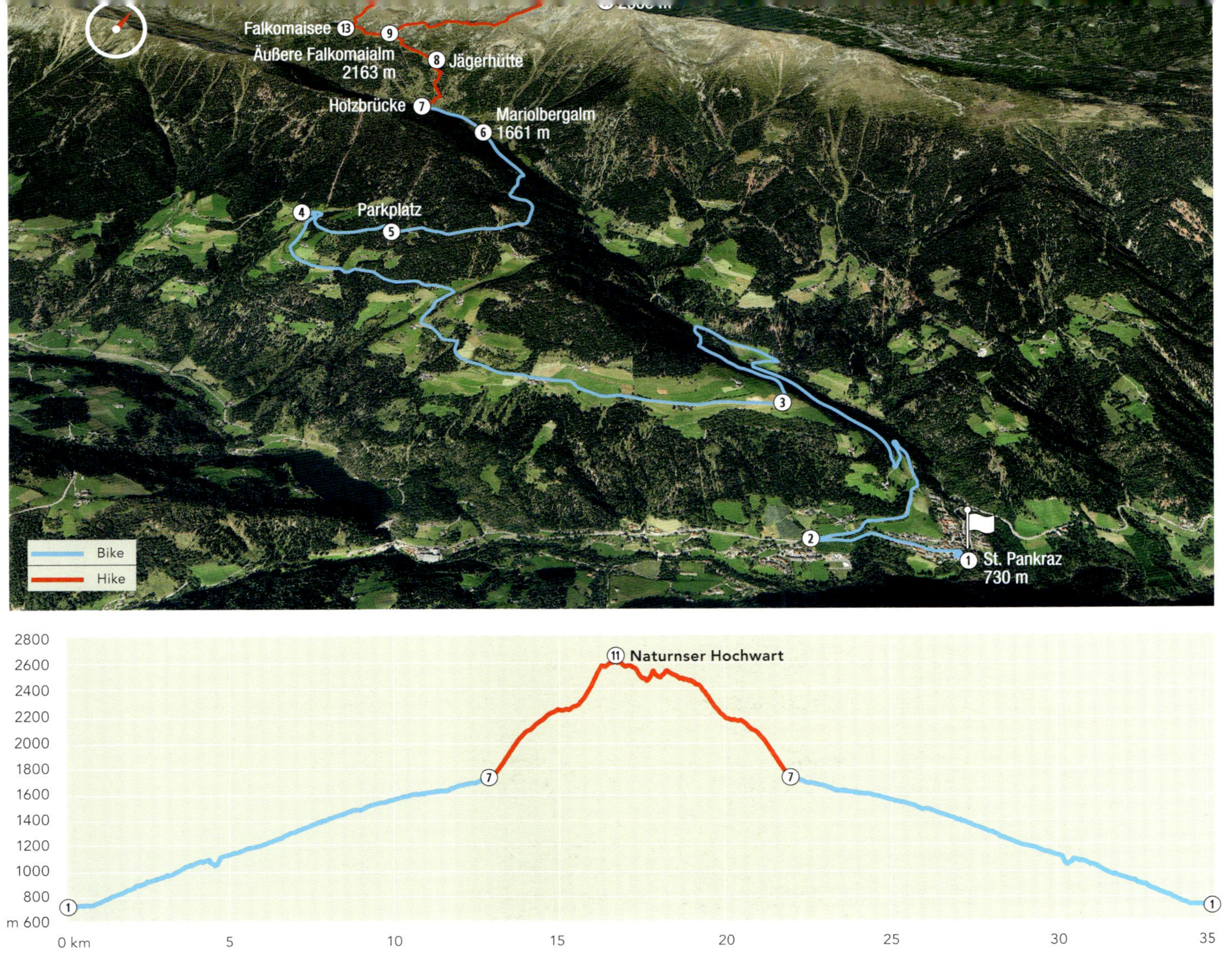

Falkomaisee 13
9
Äußere Falkomaialm
2163 m
8 Jägerhütte
Holzbrücke 7
Mariolbergalm
6 1661 m
4
Parkplatz
5
3
2
1 St. Pankraz
730 m
Bike
Hike
11 Naturnser Hochwart
2800
2600
2400
2200
2000
1800
1600
1400
1200
1000
800
m 600
0 km
5
10
15
20
25
30
35

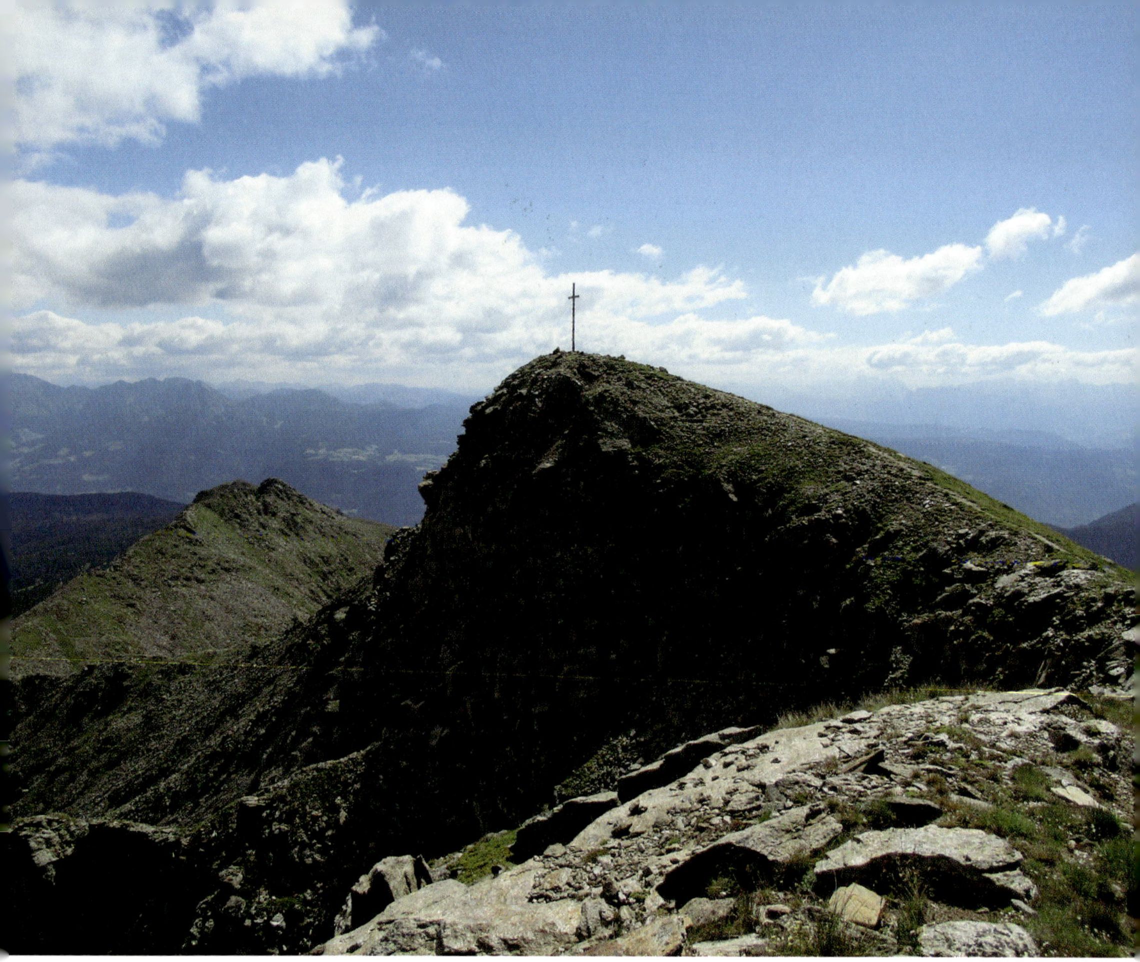

Die Naturnser Hochwart

3 einen Weiler und gelangt nach etwa 4 km zu den Kaserbachhöfen. Bei der 4 Abzweigung rechts abfahren und nun der Beschilderung zur Mariolbergalm folgen. Unmittelbar eines großen 5 Parkplatzes wechselt man auf die Forststraße und gelangt alsbald zur 6 Mariolbergalm. Das Bike kann man direkt bei der Alm oder nach etwa 800 m neben der kleinen 7 Holzbrücke abstellen.

RENTASPORT EXCLUSIVE
E-Bike-Verleih
Talstation Schwemmalm
Tel. +39 0473 790097
exclusive@rentandgo.it
www.rentasportexclusive.it

Mariolbergalm – Naturnser Hochwart (2608 m)

Eine lange, aber lohnende Gipfelumrundung, an der Sonnenseite des Ultentales. Wer die Strecke kürzen möchte, kann vom Gipfel die gleiche Strecke zurückgehen, die Höhenmeter werden dadurch nicht weniger, aber man verpasst den Falkomaisee.

Wegbeschreibung: Man passiert die kleine ⑦ Holzbrücke und geht gleich über den steilen Waldsteig mit der Markierung Nr.3/Hochwart bis zu einer ⑧ Jägerhütte. Dort folgt man linkerhand weiterhin der Markierung Nr. 3 und erreicht nach wenigen Höhenmetern, bequem den Bergrücken querend, die ⑨ Äußere Falkomaialm (in den Sommermonaten bewirtschaftet). Bei der Alm nun in östlicher Richtung dem Wegweiser zur Naturnser Hochwart folgen. Über einen aufgestellten Steig erreicht man den Berggrat und die ⑩ Weggabelung mit dem Steig Nr. 5. Rechts halten und über den Gipfelgrat bis zum Kreuz der ⑪ Naturnser Hochwart (2608 m) gehen. Zur ⑩ Weggabelung zurückkehren, in westlicher Richtung den schmalen Berggrat bis zum ⑫ Tablander Joch folgen (Markierung Nr. 5). Vom Joch, linkerhand bis zum ⑬ Falkomaisee absteigen (Nr. 3A). Vorerst leicht bergab (Markierung Nr. 1), erreicht man wieder die ⑨ Äußere Falkomaialm, den Leger und nun steil bergab den Ausgangspunkt bei der kleinen Holzbrücke.

MARIOLBERGALM → NATURNSER HOCHWART

Strecke hin und zurück
9 km

Höhenmeter bergauf/bergab
1050 m

Zeitbedarf insgesamt
3–3½ Stunden

Schwierigkeit
■□□

Hinweis
Der Berggrat, der vom Gipfel bis zum Tablander Joch führt, ist sehr schmal

Der Falkomaisee

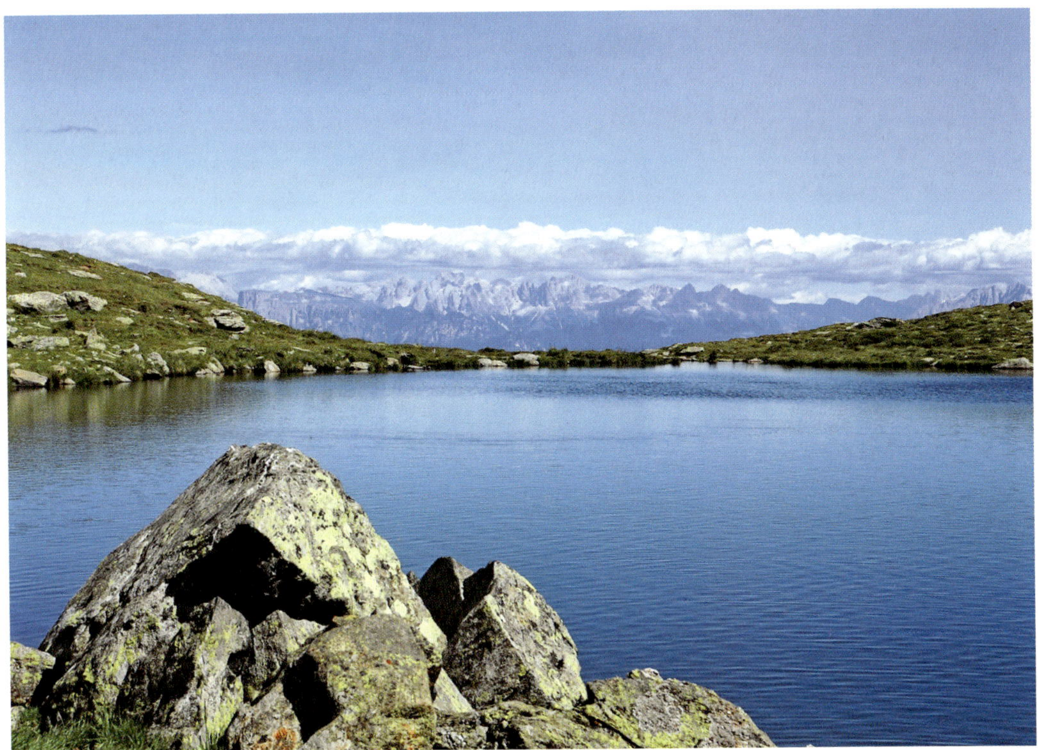

24 ST. WALBURG – KÜHBERGALM – HOHER DIEB

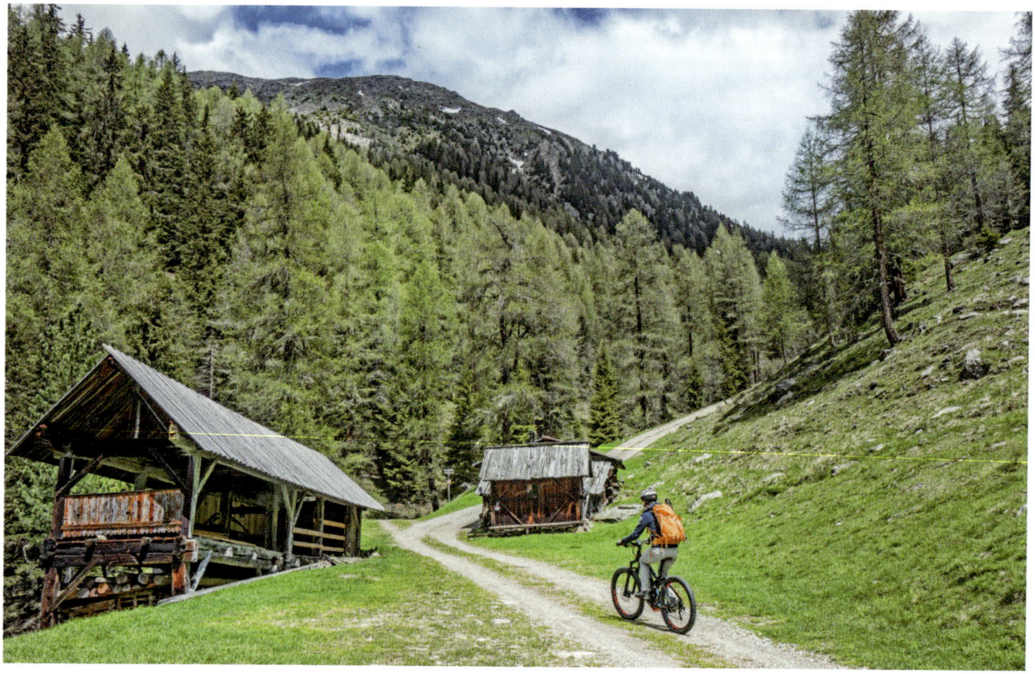

Auf der Forststraße Richtung Kühbergalm

ST. WALBURG → KÜHBERGALM

Strecke hin und zurück
18,4 km

Höhenmeter bergauf/bergab
960 m

Zeitbedarf insgesamt
ca. 1¾ Stunden

Schwierigkeit
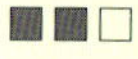

RENTASPORT EXCLUSIVE
E-Bike-Verleih
Talstation Schwemmalm
Tel. +39 0473 790097
exclusive@rentandgo.it
www.rentasportexclusive.it

St. Walburg – Kühbergalm

Landschaftlich sehr schöne Anfahrt über die Höfestraße, vorbei an den uralten Ultner Bergbauerngehöften mit ihren klassischen Schindeldächern aus Lärchenholz. Entlang der wenig befahrenen Straße sollte man immer wieder einmal eine kurze Pause einlegen, um die herrliche Landschaft, die Bauernhöfe und steilen Bergwiesen zu betrachten. Nachdem die Teerstraße in eine Forststraße übergegangen ist, verläuft die Weiterfahrt bis zu einer alten, wasserbetriebenen Säge noch recht gemütlich. Der letzte Abschnitt hinauf zur Alm ist sehr steil, aber man hat noch jede Menge Batterieleistung, um die Steigung gut zu meistern.

Tourenbeschreibung: Gegenüber der ① Staumauer von der Hauptstraße auf die Höfezufahrtsstraße einbiegen. Gemütlich aufwärts bis zu einer ② beschilderten Straßengabelung, wo man sich rechts hält

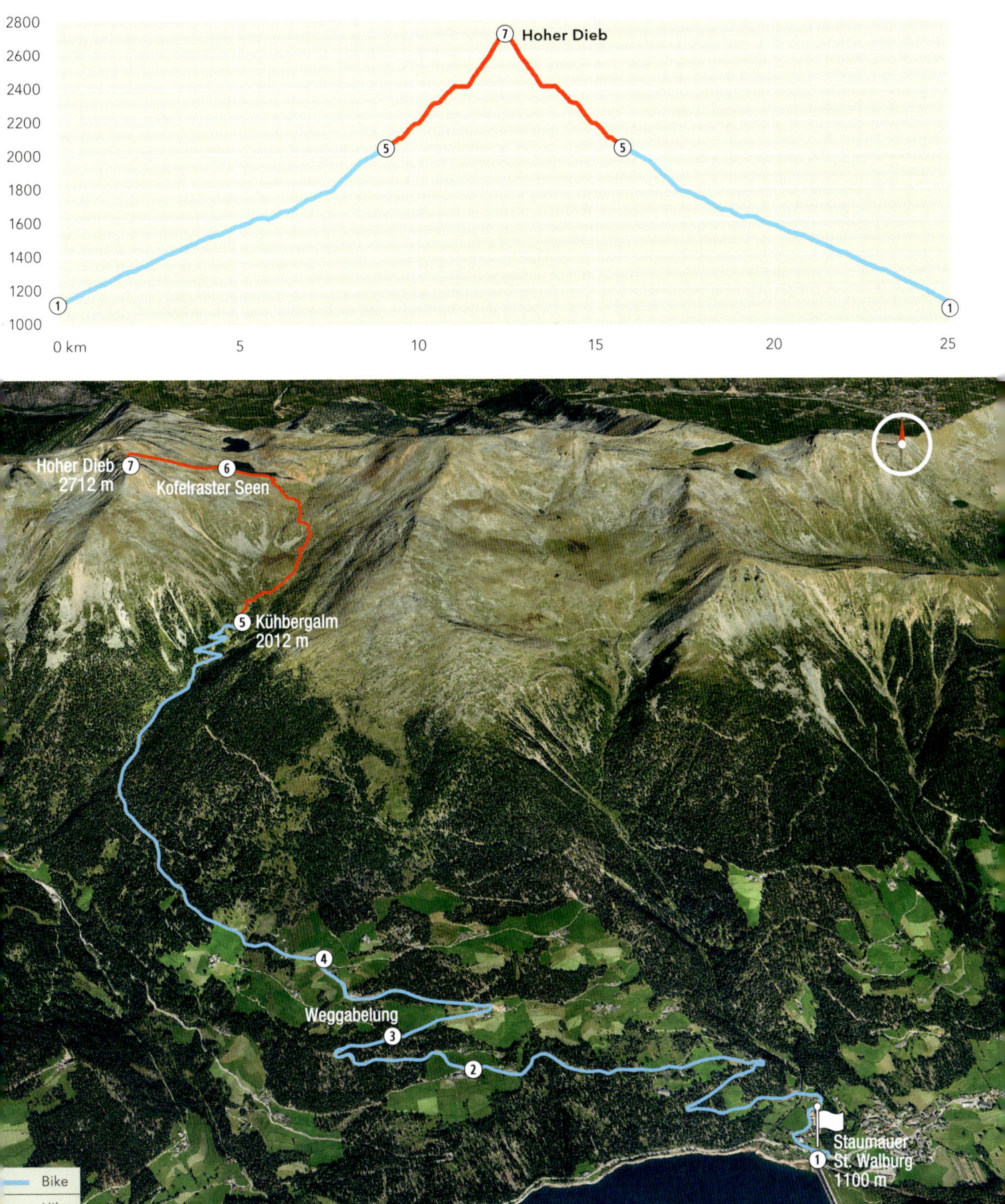

2800
2600
2400
2200
2000
1800
1600
1400
1200
1000
0 km
5
10
15
20
25
1
5
7
Hoher Dieb
5
1
Hoher Dieb
2712 m
7
6
Kofelraster Seen
5
Kühbergalm
2012 m
4
Weggabelung
3
2
Staumauer
St. Walburg
1100 m
1
Bike
Hike

Anfahrt
Von Lana durch das Ultental bis nach St. Walburg und weiter zum Parkplatz direkt bei der Staumauer am Ortsende.

Tipp
› Mit Linienbus von Meran oder Lana ins Ultental bis zur Haltestelle bei der Gondelumlaufbahn zur Schwemmalm (Ende Stausee). Dort gibt es einen E-Bike-Verleih. Räder unbedingt vorbestellen. Wegbeschreibung siehe „alternative Anfahrt"

(Beschilderung Larcherberg). Nach der darauffolgenden Linkskehre gelangt man wiederum an eine ③ Weggabelung. Rechts halten und weiter über die Straße aufwärts. Bald schon erreicht man eine kleine Ansammlung von Gebäuden. Die Straße führt mitten hindurch und zu einer Linkskehre, die man durchfährt. Bald schon erreicht man ein ④ Gehöft, wo links eine schmale Teerstraße abzweigt (Beschilderung Hoher Dieb usw.). Man folgt dieser Straße, die bald schon in eine Forststraße übergeht (Wegschilder). Geradeaus weiter über die gut zu befahrende Forststraße bis zu einer alten Säge. Dort beginnt der steile Anstieg hinauf zur ⑤ Kühbergalm (2012 m), wo man das Bike abstellt.

Alternative Anfahrt vom Parkplatz an der Talstation der Gondelumlaufbahn Schwemmalm in Kuppelwies: Auf der Hauptstraße, vorbei am Weiler Kuppelwies, Richtung St. Walburg. Dann links auf die Straße zur Schwemmalm (Beschilderung) abbiegen und über die Straße aufwärts. Ca. 900 Meter nach der ersten Linkskehre gelangt man zu einer kleinen Ansammlung von Häusern. Beim letzten Haus zweigt rechts eine schmale Straße ab, über die man den Punkt 2 erreicht. Die Abzweigung ist nicht beschildert, zur Orientierung dient ein Schild an der Gartenmauer „Ferienwohnung Pircherhäusl".

Wetterkreuz auf der Kühbergalm

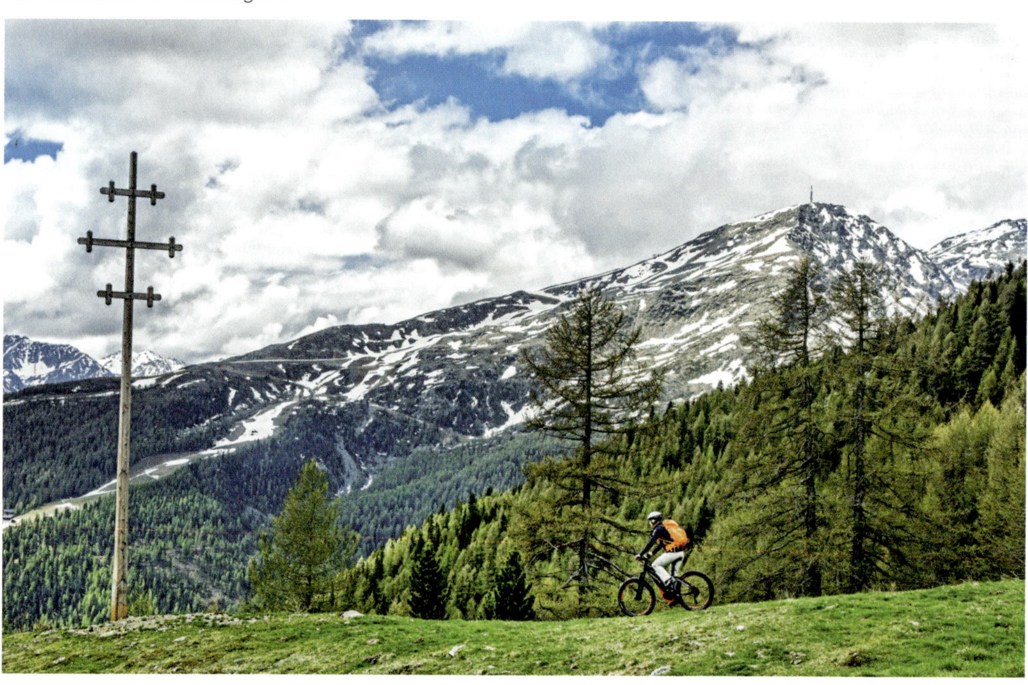

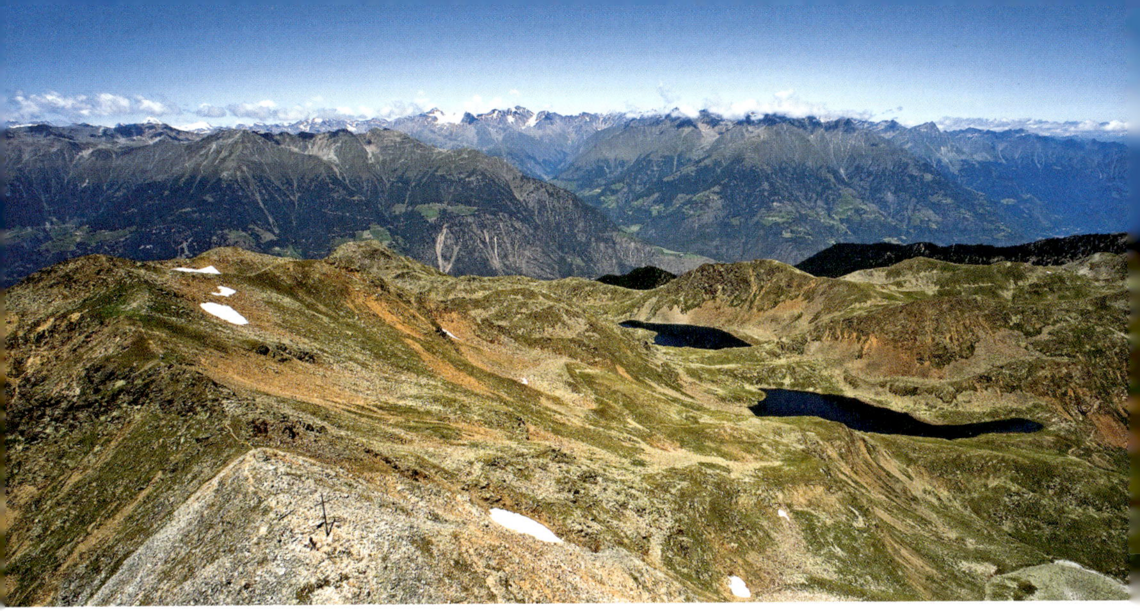

Blick über den Hohen Dieb auf die Kofelrasterseen

Kühbergalm – Hoher Dieb (2712 m)

Dieser beliebte, relativ einfache Aufstieg entführt den Wanderer in die Welt der Südtiroler Bergseen. Vom freistehenden Gipfel, der sich hoch über der Kühbergalm auftürmt, hat man einen beeindruckten Rundumblick auf die nahen Ortlerberge, den Vinschgau, die Ötztaler Alpen und nach Süden hin bis auf die Dolomiten.

Wegbeschreibung: Von der 5 Kühbergalm folgt man dem gut markierten Weg zuerst noch gemütlich über die Hochweiden aufwärts, bis der Weg über einige Serpentinen aufwärts in ein weites Becken führt. Vorbei an einem alten, zerfallenen Unterstand steigt man hinauf zur winzigen, sehr schön renovierten Kofelraster Alm (2312 m). An den einzelnen Weggabelungen weisen Schilder den Weiterweg und bald schon ist der erste der Kofelraster Seen, der Lange See (2405 m) erreicht. Der Steig folgt dem Seeufer und 6 verzweigt sich kurz vor dem Ende des Sees. Hier muss man, besonders wenn noch Restschnee liegt, etwas aufmerksam sein. Die Abzweigung zum Hohen Dieb ist nur auf einem Stein gekennzeichnet und nicht unbedingt gut sichtbar. Der Weg selbst, der steil über eine alte Moräne aufwärts führt, ist wiederum gut markiert. Problemlos folgt man den vielen Serpentinen aufwärts und erreicht schlussendlich einen Sattel zwischen zwei Gipfeln. Der Gipfel des 7 Hohen Diebs (2712 m) mit Gipfelkreuz bietet eine großartige Rundumsicht. Über den Aufstiegsweg geht es zurück zur Kühbergalm.

KÜHBERGALM → HOHER DIEB

Strecke hin und zurück
6,4 km

Höhenmeter bergauf/bergab
720 m

Zeitbedarf insgesamt
3½–4 Stunden

Schwierigkeit

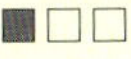

25 ST. WALBURG – MARSCHNELLALM – PEILSTEIN

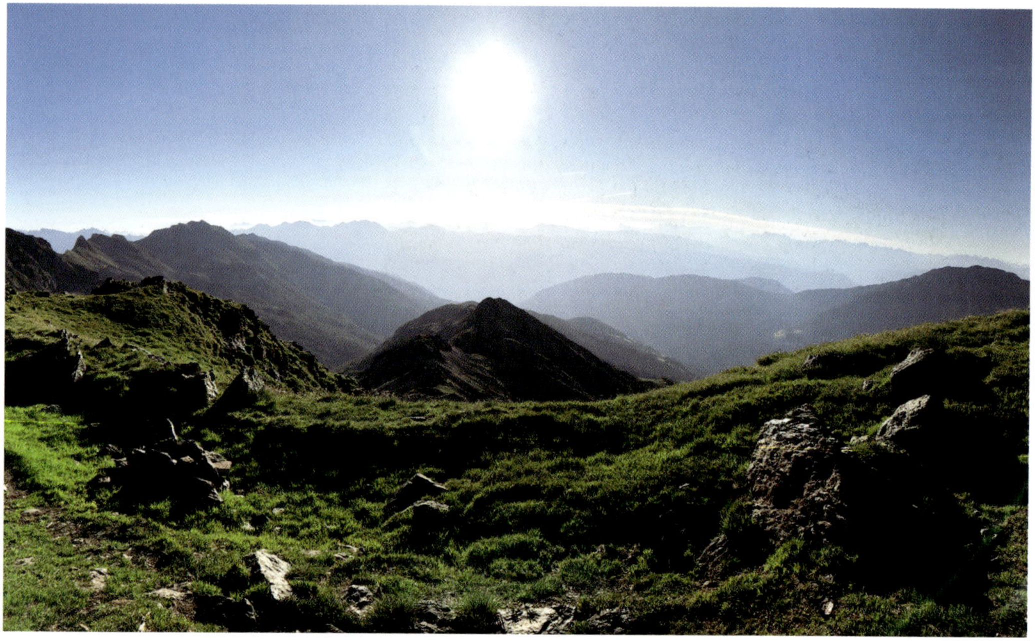

Auf dem Weg zum Peilstein

ST. WALBURG → MARSCHNELLALM

Strecke hin und zurück
21 km

Höhenmeter bergauf/bergab
1200 m

Zeitbedarf insgesamt
1–1 ½ Stunden

Schwierigkeit

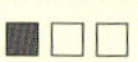

Anfahrt: siehe Seite 106

RENTASPORT EXCLUSIVE
E-Bike-Verleih
Talstation Schwemmalm
Tel. +39 0473 790097
exclusive@rentandgo.it
www.rentasportexclusive.it

St. Walburg – Marschnellalm

Die leichte Bergfahrt zur Marschnellalm beginnt unmittelbar vor dem Dorf St. Walburg. Eine asphaltierte, verkehrsarme Höfestraße schlängelt sich geschmeidig auf der Sonnenseite des Tales berghoch. Der zweite Abschnitt verläuft auf einem einfachen Forstweg. Für die 10 Kilometer und gut 1000 Höhenmeter muss mit der Batterieleistung nicht gespart werden. Die Rückfahrt erfolgt auf der gleichen Strecke.

Tourenbeschreibung: Bei der ① Bar Wildbach (1125 m) die Brücke überqueren, bei der ersten ② Abzweigung rechts abfahren und der Beschilderung zur Marschnellalm/Gigglhirn folgen. Bei der darauffolgenden ③ Rechtskehre weiterhin dem Straßenverlauf bis zur Hofstelle ④ Gigglhirn folgen. Auf die Forststraße wechseln und bei der nächsten ⑤ Abzweigung (Schranke) rechts halten und bis zur ⑥ Marschnellalm weiterfahren.

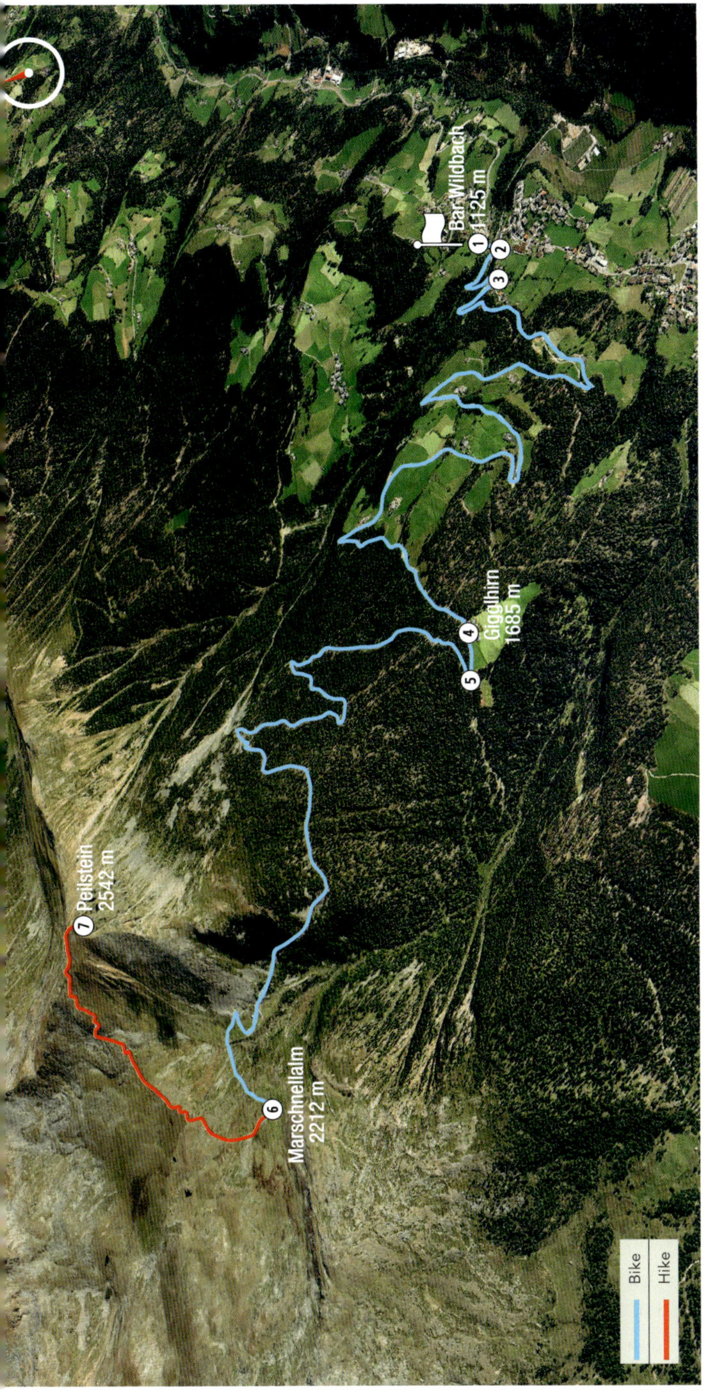

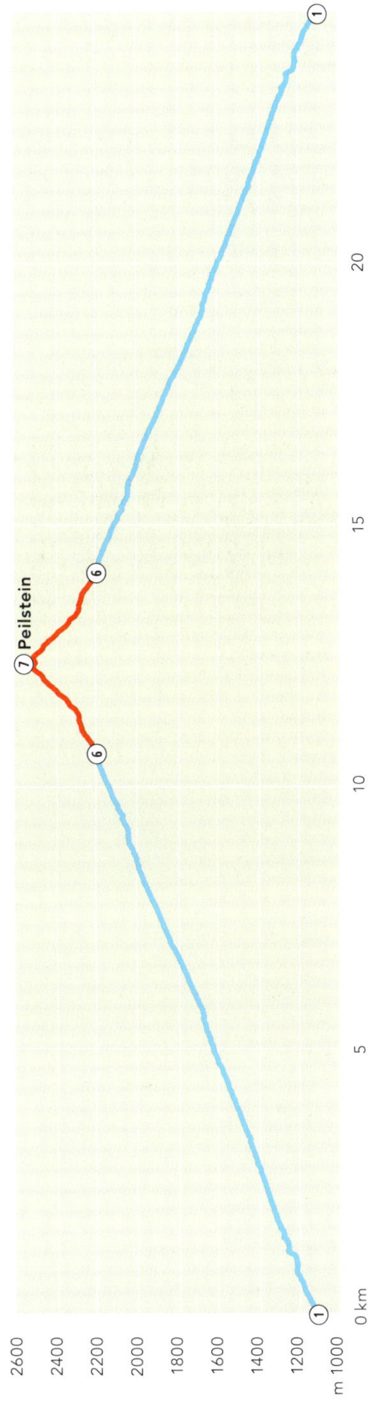
Bar Wildbach
1125 m
Gigglhirn
1685 m
Peilstein
2542 m
Marschnellalm
2212 m
Bike
Hike
Peilstein
m 1000
1200
1400
1600
1800
2000
2200
2400
2600
0 km
5
10
15
20

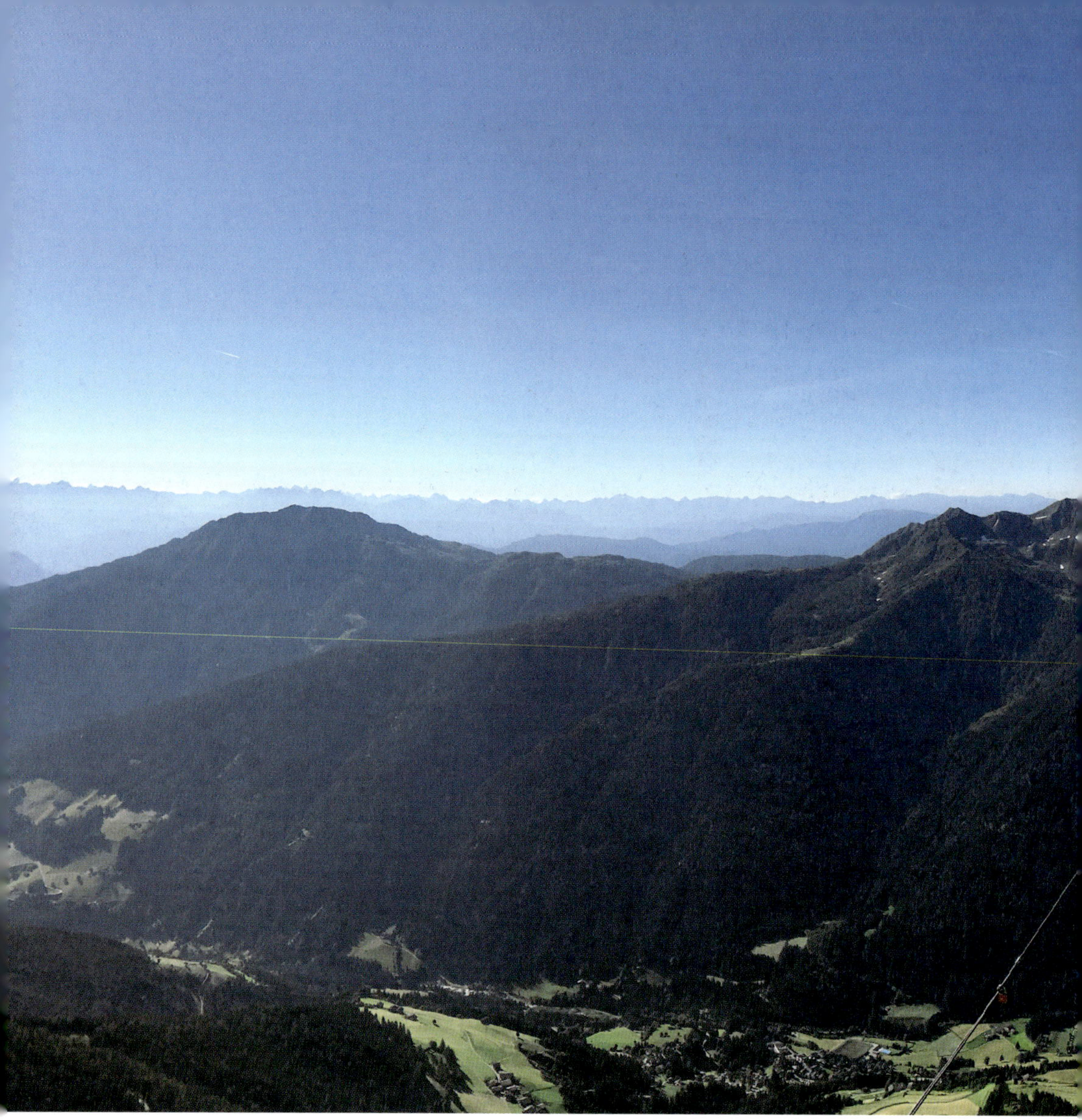

Am Gipfel des Peilsteins, Blick auf den Zoggler-Stausee und die Maddalene

Marschnellalm – Peilstein (2542 m)

Den Peilstein kann man über mehrere Varianten erklimmen, der leichteste ist wohl von der Marschnellalm aus. Die Orientierung ist leicht und der Steig gepflegt. Die Marschnellalm ist auf dem Retourweg eine willkommene Einkehrmöglichkeit.

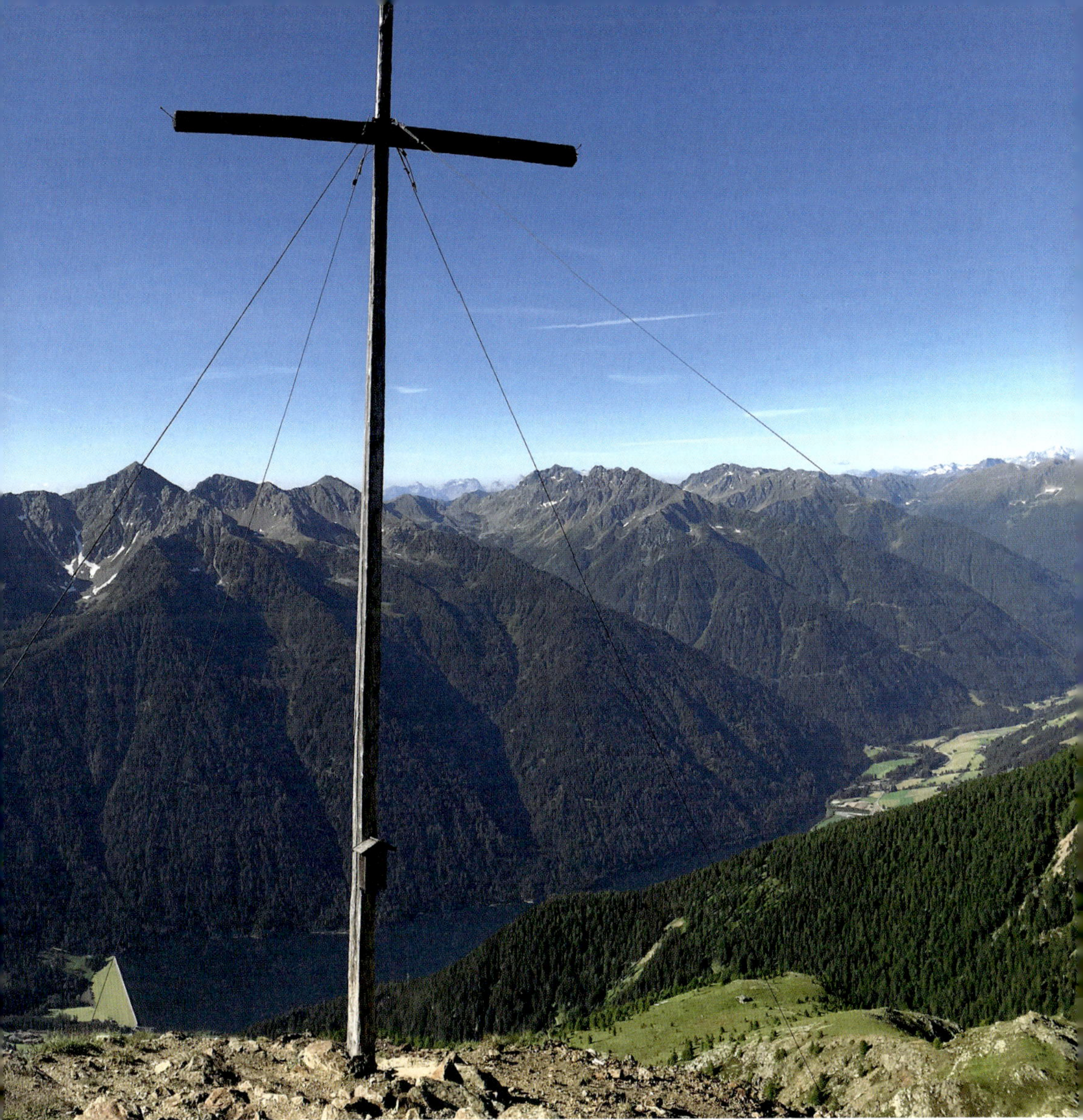

Wegbeschreibung: Der Aufstieg zum Gipfel beginnt gleich bei der ⑥ Marschnellalm, auf den Steig Nr. 10. Über steinige Grashänge, einen leichten Bogen gehend, erreicht man den Gipfelgrat. Rechterhand führt der Nordwestgrat bis zum leicht tiefer liegenden Gipfelkreuz mit Holzbank des ⑦ Peilsteins (2542 m).

MARSCHNELLALM → PEILSTEIN

Strecke hin und zurück: 3,7 km

Höhenmeter bergauf/bergab 350 m

Zeitbedarf insgesamt: 1–2 Std.

Schwierigkeit: ■□□

26 KUPPELWIES – ÄUSSERE SCHWEMMALM – MUTEGG

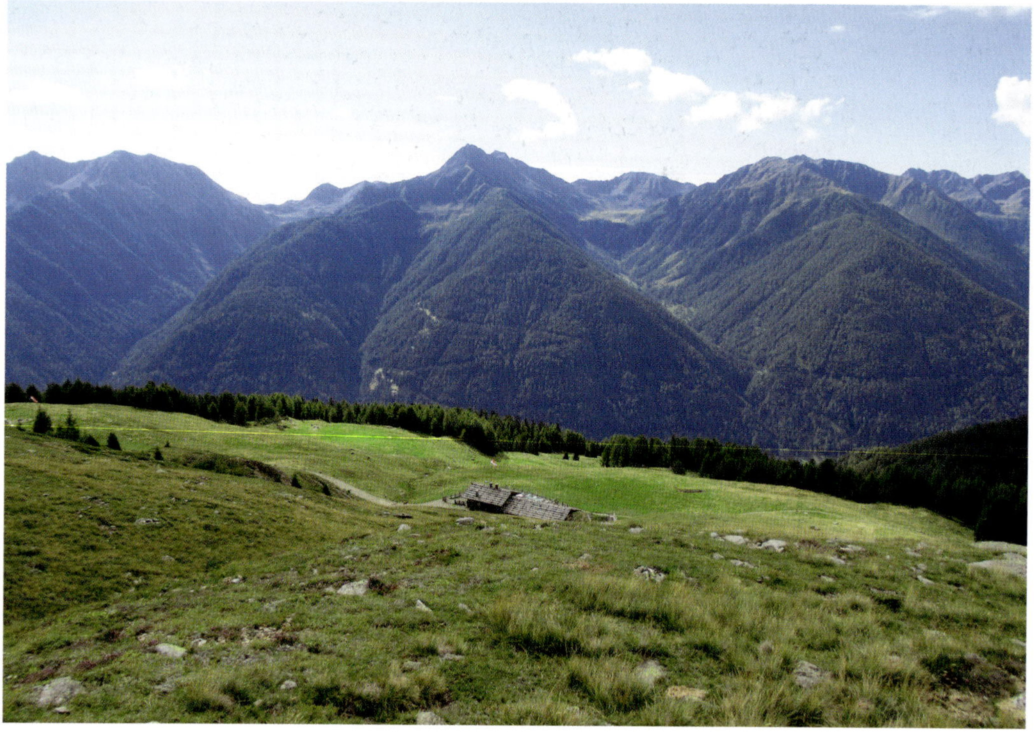

Oberhalb der Inneren Schwemmalm

KUPPELWIES → ÄUSSERE SCHWEMMALM

Strecke hin und zurück
25 km

Höhenmeter bergauf/bergab
1040 m

Zeitbedarf insgesamt
2–2½ Stunden

Schwierigkeit
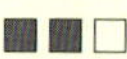

RENTASPORT EXCLUSIVE
E-Bike-Verleih
Talstation Schwemmalm
Tel. +39 0473 790097
exclusive@rentandgo.it
www.rentasportexclusive.it

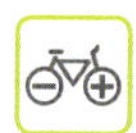

Kuppelwies – Äußere Schwemmalm

Schöne, technisch leichte Bergfahrt auf der Sonnenseite des Ultentales. Auf dem Forstweg ist nur der letzte Kilometer zur Äußeren Schwemmalm sehr steil, dieser kann aber mit erhöhter Batterieleistung problemlos überwunden werden. Die Rückfahrt erfolgt auf der gleichen Strecke.

Tourenbeschreibung: Von (1) Kuppelwies (1153 m) folgt man etwa 4 km der Landesstraße taleinwärts. Bei der (2) Kreuzung rechts zum kleinen Bergdorf (3) St. Nikolaus (1256 m) hochfahren. Weiter bergauf, folgt man anfangs der Beschilderung nach St. Moritz. Entlang der schönen Panoramastraße passiert man die Hofstelle (4) Oberhof und

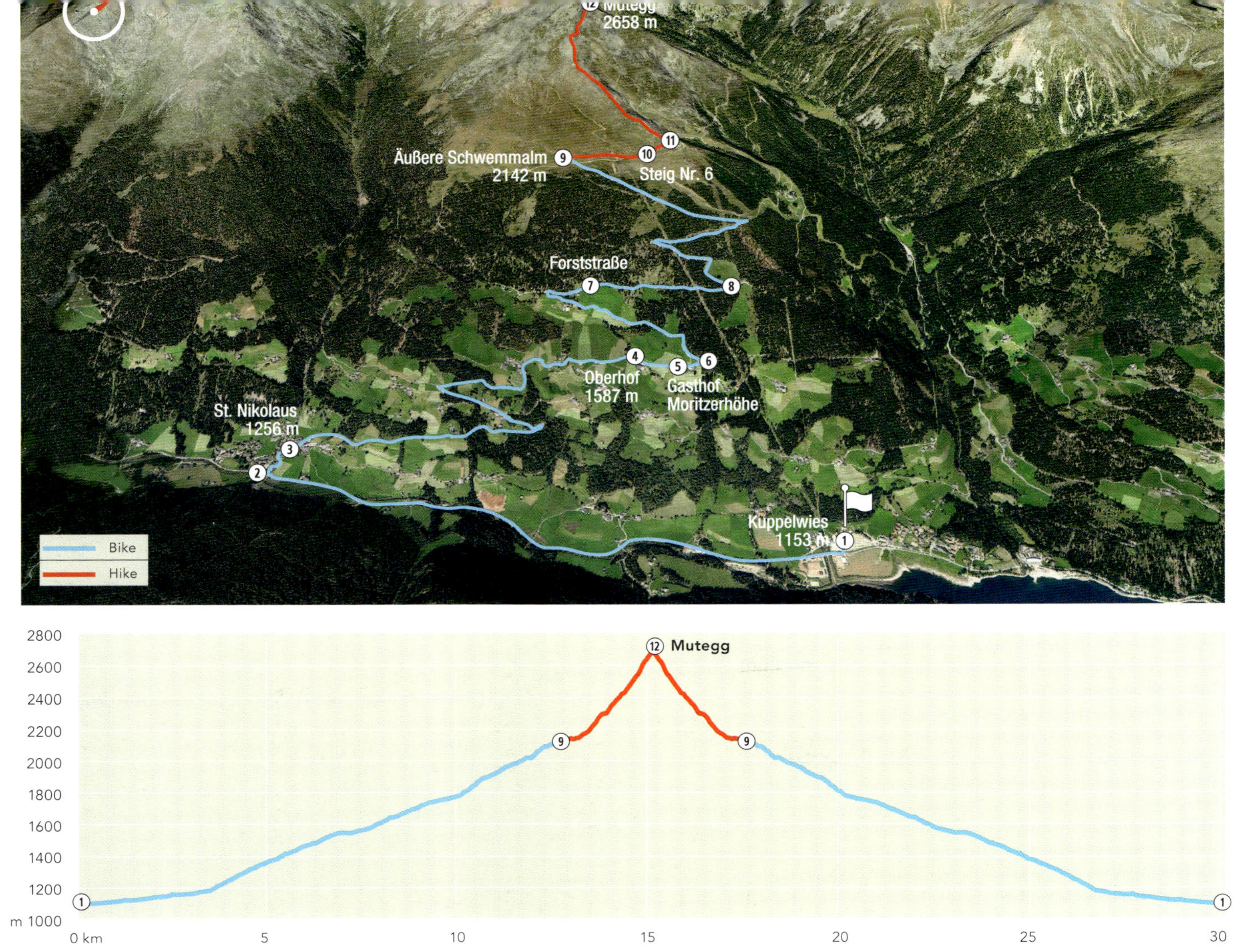
Mutegg
2658 m
Äußere Schwemmalm
2142 m
Steig Nr. 6
Forststraße
Oberhof
1587 m
Gasthof
Moritzerhöhe
St. Nikolaus
1256 m
Kuppelwies
1153 m
Bike
Hike
Mutegg
2800
2600
2400
2200
2000
1800
1600
1400
1200
m 1000
0 km
5
10
15
20
25
30

Anfahrt
Durch das Ultental bis nach Kuppelwies (etwa 4 km nach St. Walburg). Ausgangspunkt ist der gebührenfreie Parkplatz an der Talstation der Umlaufbahn Schwemmalm.

Tipps
- Direkt bei der Talstation der Umlaufbahn gibt es einen E-Bike-Verleih.
- Nimmt man für die Bergfahrt die Umlaufbahn; Schwemmalm (Biketransport möglich), kann diese Tour auch als Halbtagestour gemacht werden.

kurz darauf den 5 Gasthof Moritzhöhe. Bei der darauffolgenden 6 Kreuzung links halten (Hinweisschild Bergrestaurant Schwemmalm) und weiterhin der schmalen, aber asphaltierten Straße bergauf folgen. Bei den letzten Hofstellen wechselt man auf die 7 Forststraße. Auf dem flachen Forstweg entlang, unterquert man die Umlaufbahn zur Schwemmalm und stößt alsbald auf eine markante 8 Kreuzung (große Informationstafel). Linkerhand in die steile Forststraße „Schwemmalm" einfahren. Weiterhin der Beschilderung Äußere Schwemmalm folgend, unterquert man noch dreimal die Umlaufbahn und erreicht nach einem letzten, sehr steilen Teilstück das Bergrestaurant 9 Äußere Schwemmalm (2142 m), wo man das Bike abstellt.

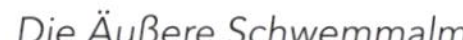

Die Äußere Schwemmalm

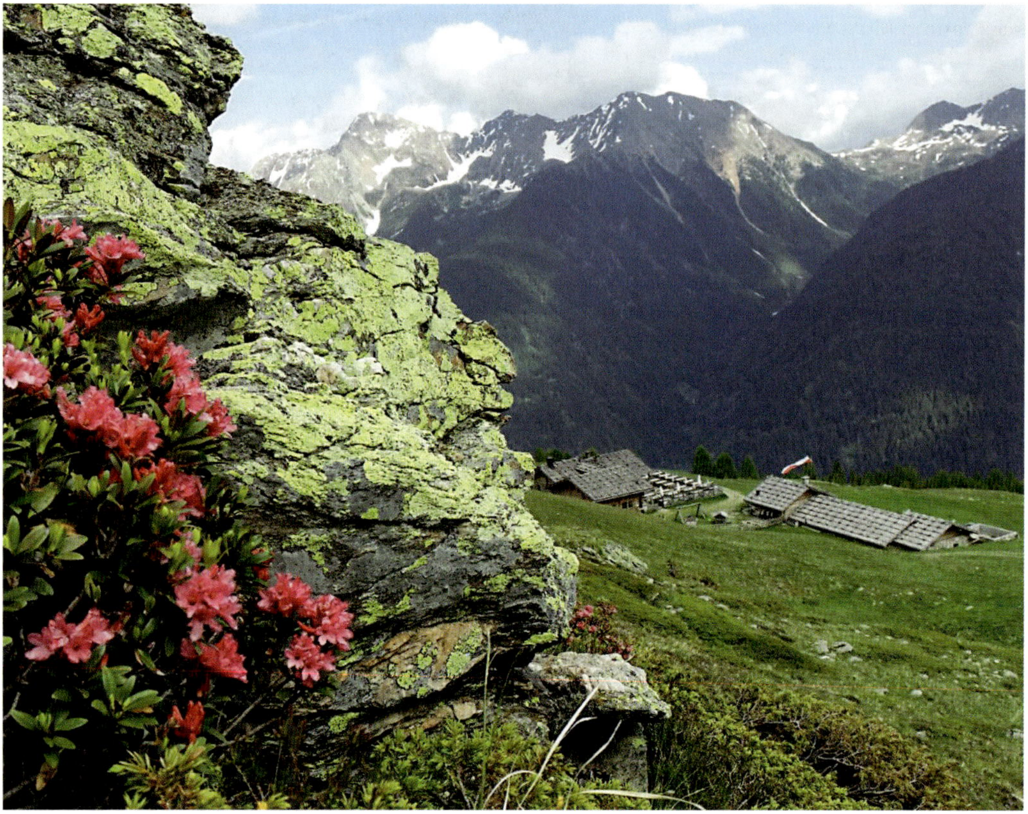

Äußere Schwemmalm–Mutegg (2658 m)

Die kurze Bergtour zum Mutegg lohnt sich allemal, von dort oben hat man eine schöne Aussicht auf die einmalige Bergkulisse des Ultentals und weit hinten am Horizont kann man an klaren Tagen auch die Dolomiten erspähen. Die Orientierung zum Gipfel ist einfach, der Steig ist gut markiert und unweit des Gipfels steht ein riesenhoher Funkmast, der bereits von unten aus ins Auge sticht.

Wegbeschreibung: Von der ⑨ Äußeren Schwemmalm geht man zur Bergstation der Umlaufbahn Schwemmalm. Der Beschilderung Mutegg folgend, gelangt man kurz darauf zum ⑩ Steig mit der Markierung Nr. 6. Steil bergauf, erreicht man nach wenigen Höhenmetern eine ⑪ Abzweigung, dort linkerhand immer der Markierung Nr. 6 folgen. Stetig dem Grat entlang, gelangt man zur Schipiste, überquert diese, passiert die Bergstation des Sesselliftes „Asmol" und erreicht schließlich den Gipfel des ⑫ Mutegg (2658 m).

ÄUSSERE SCHWEMMALM → MUTEGG

Strecke hin und zurück
5 km

Höhenmeter bergauf/bergab
520 m

Zeitbedarf insgesamt
ca. 2 ½ Stunden

Schwierigkeit
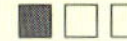

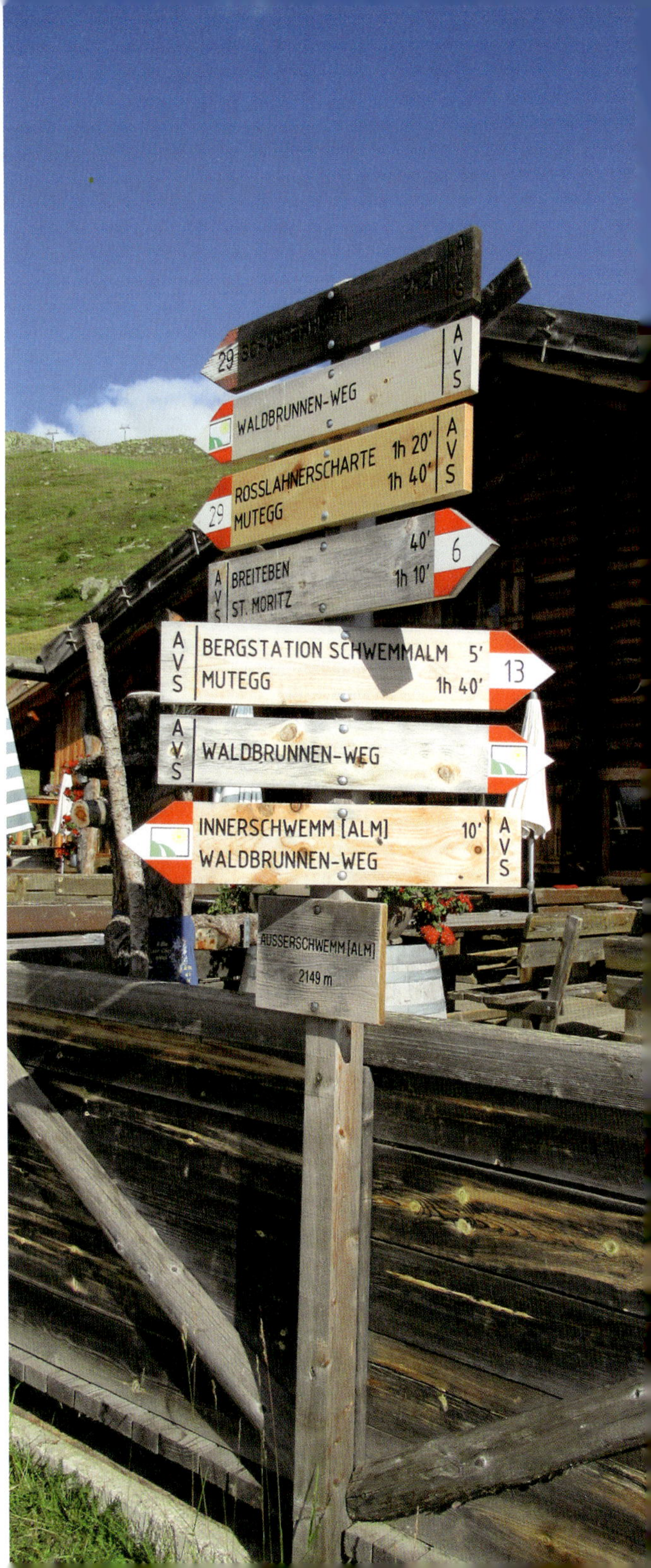

27 KUPPELWIES – AUERBERGALM – ILMENSPITZE

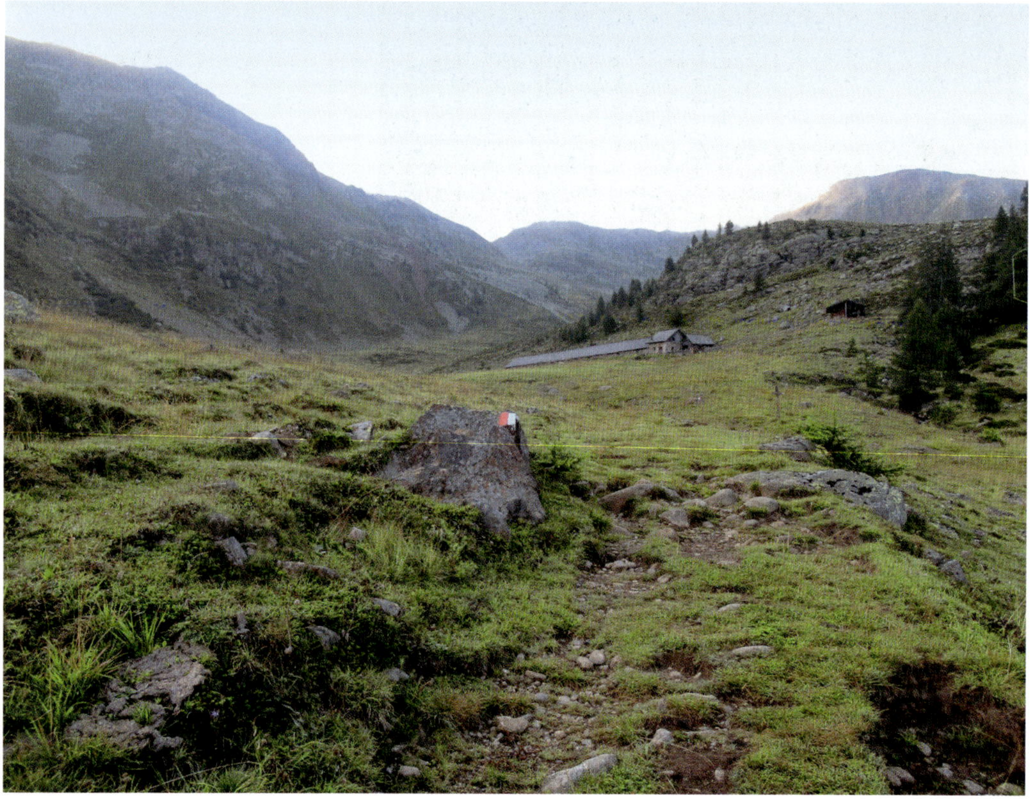

Die Seefeldalm

KUPPELWIES → AUERBERGALM

Strecke hin und zurück
16 km

Höhenmeter bergauf/bergab
600 m

Zeitbedarf insgesamt
1½ – 2½ Stunden

Schwierigkeit
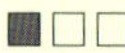

RENTASPORT EXCLUSIVE
E-Bike-Verleih
Talstation Schwemmalm
Tel. +39 0473 790097
exclusive@rentandgo.it
www.rentasportexclusive.it

Kuppelwies – Auerbergalm

Das Ziel dieser Unternehmung liegt auf der „Schattenseite" des Ultentales und ist ideal für heiße Sommertage. Der erste Teil dieser Bergfahrt verläuft auf der Ultner Landesstraße. Die Forststraße durch das Auerbergtal ist nur kurz vor der Alm etwas steiler, kann aber mit erhöhter Motorunterstützung problemlos befahren werden. Das Fahrrad kann bei der Alm oder am Ende der Forststraße (eher steil und sehr grober Untergrund) nach etwa 800 Meter abgestellt werden.

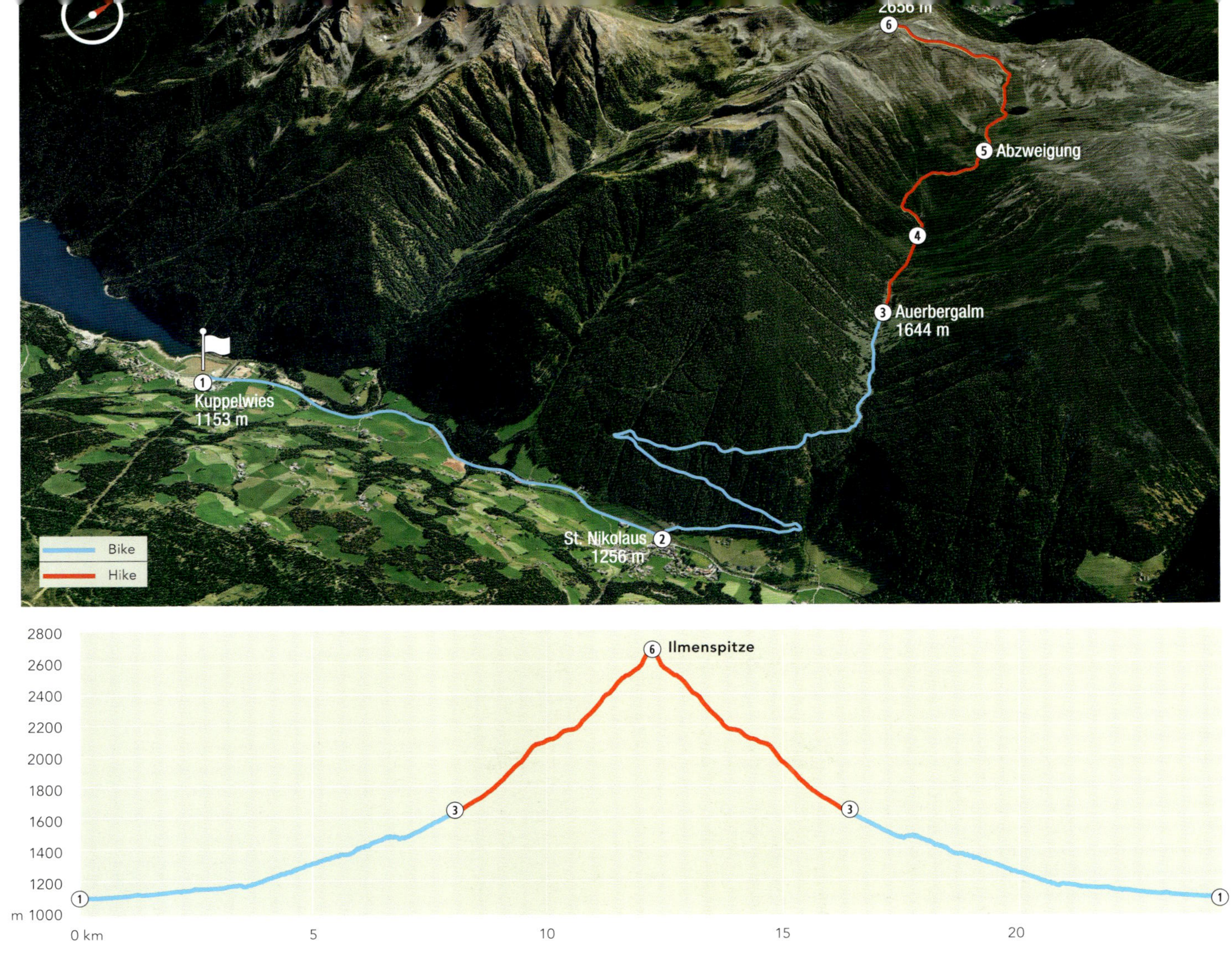
Abzweigung
Auerbergalm
1644 m
Kuppelwies
1153 m
St. Nikolaus
1256 m
Bike
Hike
Ilmenspitze
2800
2600
2400
2200
2000
1800
1600
1400
1200
m 1000
0 km
5
10
15
20

Anfahrt
Durch das Ultental bis nach Kuppelwies (etwa 4 km nach St. Walburg). Ausgangspunkt ist der gebührenfreie Parkplatz an der Talstation der Umlaufbahn Schwemmalm.

Tipps
- Direkt bei der Talstation der Umlaufbahn gibt es einen E-Bike-Verleih.
- Der Startpunkt für diese Tour kann auch in St. Nikolaus gesetzt werden, Parkplätze befinden sich taleinwärts, am Ende des Fußballplatzes.

Tourenbeschreibung: Von ① Kuppelwies folgt man etwa 4 km der Landesstraße taleinwärts. Am kleinen ② Kreisverkehr (rechts führt die Straße nach St. Nikolaus) links Richtung Bach abfahren. Man überquert die Brücke, wechselt auf den Forstweg (Beschilderung Auerbergalm) und folgt diesem bis zur ③ Auerbergalm, wo man das Bike abstellen kann.

Auerbergalm – Ilmenspitze (2656 m)

Für die 1000 Höhenmeter ist doch etwas Kondition gefragt. Der Steig, der zum Gipfel führt ist steil und schroffes Gelände erschwert das Weiterkommen. Auch von diesem Ultner Gipfel hat man eine 360-Grad-Rundumsicht, östlich am Horizont die Dolomiten, südlich die Brentagruppe, westlich die noch vergletscherte Hintere Eggenspitze.

Wegbeschreibung: Von der ③ Auerbergalm (1644 m) folgt man taleinwärts noch etwa 800 Meter der Forststraße. An deren Ende beginnt ein ④ steiler Steig, der teils durch schattigen Wald führt. Auf der Hochfläche der Seefeldalm stößt man alsbald auf die ⑤ Abzweigung, die zum Oberen Spiel führt, geradeaus weiter der Markierung Nr. 18/Ilmenspitze folgen. Nach wenigen Metern passiert man die Seefeldalm und erreicht den Kessel mit dem Seefeldsee. Am linken Ufer vorbeigehen und weiter in Richtung Talschluss wandern. Ein steiler, steiniger Steig windet sich die letzten Höhenmeter bis zum ⑥ Gipfelkreuz der Ilmenspitze (2656 m) empor.

Die Ilmenspitze (unten) und im Auerbergtal (rechts)

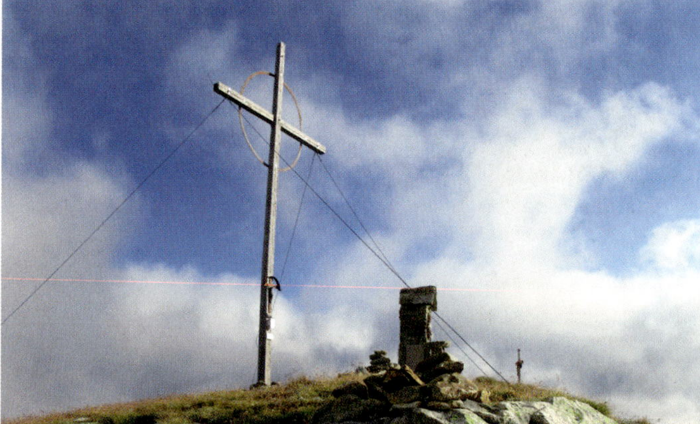

AUERBERGALM → ILMENSPITZE

Strecke hin und zurück
8,6 km

Höhenmeter bergauf/bergab
1000 m

Zeitbedarf insgesamt
3–4 ½ Stunden

Schwierigkeit
■■□

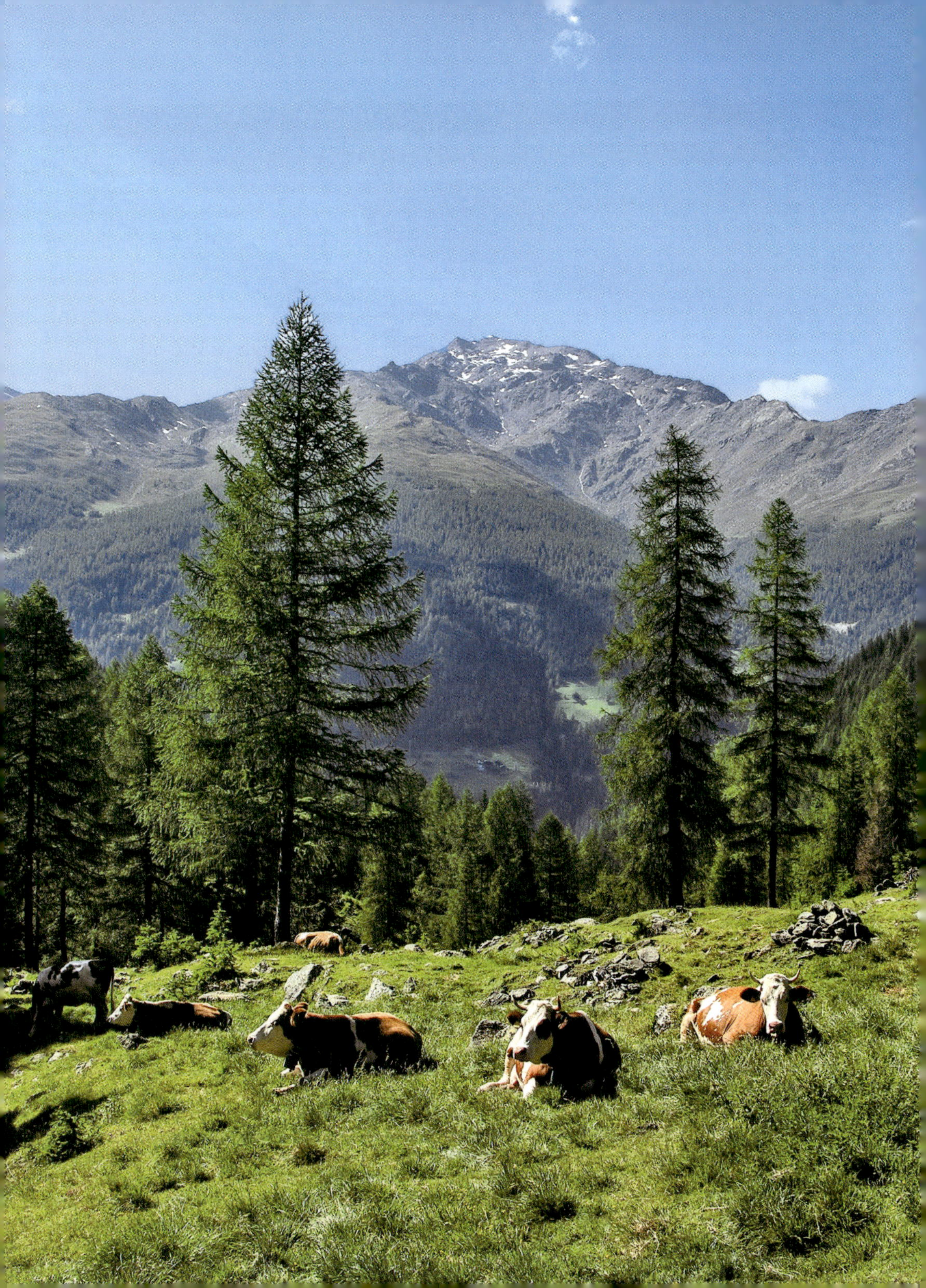

28 KUPPELWIES – KLAPFBERGALM – WELSCHER BERG

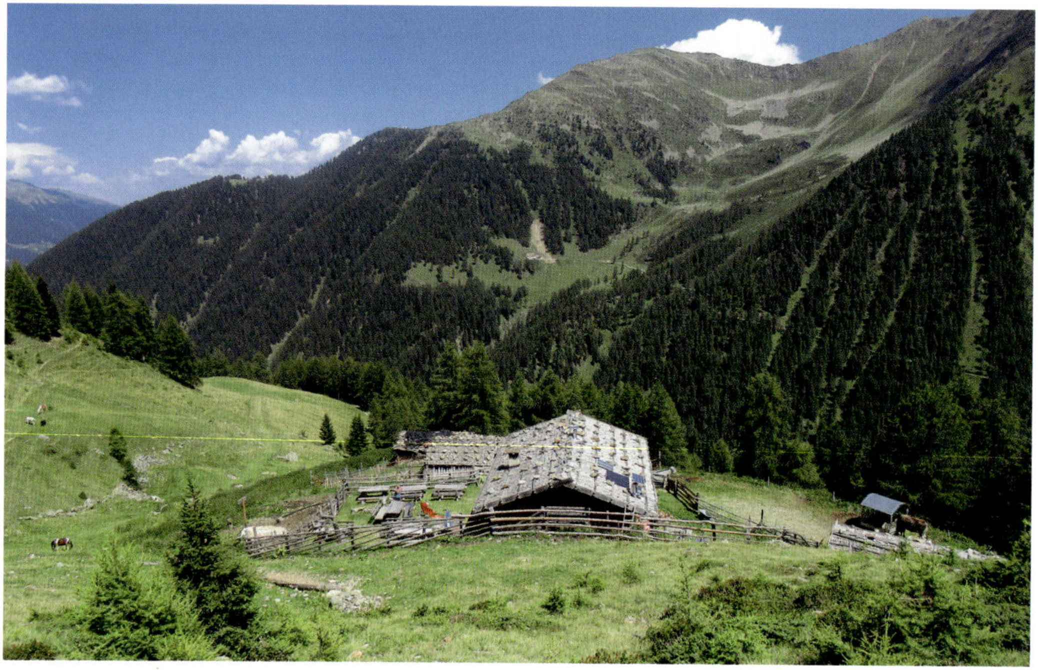

Die Klapfbergalm

KUPPELWIES → KLAPFBERGALM

Strecke hin und zurück
25 km

Höhenmeter bergauf/bergab
1000 m

Zeitbedarf insgesamt
2–2½ Stunden

Schwierigkeit

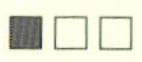

Anfahrt: siehe Seite 118

RENTASPORT EXCLUSIVE
E-Bike-Verleih
Talstation Schwemmalm
Tel. +39 0473 790097
exclusive@rentandgo.it
www.rentasportexclusive.it

Kuppelwies – Klapfbergalm

Das Klapfbergtal liegt auf der Schattenseite des Ultentales, die Forststraße in das Tal ist nicht steil, der Untergrund gut und die Orientierung einfach. Die Strecke kann mit einer vollen Batterieladung problemlos bewältigt werden. Die Rückfahrt erfolgt auf der gleichen Strecke.

Tourenbeschreibung: Von ① Kuppelwies der Landesstraße taleinwärts folgen. Am Kreisverkehr, der zum Dorf ② St. Nikolaus (1256 m) führt, geradeaus weiter. Immer der Landesstraße folgend, gelangt man nach etwa 3 km auf der linken Straßenseite zu einer ③ Brücke. Die Brücke überqueren (Beschilderung, Klapfbergalm Nr. 16) und bergauf dem Straßenverlauf folgen. Den Falschauerhof und den darauffolgenden ④ Parkplatz passieren und dann immer der Forst-

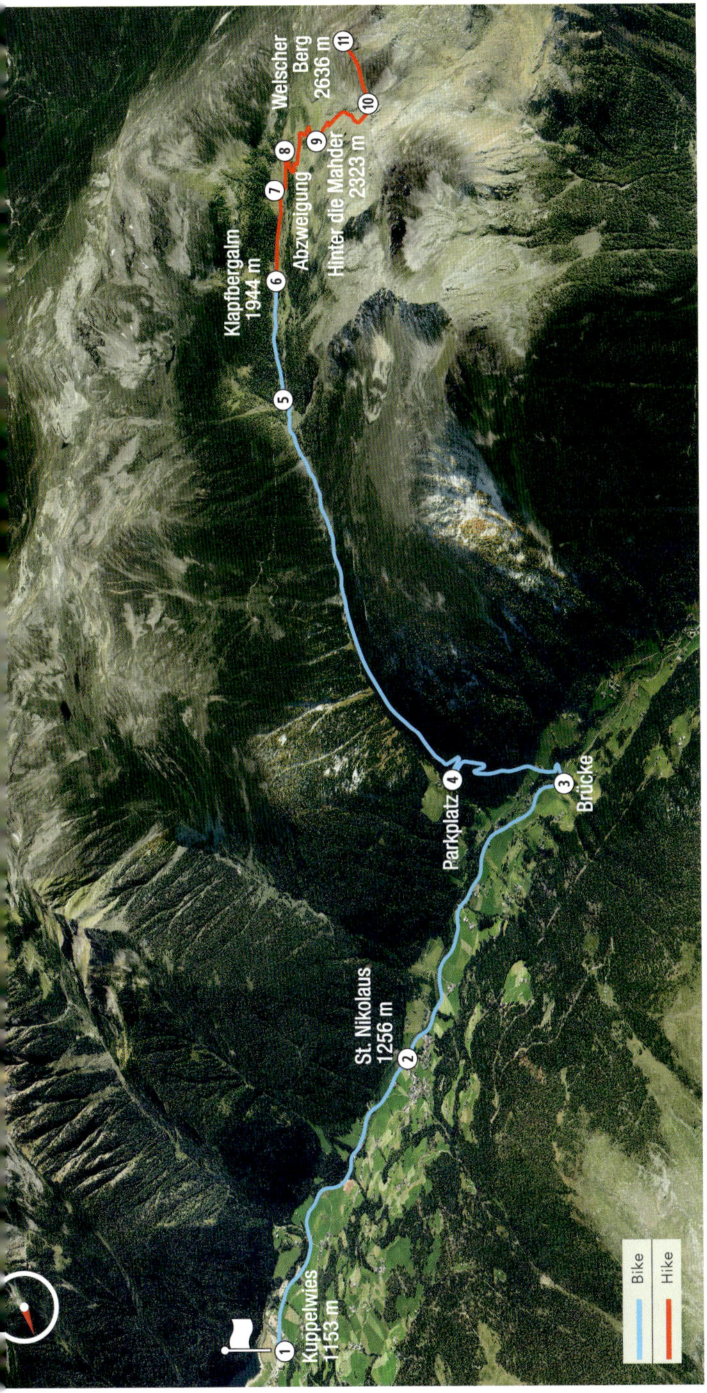

Kuppelwies
1153 m
St. Nikolaus
1256 m
Parkplatz
Brücke
Klapfbergalm
1944 m
Abzweigung
Hinter die Mahder
2323 m
Welscher
Berg
2636 m
Bike
Hike

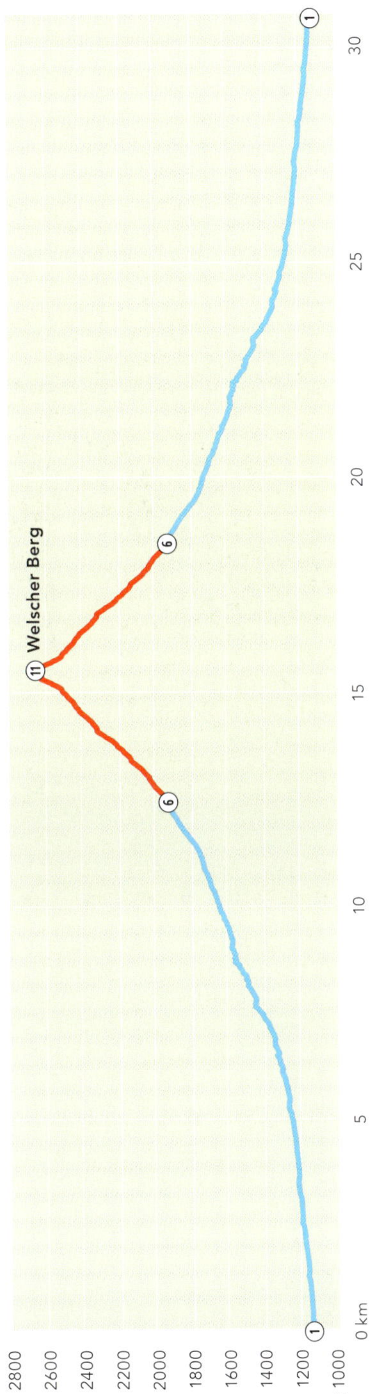
Welscher Berg
m 1000
1200
1400
1600
1800
2000
2200
2400
2600
2800
0 km
5
10
15
20
25
30

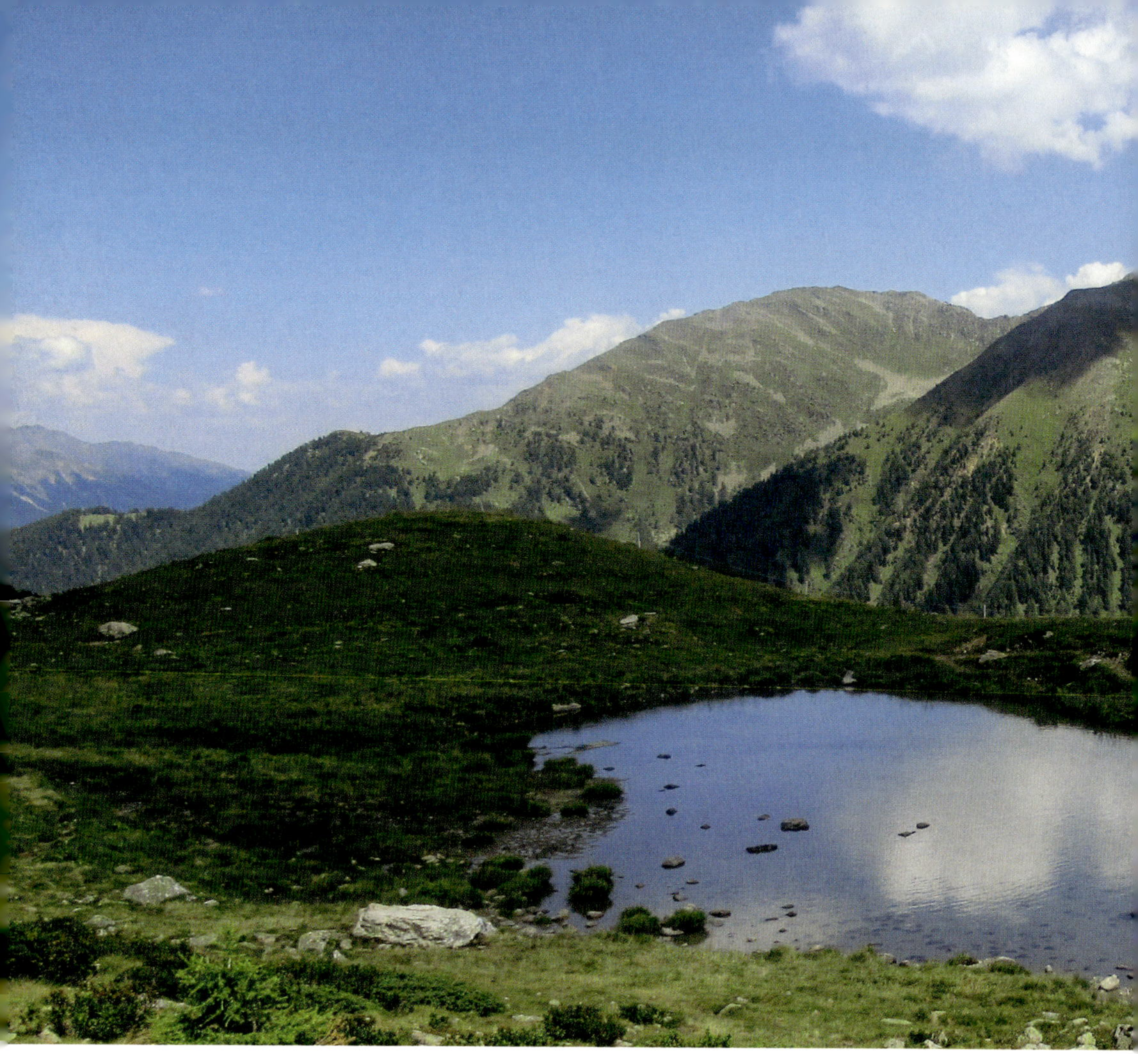

KLAPFBERGALM → WELSCHER BERG

Strecke hin und zurück
6,5 km

Höhenmeter bergauf/bergab
670 m

Zeitbedarf insgesamt
2½ Stunden

Schwierigkeit
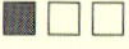

straße taleinwärts folgen (Nr. 16). Nach etwa 4 km erreicht man die ⑤ Abzweigung zur Pichlalm, geradeaus weiter bis zum Zwischenziel, ⑥ Klapfbergalm (1944 m), wo man das Bike abstellt. .

Klapfbergalm–Welscher Berg (2636 m)

Der Welsche Berg, auch Cima Trenta genannt, ist ein sehr beliebter Gipfel. Im Winter ist er außerdem ein idealer Skitouren-Gipfel. Er kann auch vom Kirchbergtal aus, über den Alplahnersee, erklommen werden. Der Gipfelgrat ist etwas ausgesetzt, aber unschwierig, bei den letzten Höhenmetern ist leichtes Klettern angesagt.

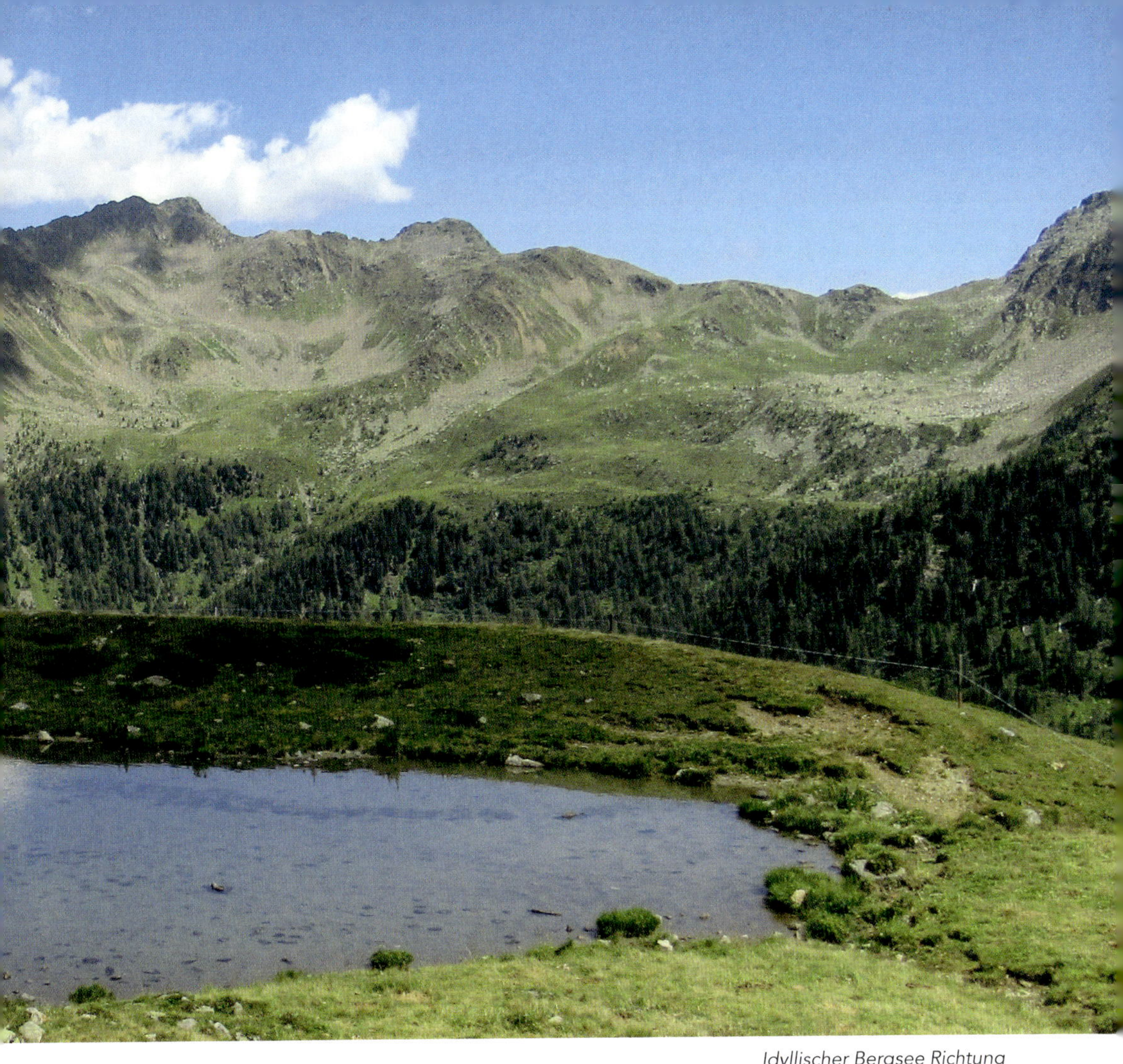

Idyllischer Bergsee Richtung Welscher Berg

Wegbeschreibung: Von der ⑥ Klapfbergalm erreicht man am Ende des groben Karrenweges eine ⑦ kleine Brücke, diese überqueren und auf dem Steig bergauf weitergehen. Nach wenigen Höhenmetern gelangt man zur ⑧ Abzweigung Klapfbergjoch, hier rechts halten und der Beschilderung Hinter die Mahder/Cima Trenta Nr. 12 folgen. Gleichmäßig, steil bergauf passiert man die Reste der ⑨ Almhütte „Hinter die Mahder", gelangt auf ein ⑩ Joch (ca. 2500 m) und die Abzweigung zum Alplahnersee. Links halten (Nr. 14) und dem Gipfelgrat entlang (steil), bis man den Gipfel des ⑪ Welschen Bergs (Cima Trenta (2636 m) erreicht.

29 KUPPELWIES – FIECHTALM – NAGELSTEIN

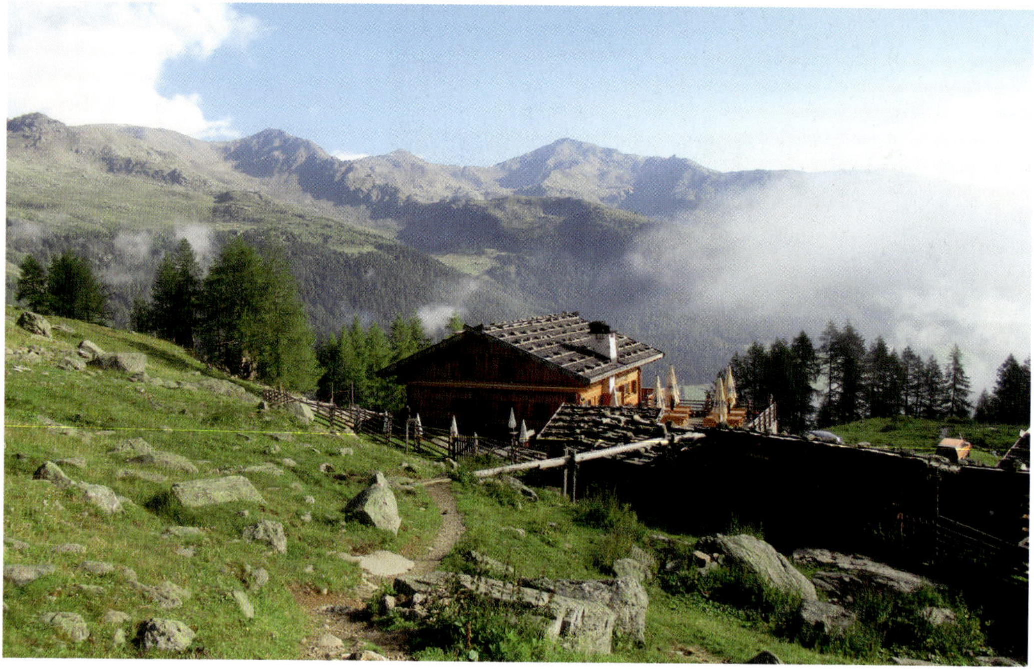

Die Fiechtalm

KUPPELWIES → FIECHTALM

Strecke hin und zurück
35 km

Höhenmeter bergauf/bergab
1050 m

Zeitbedarf insgesamt
2–3 Stunden

Schwierigkeit

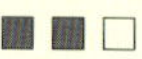

Anfahrt: siehe Seite 118

RENTASPORT EXCLUSIVE
E-Bike-Verleih
Talstation Schwemmalm
Tel. +39 0473 790097
exclusive@rentandgo.it
www.rentasportexclusive.it

Kuppelwies – Fiechtalm

Die Bergfahrt bis zur Fiechtalm ist lang und verläuft meistens auf der Ultner Landesstraße. Auf dem sehr schmalen Straßenabschnitt, der von St. Gertraud bis nach Weißbrunn führt, ist in den Sommermonaten für die Personenkraftwagen eine Einbahnregelung aktiv. Wer die Zufahrt zur Fiechtalm verkürzen möchte, kann den Start in St. Gertraud, beim Parkplatz „Lahnersäge" ansetzen. Achtung: von Weißbrunn bis zur Fiechtalm ist im Sommer ein Kutschentaxi unterwegs!

Tourenbeschreibung: Von ① Kuppelwies der Landesstraße taleinwärts folgen, das Bergdorf ② St. Nikolaus und den ③ Parkplatz bei der Lahnersäge passieren (ca. 8 km). Nach einer kurzen Steigung gelangt man zur ④ Gabelung, die nach St. Gertraud abzweigt. Rechts halten und immer dem Straßenverlauf bis nach ⑤ Weißbrunn (1885 m) folgen.

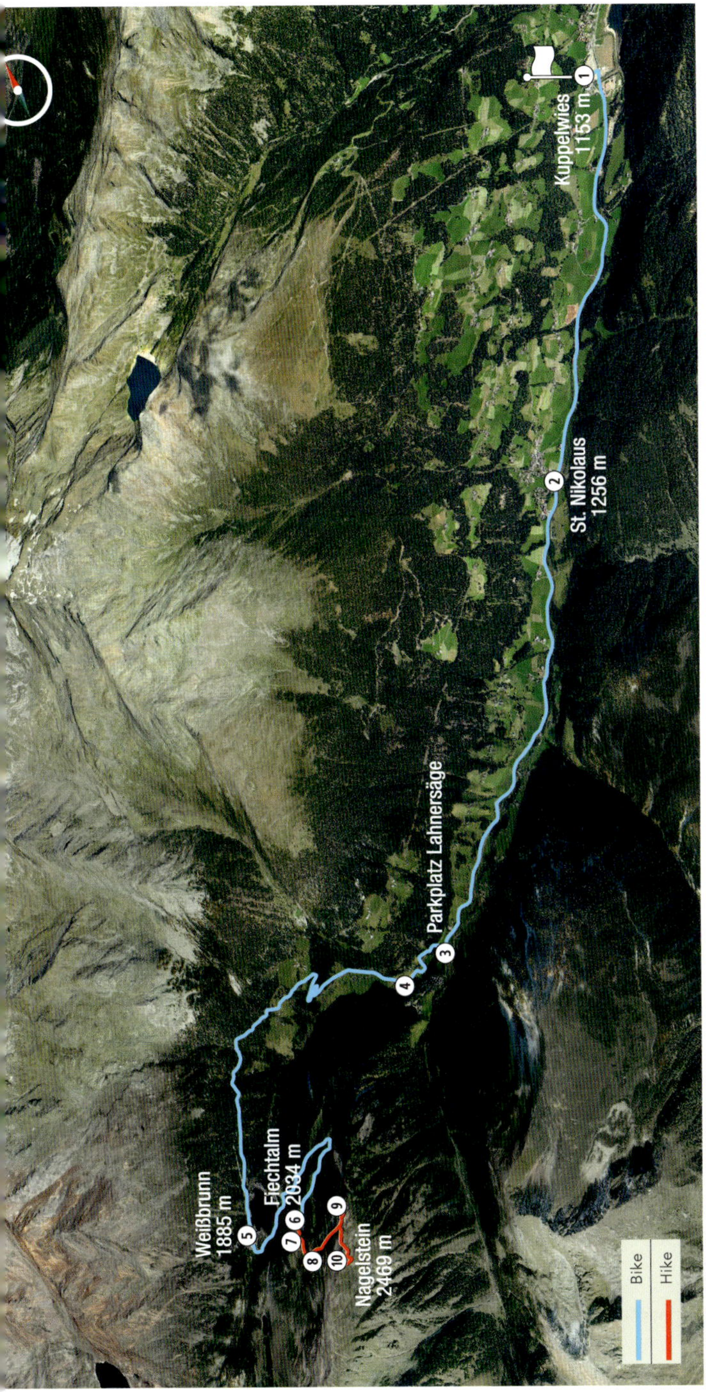

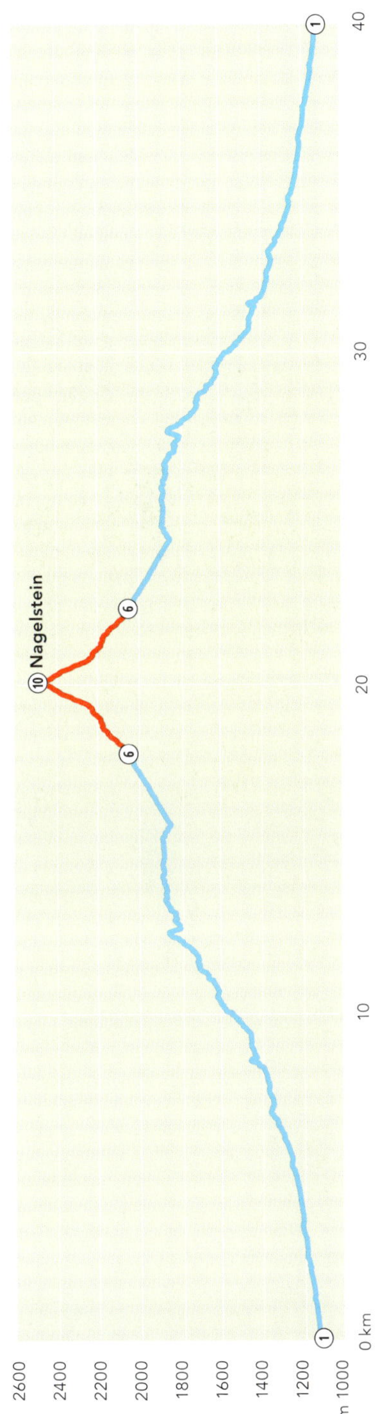
Kuppelwies
1153 m
St. Nikolaus
1256 m
Parkplatz Lahnersäge
Weißbrunn
1885 m
Fiechtalm
2034 m
Nagelstein
2469 m
Bike
Hike
Nagelstein
m 1000
1200
1400
1600
1800
2000
2200
2400
2600
0 km
10
20
30
40

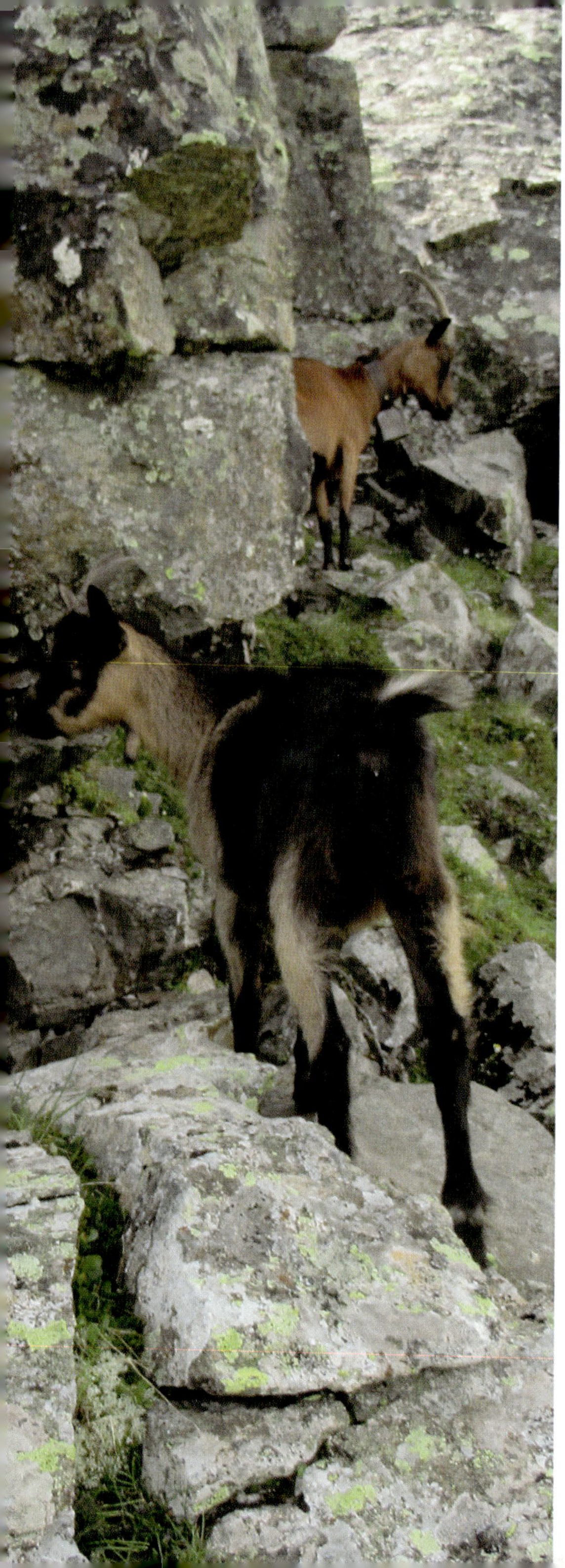

Der Nagelstein mit Blick über das Ultental

Vom Parkplatz, gleich unterhalb des E-Werkes, auf den Forstweg wechseln und der Beschilderung folgend bis zur (6) Fiechtalm (2034 m) fahren, wo man das Bike abstellt.

Fiechtalm – Nagelstein (2469 m)

Der Nagelstein ist mit seinen fast 2500 Metern eine unscheinbare, aber markante Erscheinung, er sticht deshalb von der Talsohle aus oft ins Auge. Die Besteigung ist nicht besonders schwierig, erfordert aber eine gute Trittsicherheit. Der steile Pfad, der sich über den nördlichen Gipfelgrat bis zum höchsten Punkt windet, ist ausgesetzt und loses Geröll erschwert den Aufstieg, kurze Abschnitte sind mit Sicherungsketten versehen.

Wegbeschreibung: Gleich hinter der (6) Fiechtalm beginnt der steile Anstieg auf Steig Nr. 101 zum Nagelstein. Alsbald stößt man auf die (7) Abzweigung zum Fiechtsee, dort links halten (Nr. 101). Man passiert linkerhand den Fiechtsee und gelangt kurz darauf zu der Gabelung zur (8) Oberen Weißbrunnalm, links auf dem Steig Nr. 101 weitergehen. Die Bergflanke querend, passiert man die Abzweigung nach (9) St. Gertraud. Man folgt dem steilen, ziemlich ausgesetzten Gipfelgrat (Markierung Nr. 101) bis zum (10) Nagelstein (2469 m). Der Abstieg erfolgt auf der Aufstiegsroute.

FIECHTALM → NAGELSTEIN

Strecke hin und zurück: 4,4 km

Höhenmeter bergauf/bergab: 450 m

Zeitbedarf insgesamt: 2½ Stunden

Schwierigkeit: 

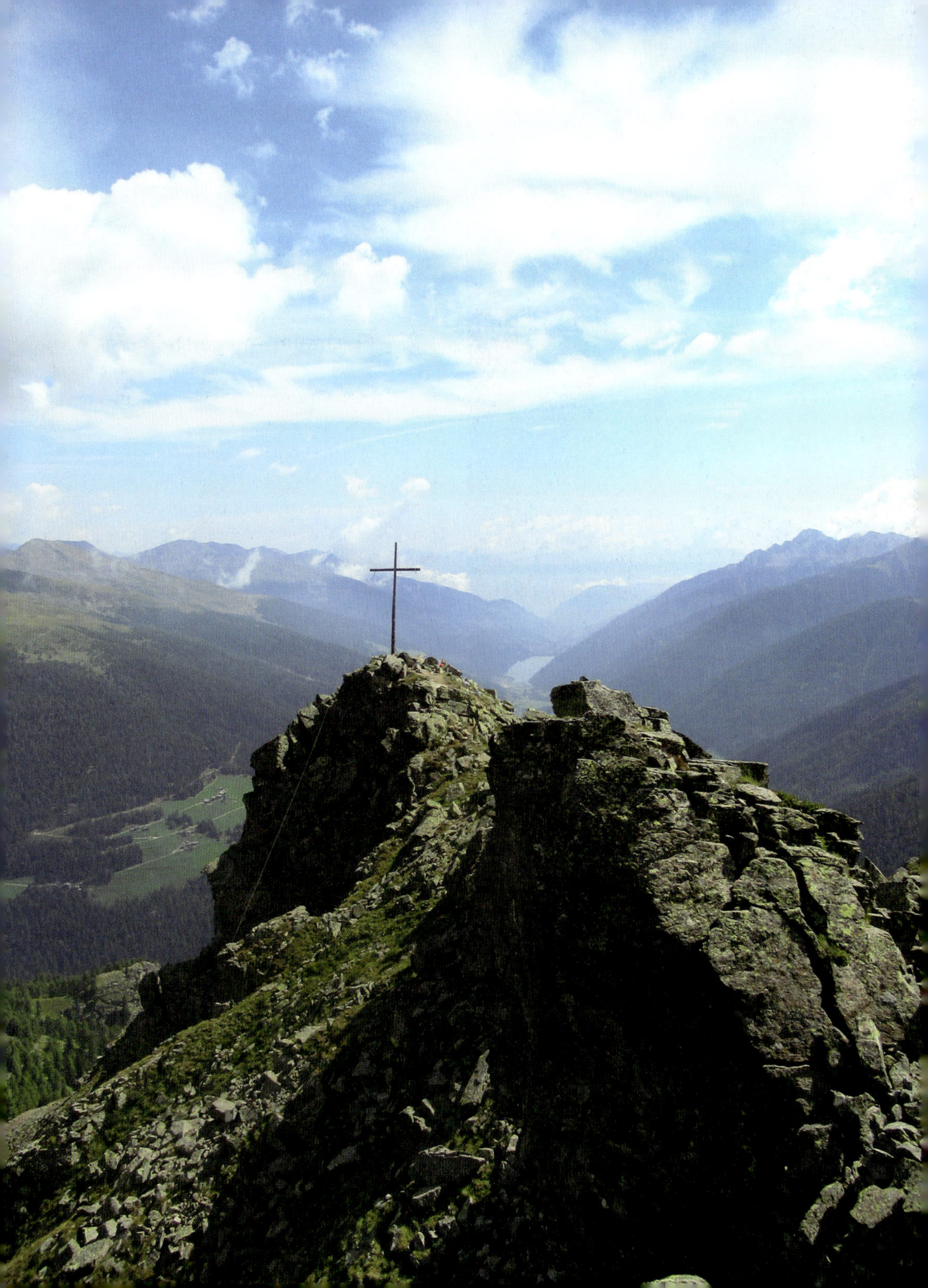

30 KUPPELWIES – FLATSCHBERGALM – TUFERSPITZE

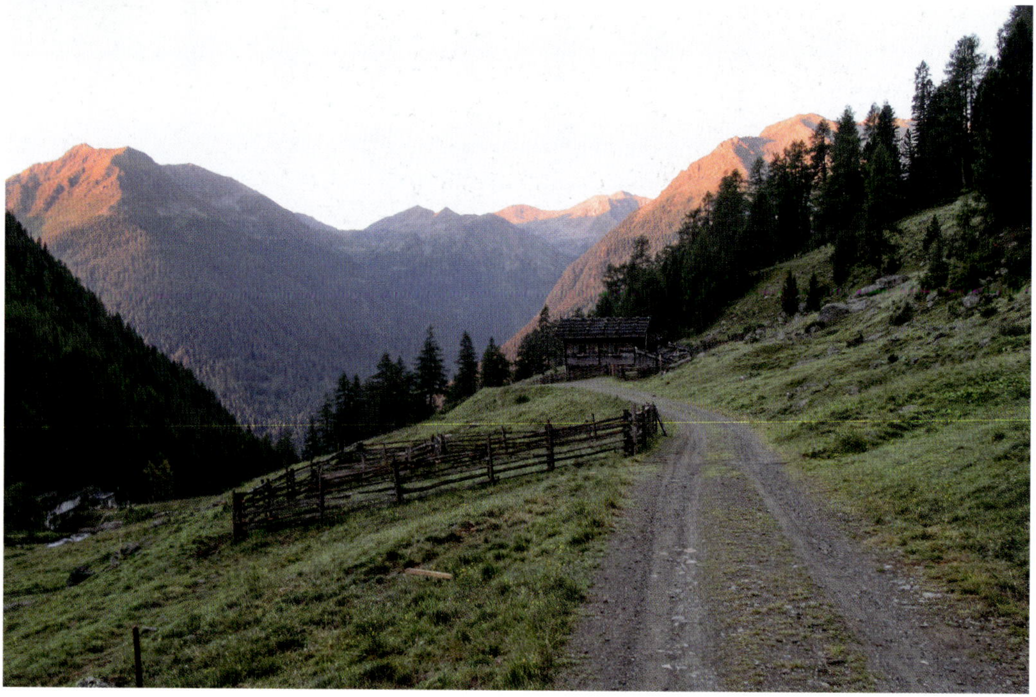

Die Flatschbergalm

KUPPELWIES → HINTERE FLATSCHBERGALM

Strecke hin und zurück
31 km

Höhenmeter bergauf/bergab
1070 m

Zeitbedarf insgesamt
2–2½ Stunden

Schwierigkeit

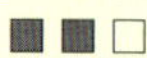

Anfahrt: siehe Seite 118

RENTASPORT EXCLUSIVE
E-Bike-Verleih
Talstation Schwemmalm
Tel. +39 0473 790097
exclusive@rentandgo.it
www.rentasportexclusive.it

Kuppelwies – Hintere Flatschbergalm

Fast 11 km dieser Strecke verlaufen auf der Landesstraße, die durch das Ultental führt. An Sonn- und Feiertagen herrscht dort oft reger Verkehr, sie ist aber trotzdem immer wieder ein Erlebnis. Man passiert schmucke Bergdörfer, die Lahnersäge im Nationalparkhaus und an den steilen Talseiten kann man viele geschichtsträchtige Bauernhöfe bestaunen. Ruhiger ist es dann auf der schönen, mäßig steilen Forststraße, die bei der Hinteren Flatschbergalm endet. Die Rückfahrt erfolgt auf der gleichen Strecke.

Tourenbeschreibung: Von ① Kuppelwies auf die Landesstraße einfahren, taleinwärts das Bergdorf ② St. Nikolaus (1256 m) und den ③ Parkplatz bei der Lahnersäge passieren (ca. 8 km). Nach einer kurzen

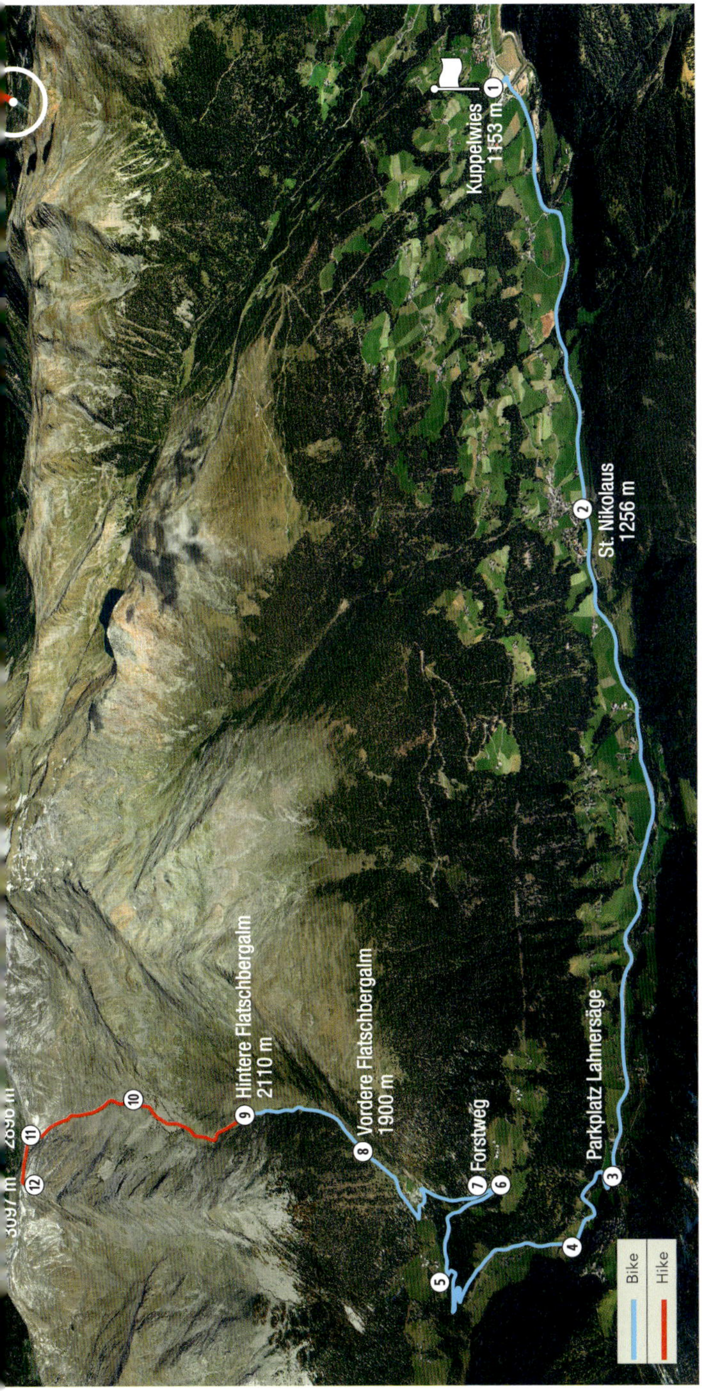

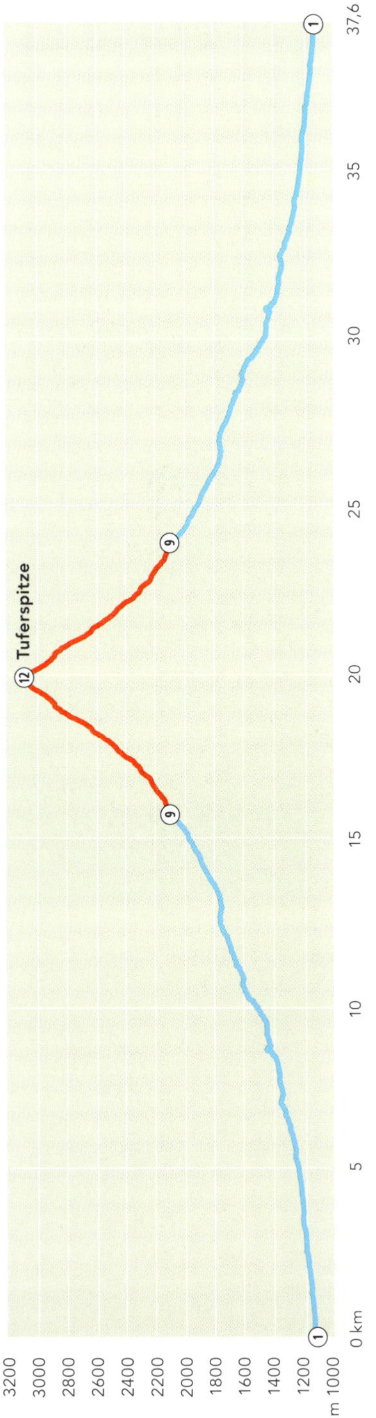
Kuppelwies
1153 m
St. Nikolaus
1256 m
Parkplatz Lahnersäge
Forstweg
Vordere Flatschbergalm
1900 m
Hintere Flatschbergalm
2110 m
Bike
Hike
Tuferspitze
m 1000
1200
1400
1600
1800
2000
2200
2400
2600
2800
3000
3200
0 km
5
10
15
20
25
30
35
37,6

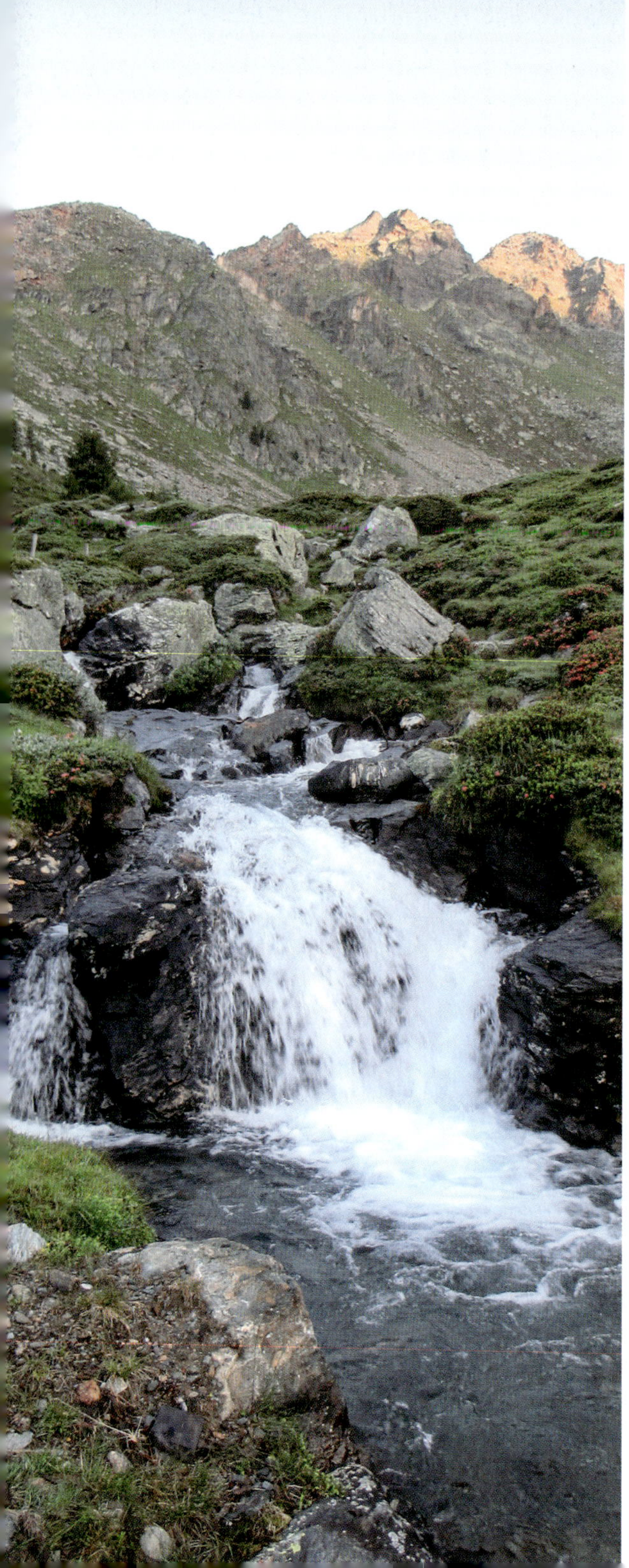

Steigung gelangt man zur (4) Gabelung, die nach St. Gertraud abzweigt, rechts halten. Nach fast drei Kilometern gelangt man zu einer (5) Abzweigung, rechterhand dem Hinweisschild zur Flatschbergalm folgen. Kurz darauf stößt man auf eine (6) Kreuzung, dort links weiterfahren. Bei der darauffolgenden Rechtskehre wieder links halten. Auf dem (7) Forstweg „Flatschberg" einfahren (Markierung Nr. 143, Tuferspitz), den Parkplatz passieren und in mäßiger Steigung zur (8) Vorderen Flatschbergalm (1900 m) und zum Zwischenziel, der (9) Hinteren Flatschbergalm (2110 m) fahren.

Im Gebiet der Flatschbergalm

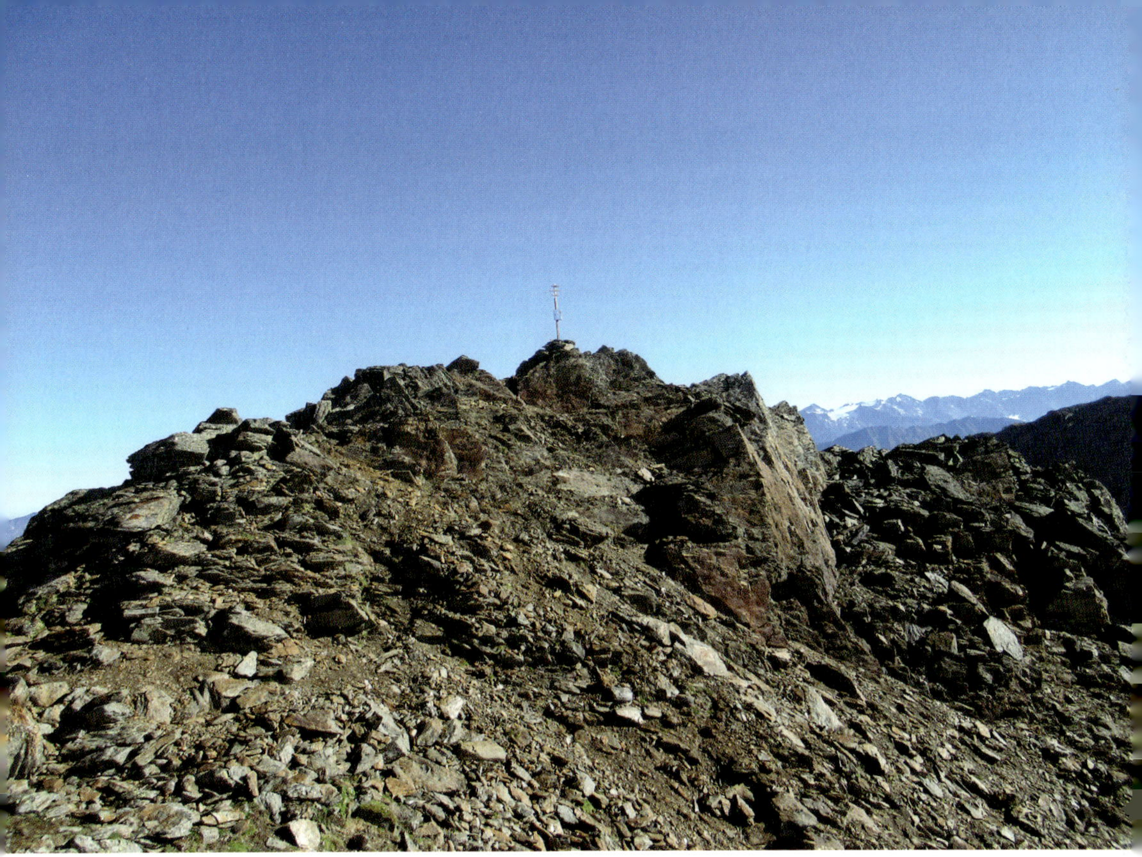

Die Tuferspitze

Hintere Flatschbergalm – Flimjoch (2896 m) – Tuferspitze (3097 m)

Die Tuferspitze ist im Winter ein sehr beliebter Schiberg. Im Sommer ist dieser 3000er relativ leicht zu besteigen, fordert aber eine gute Kondition und Ausdauer, auch die Höhe sollte man nicht unterschätzen. Das Teilstück vom Flimjoch bis zum Gipfel erfordert etwas Trittsicherheit.

Wegbeschreibung: Gleich bei der ⑨ Hinteren Flatschbergalm beginnt taleinwärts der anfangs breite Wanderweg Nr. 143 zur Tuferspitze. Kurz darauf überquert man auf einer Holzbrücke den Flatschbergbach und gelangt alsbald zu einer ⑩ Weggabelung. Links halten, Nr. 143 Flimjoch, rechts zweigt der Steig zum Hasenohr ab. Am Ende des Tales erreicht man über steiniges Gelände das ⑪ Flimjoch (2896 m). Linkerhand folgt man der Markierung und den Pfadspuren in südwestlicher Richtung und steigt teilweise über recht felsiges und steiles Gelände bis zum Gipfel der ⑫ Tuferspitze (3097 m).

HINTERE FLATSCHBERGALM → TUFERSPITZE

Strecke hin und zurück
8,1 km

Höhenmeter bergauf/bergab
1000 m

Zeitbedarf insgesamt
3½ – 4 Stunden

Schwierigkeit

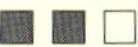

Im Juni trifft man im Gipfelbereich noch auf Schneefelder

31 GAMPENPASS – LAUGENALM – GROSSER LAUGEN

GAMPENPASS → LAUGENALM

Strecke hin und zurück
7,2 km

Höhenmeter bergauf/bergab
350 m

Zeitbedarf insgesamt
1–1½ Stunden

Schwierigkeit
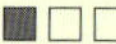

Anfahrt
Von Lana über die Gampenpassstraße bis zum Gampenpass. Direkt beim Passübergang findet man am linken und rechten Straßenrand genügend Parkplätze.

RENTASPORT EXCLUSIVE
E-Bike-Verleih
Talstation Schwemmalm
Tel. +39 0473 790097
exclusive@rentandgo.it
www.rentasportexclusive.it

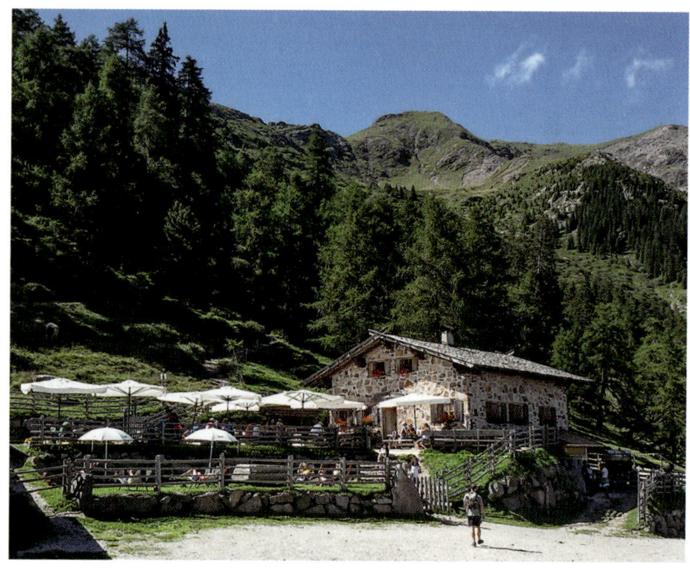

Die Laugenalm

Gampenpass – Laugenalm

Die kurze Bergfahrt bis zur Laugenalm verläuft entlang einer schattigen Forststraße, die Fahrbahn ist breit, nicht zu steil und der Untergrund gut. Achtung! auch viele Wanderer nutzen diese Straße, um auf die Laugenalm zu gelangen. Für diese kurze Strecke braucht man mit dem Batterieverbrauch nicht zu geizen.

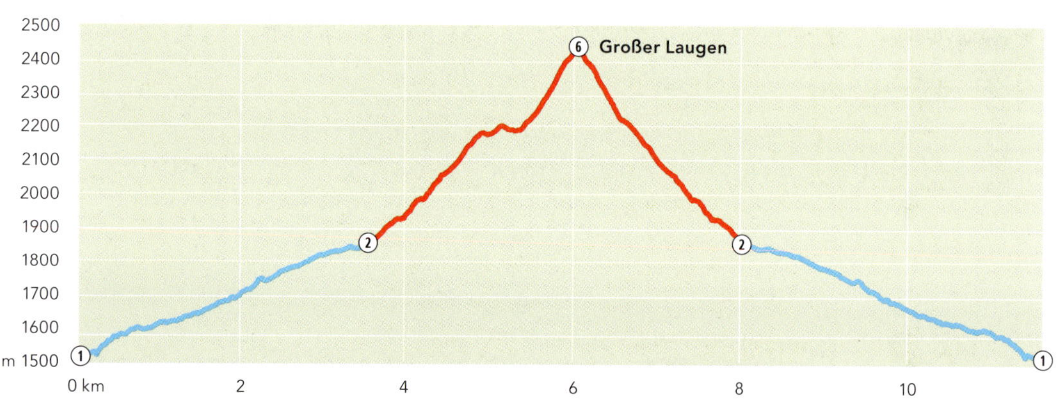

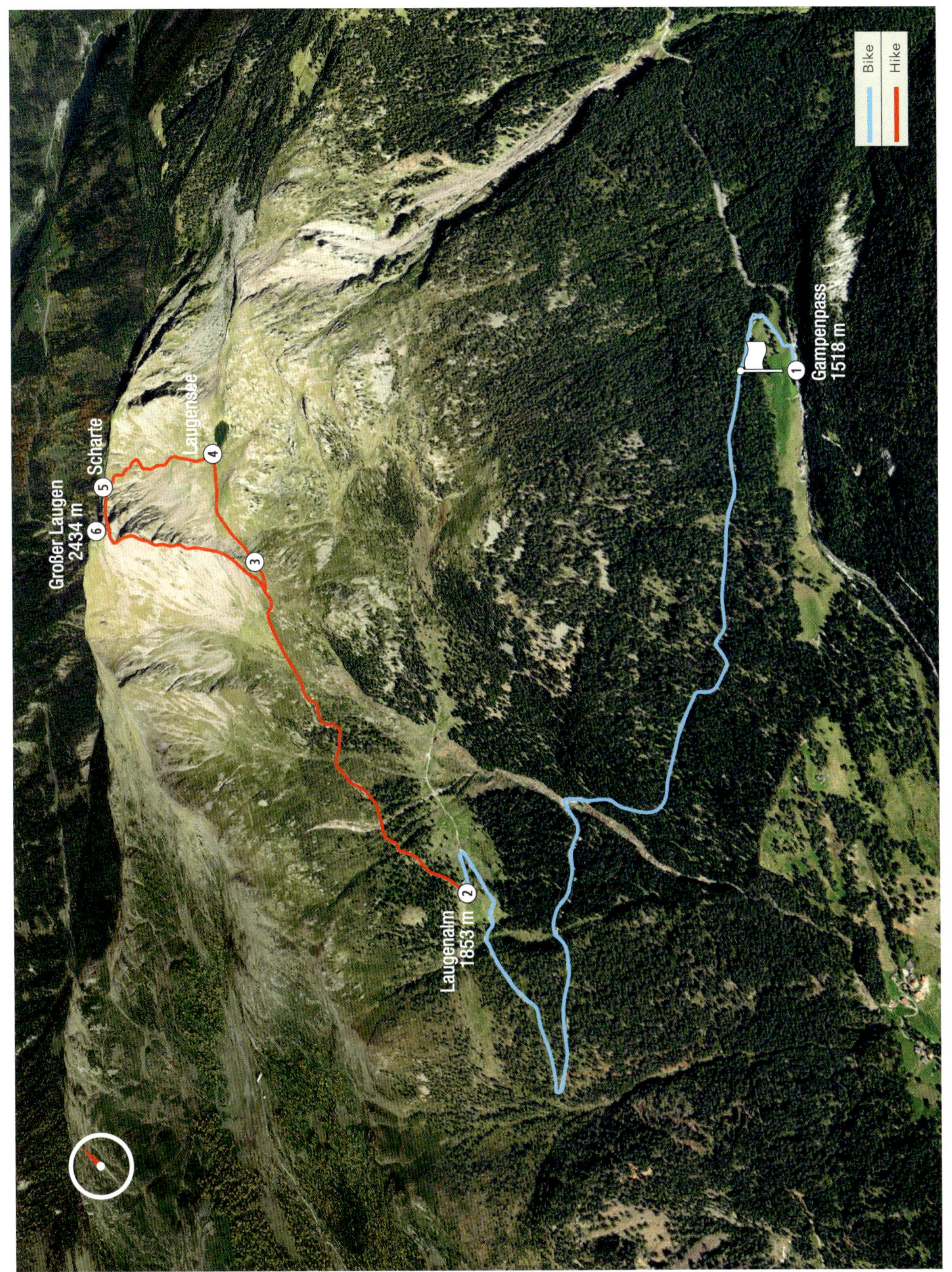
Bike
Hike
1
Gampenpass
1518 m
2
Laugenalm
1853 m
3
4
Laugensee
5
Scharte
6
Großer Laugen
2434 m

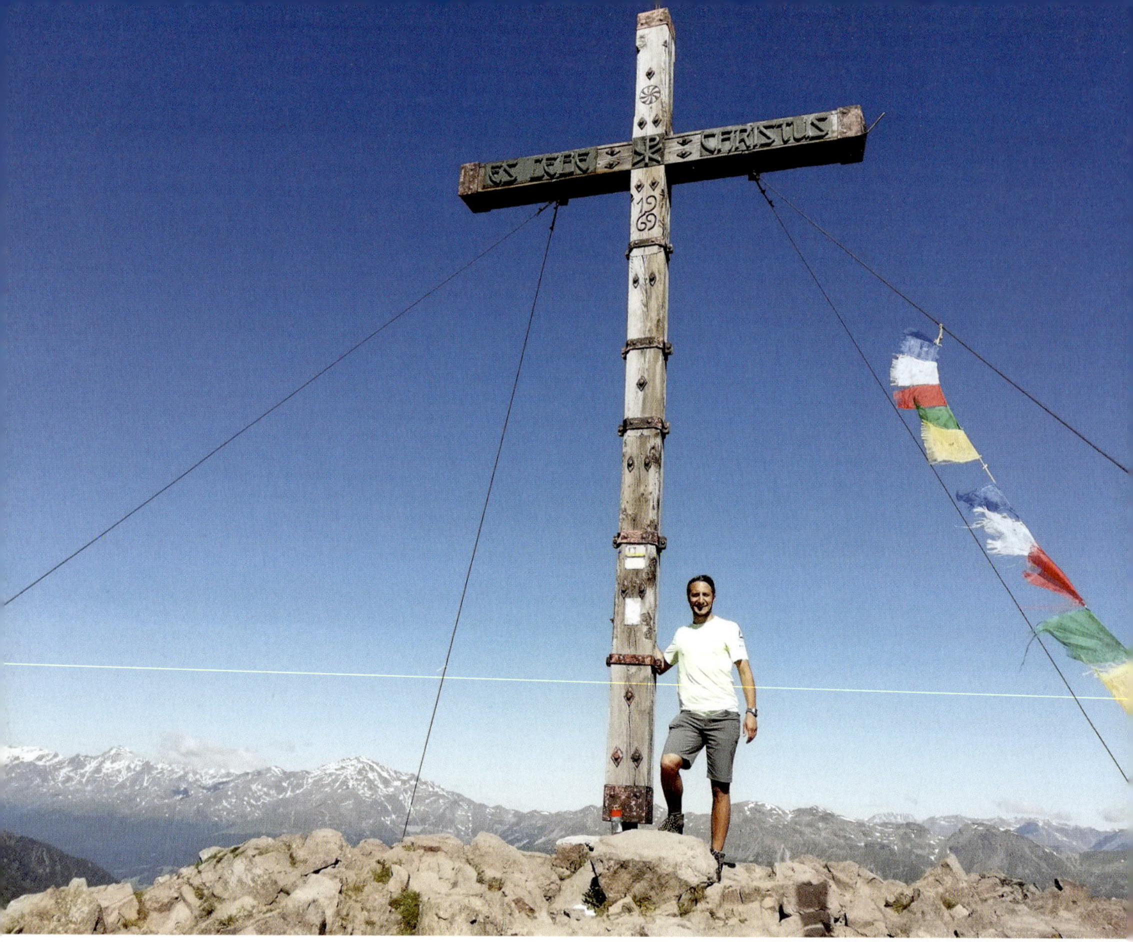

Das Gipfelkreuz des Großen Laugen

Tourenbeschreibung: Gleich bei der ① Passhöhe (1518 m) fährt man auf dem Forstweg ein (grüne Absperrschranke) und folgt der Beschilderung bis zur ② Laugenalm (1853 m), wo man das Bike abstellt.

LAUGENALM → GROSSER LAUGEN

Strecke hin und zurück
4,5 km

Höhenmeter bergauf/bergab
590 m

Zeitbedarf insgesamt
1½ –2½ Stunden

Schwierigkeit
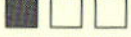

Laugenalm – Großer Laugen (2434 m)

Der Große Laugen befindet sich am südlichen Ende des Ultentales, er besteht aus zwei Gipfeln, den Großen und den etwas niederen Kleinen Laugen. Vom Gipfel aus genießt man ein einmaliges Rundumpanorama. Den „Laugenspitz“, so nennen ihn die Einheimischen, kann man von mehreren Seiten aus besteigen, für die vorgeschlagene Rundwanderung ist etwas Trittsicherheit und Kondition gefragt. Unterhalb des Gipfels sind einige ausgesetzte Stellen mit Sicherungseilen versehen.

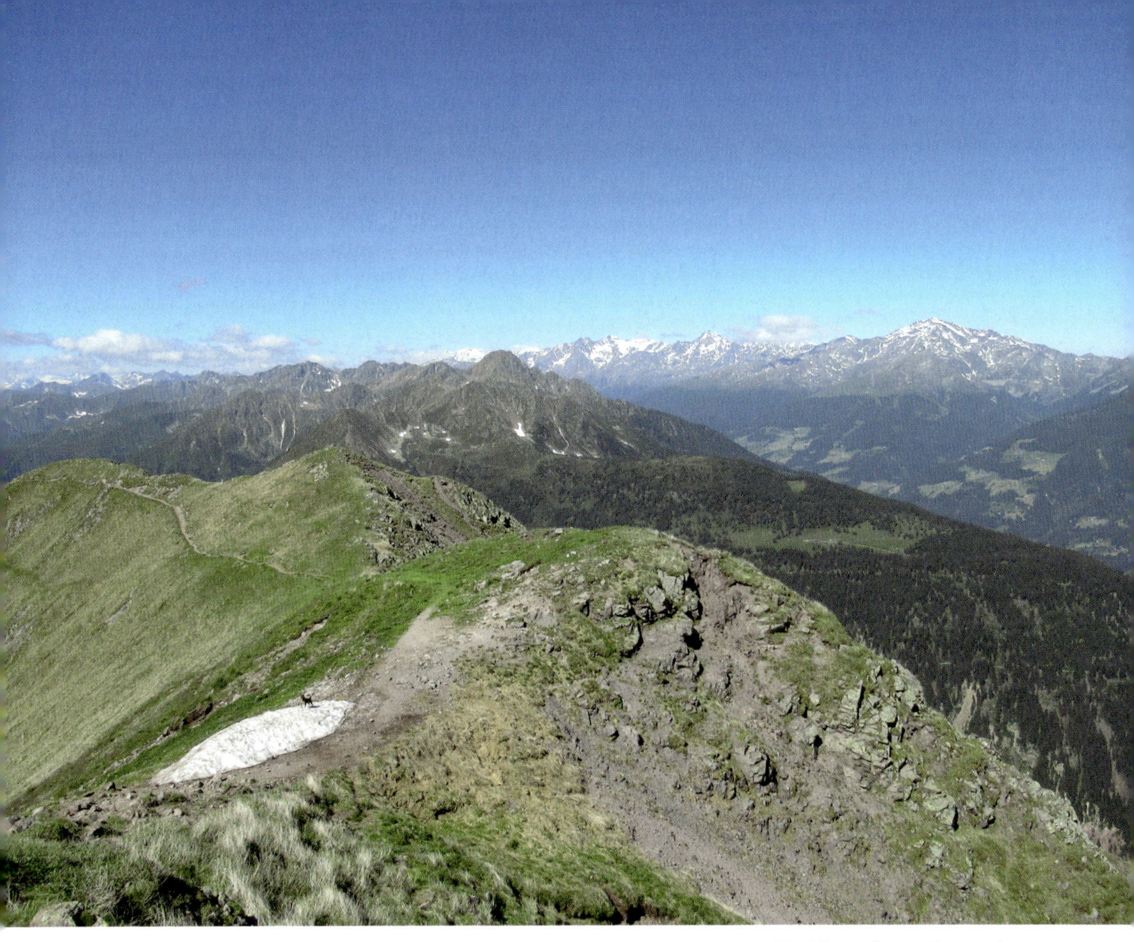

Die Ultner Bergwelt, vom Laugen aus gesehen

Wegbeschreibung: Gleich bei der ② Laugenalm beginnt der Steig Nr. 10 zum Großen Laugen. Über den steilen Steig, teilweise mit Holzstufen versehen, gelangt man auf etwa 2190 m zu einer ③ Abzweigung, wo man rechts der Markierung Nr. 133 folgt. Am ④ Laugensee angelangt, führt linkerhand gleich oberhalb des Sees ein „aufgestellter" Pfad (immer noch Nr. 133) bis zur ⑤ Scharte. Dem Grat in südlicher Richtung folgend, erreicht man alsbald den höchsten Punkt, den ⑥ Großen Laugen (2434 m). Vom Gipfel den steilen Pfadspuren dem Grat entlang (Achtung! Etwas ausgesetzt, kurzes Sicherungsseil vorhanden), bis man zur Abzweigung der Aufstiegsroute gelangt (Wegpunkt 3). Auf dem Aufstiegsweg zur Laugenalm zurückgehen.

32 PROVEIS – OBERE KESSELALM – ULTNER HOCHWART

PROVEIS → OBERE KESSELALM

Strecke hin und zurück
10,6 km

Höhenmeter bergauf/bergab
650 m

Zeitbedarf insgesamt
ca. 1 Stunde

Schwierigkeit

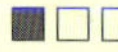

Anfahrt
Von Lana ins Ultental und vorbei an St. Pankraz bis zur Abzweigung Nonstal – Proveis. Über die Hofmahdstraße, durch mehrere Tunnels bis in die kleine Ortschaft Proveis. Dort gibt es einen gebührenfreien Parkplatz.

RENTASPORT EXCLUSIVE
E-Bike-Verleih
Talstation Schwemmalm
Tel. +39 0473 790097
exclusive@rentandgo.it
www.rentasportexclusive.it

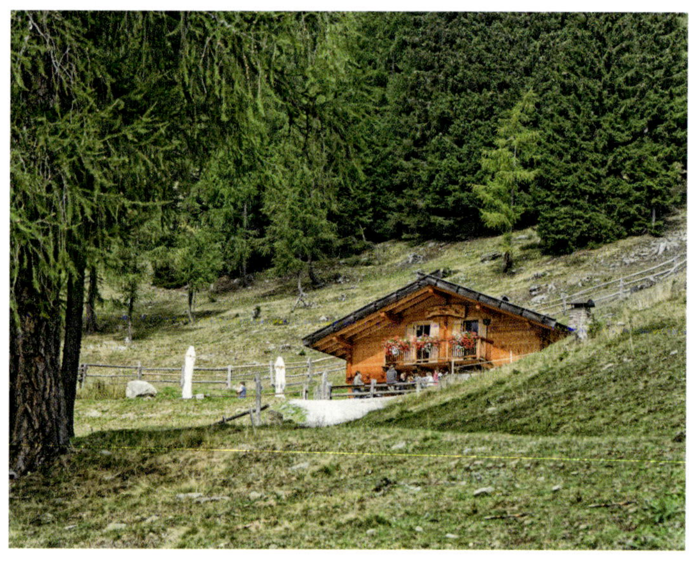

Die Kesselalm

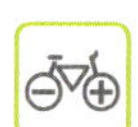

Proveis – Obere Kesselalm

Die Auffahrt zur Oberen Kesselalm ist verhältnismäßig kurz, der Forstweg bis zur Unteren Kesselalm (bewirtschaftet) ist angenehm zu befahren. Der letzte Abschnitt hinauf zur Oberen Kesselalm (nicht bewirtschaftet) ist etwas steiler und der Untergrund auf Abschnitten etwas ruppig. Man kann hier ruhig mit der Batterieleistung prassen,

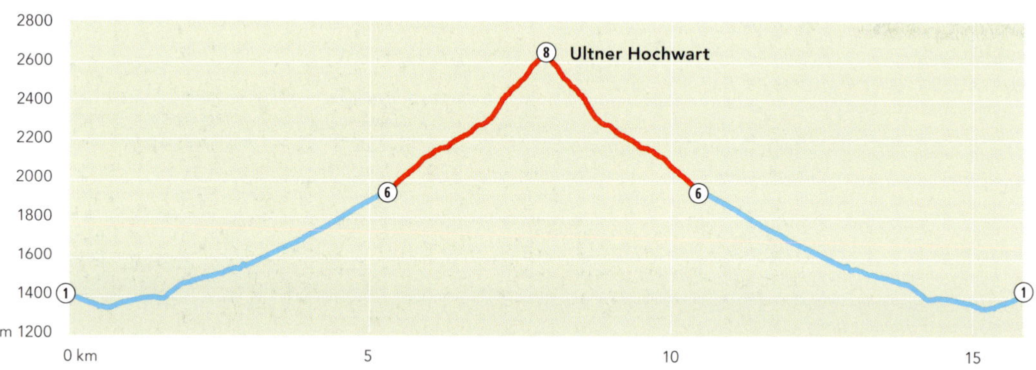

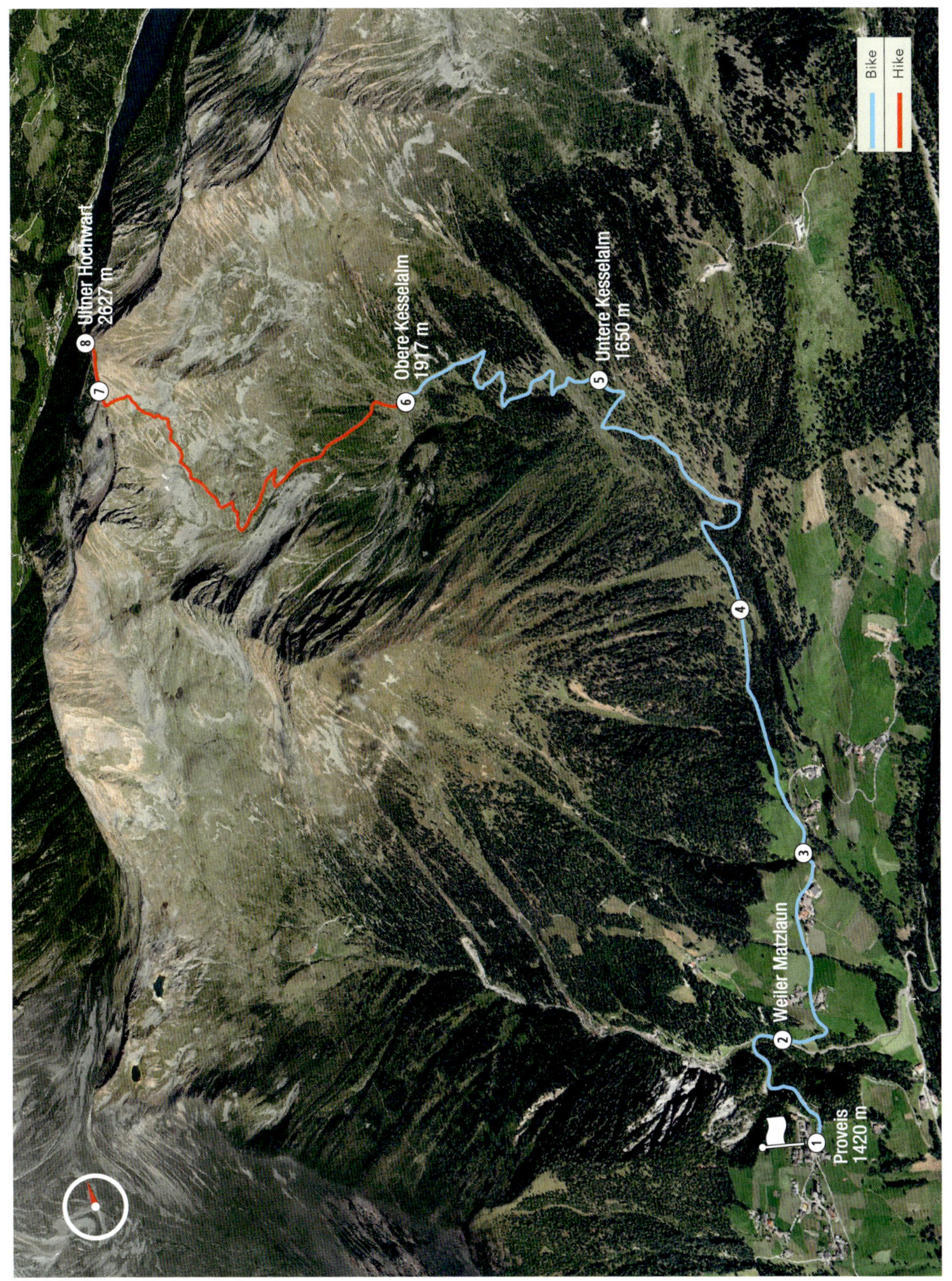
Bike
Hike
8 Ultner Hochwart 2627 m
7
6 Obere Kesselalm 1917 m
5 Untere Kesselalm 1650 m
4
3
2 Weiler Matzlaun
1 Proveis 1420 m

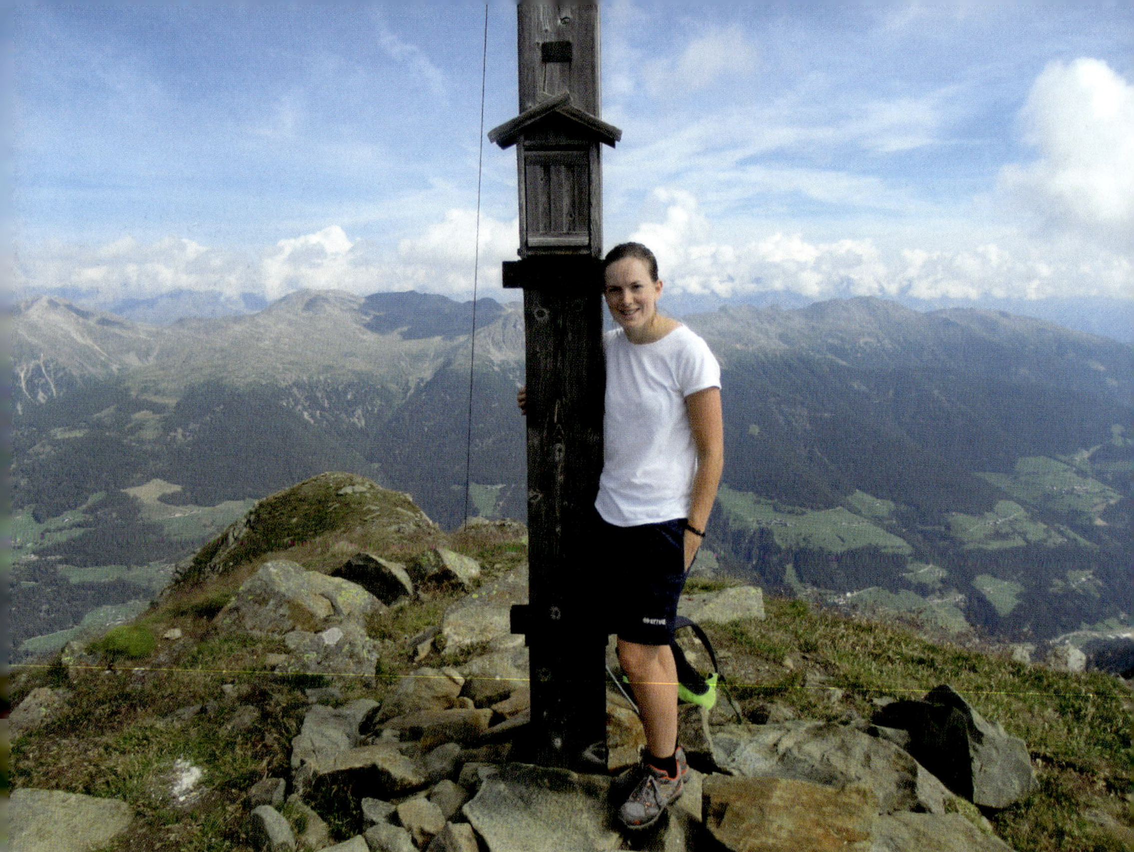

Oben: Am Gipfel der Hochwart

Rechts: Das letzte Steilstück auf die Ultner Hochwart

denn für das Bewältigen dieser Route sollte genügend vorhanden sein. Allerdings sollte man den kurzen Gegenanstieg über die Hauptstraße nach Proveis auf der Rückfahrt nicht vergessen!

Tourenbeschreibung: Von (1) Proveis (1420 m) fährt man ein kurzes Stück über die Hauptstraße zurück und abwärts bis links (2) die Straße in den Weiler Matzlaun abzweigt (Straßenschild). Der Straße folgt man, bis sie flacher wird. Vorbei an einer Ansammlung von Gebäuden; bald schon kann man das Gebäude einer großen Tischlerei sehen. Bevor man die Tischlerei erreicht, zweigt links (3) der beschilderte Weg zur Kesselalm ab. Man fährt ein kurzes Stück sehr steil über eine Betonrampe aufwärts, an deren Ende der angenehm zu befahrende Forstweg zur Unteren Kesselalm beginnt. Bei der nächsten (4) Weggabelung fährt man geradeaus über den Forstweg weiter. Direkt bei der (5) Unteren Kesselalm (1650 m) folgt man der Forststraße nach links und fährt zum Teil auch sehr steil und auf etwas ruppigem Untergrund zur (6) Oberen Kesselalm (1917 m).

Obere Kesselalm – Ultner Hochwart (2627 m)

Die Ultner Hochwart ist ein klassischer, vielbegangener Gipfel im Grenzkamm zwischen dem Ultental und dem Nonsberg, der zur Maddalene-Gruppe gehört. Der Aufstieg ist nicht besonders schwierig, auf kurzen Abschnitten jedoch sehr steil, wobei der Steig nicht immer im besten Zustand ist. Vom höchsten Punkt hat man an klaren Tagen einen fantastischen Blick, der vom Alpenhauptkamm über die Dolomiten, die Gardaseeberge bis hin zur nahen Ortlergruppe reicht.

Wegbeschreibung: Bei der 6 Oberen Kesselalm (1917 m) gibt es beim Brunnen ein Wegschild, das den Aufstieg zur Ultner Hochwart weist. Die rot-weiße Markierung mit der Wegnummer 11 findet man ebenfalls direkt hinter der Hütte. Man folgt dem gut gekennzeichneten Weg über Serpentinen aufwärts, lässt einen kleinen See rechts liegen und erreicht bald schon eine kleine Almwiese, nach der der Weiterweg steiler wird. Zum Teil recht mühsam steigt man bis unter den Gipfelaufbau auf; dort führt der Weg nach links hinaus zum Grat. Über diesen geht man aufwärts, vorbei an einer 7 markierten Abzweigung (Weg ins Ultental) und erreicht bald schon den höchsten Punkt, die 8 Ultner Hochwart (2627 m) mit großem Gipfelkreuz.

OBERE KESSELALM → ULTNER HOCHWART

Strecke hin und zurück: 5 km

Höhenmeter bergauf/bergab: 710 m

Zeitbedarf insgesamt: 3½ –4 Stunden

Schwierigkeit: 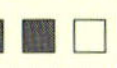

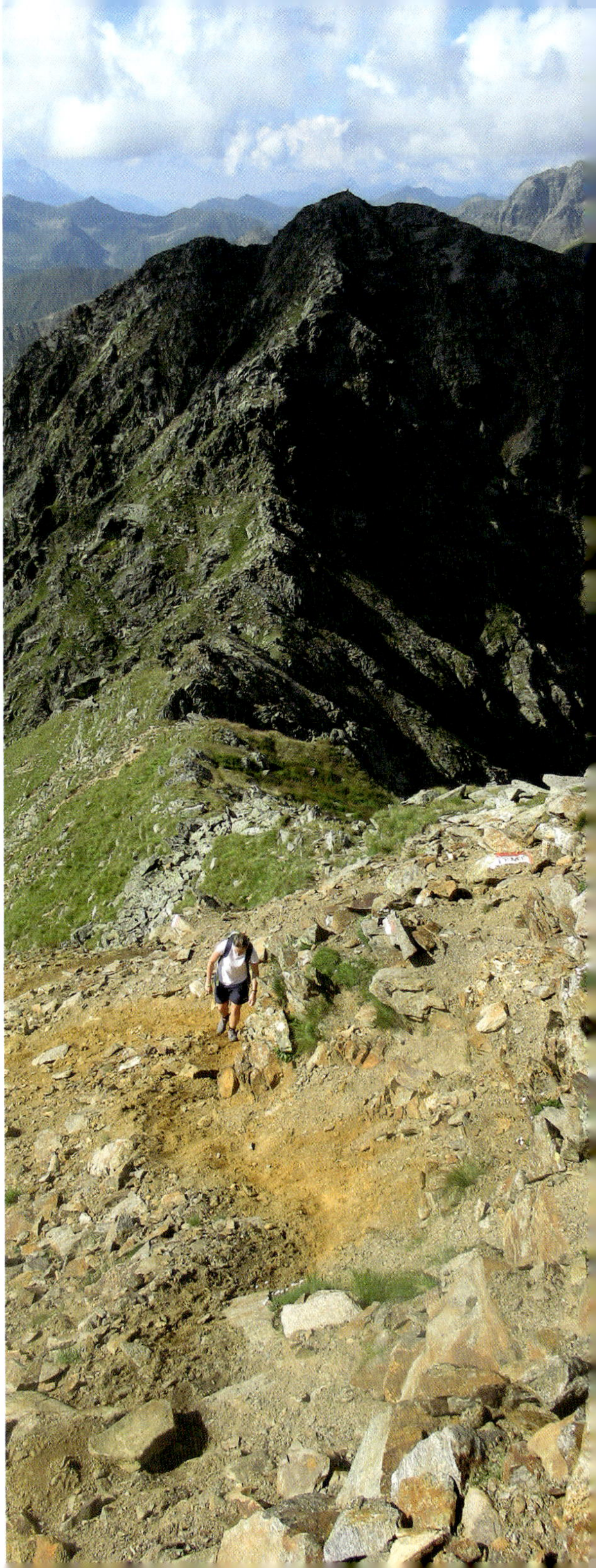

33 PROVEIS – STIERBERGALM – MANDLSPITZE

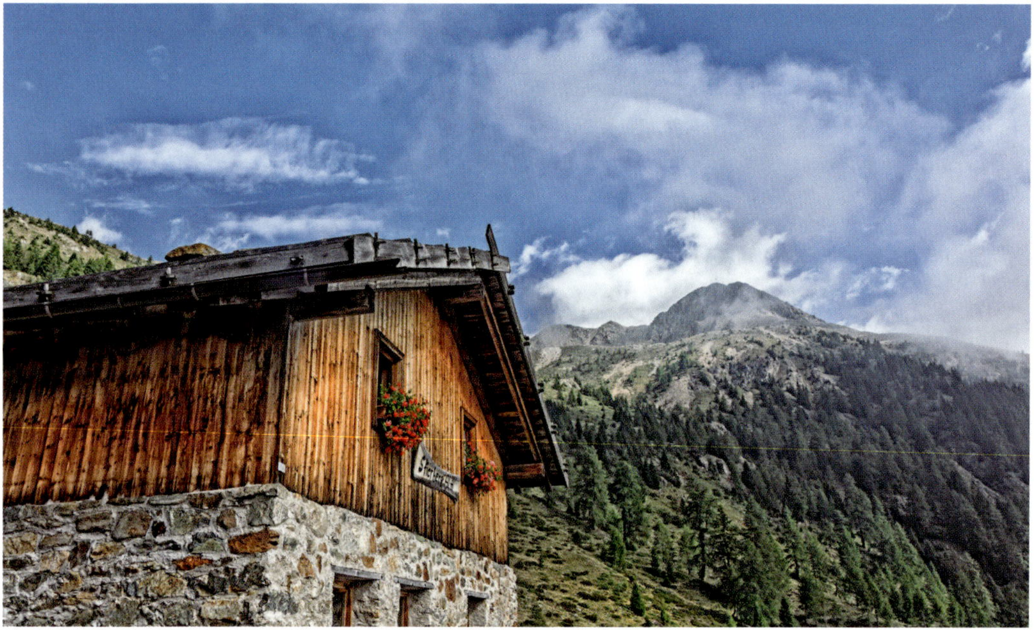

Die Stierbergalm, Blick auf die Mandlspitze

PROVEIS → STIERBERGALM

Strecke hin und zurück
9 km

Höhenmeter bergauf/bergab
600 m

Zeitbedarf insgesamt
1 Stunde

Schwierigkeit
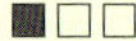

Anfahrt
Von Lana ins Ultental und vorbei an St. Pankraz bis zur Abzweigung Nonstal – Proveis. Über die Hofmahdstraße, durch mehrere Tunnels bis in die kleine Ortschaft Proveis.

Proveis – Stierbergalm

Die Auffahrt zur Stierbergalm ist nicht allzu lange. Man kann also ruhig etwas mit der Batterieleistung prassen, was auf der eher ruppigen und teilweise auch steilen Forststraße hilfreich sein kann. Die Stierbergalm liegt in einer naturbelassenen Umgebung, direkt in der Maddalene-Gruppe. Auf der Alm gibt es glückliche Hühner, einen zufriedenen Hund im Rentenalter und eine ebenso zufriedene Katze. Der E-Bike-Ausflug hin zur Stierbergalm ist auf alle Fälle die Batterieleistung wert!

Tourenbeschreibung: Von ① Proveis fährt man ein kurzes Stück über die Hauptstraße zurück bis zur gut beschilderten ② Abzweigung zur Stierbergalm. Weiter über die Teerstraße aufwärts bis zu einer kleinen Ansammlung von Häusern. Dort beginnt die Naturstraße, die bei der ③ Stierbergalm (1850 m) endet und wo man das Bike abstellt.

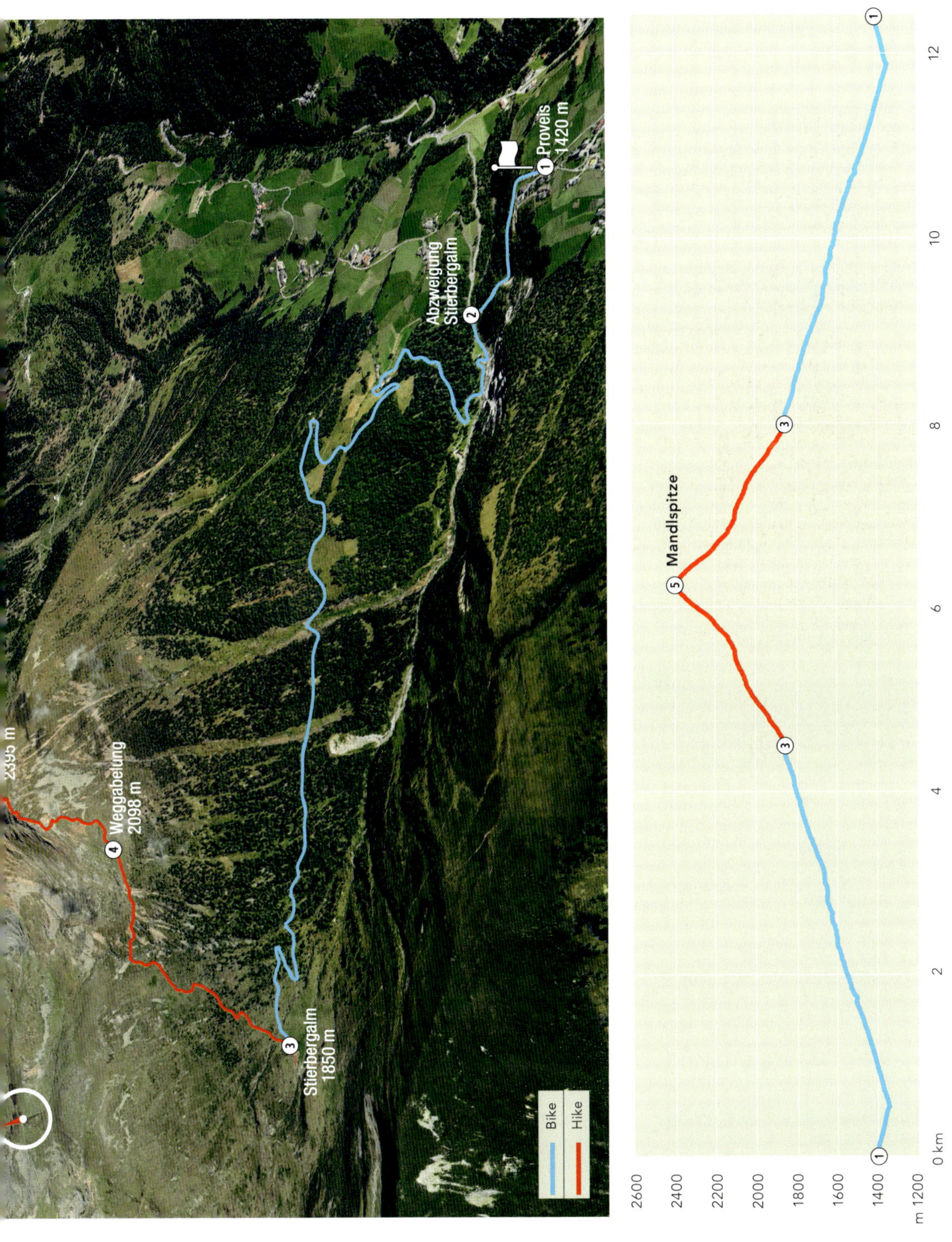

Proveis
1420 m
Abzweigung
Stierbergalm
Stierbergalm
1850 m
Weggabelung
2098 m
Bike
Hike
Mandlspitze
m 1200
1400
1600
1800
2000
2200
2400
2600
0 km
2
4
6
8
10
12

STIERBERGALM → MANDL-SPITZE

Strecke hin und zurück
3,6 km

Höhenmeter bergauf/bergab
550 m

Zeitbedarf insgesamt
2½–3 Stunden

Schwierigkeit
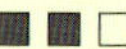

Stierbergalm – Mandlspitze (2395 m)

Der Nonsberg ist eine verhältnismäßig ruhige Gegend. Viele der dort möglichen Ausflüge und Bergtouren führen in die Maddalene-Gruppe, dem Grenzkamm zwischen dem Ultental und dem Nonsberg. Auch die Mandlspitze, ein beliebter und schon von der Stierbergalm aus gut sichtbarer Gipfel gehört ebenfalls zu dieser Berggruppe. Der nicht allzu lange Aufstieg ist im letzten Drittel steil; dieser Abschnitt setzt auf alle Fälle Trittsicherheit voraus.

Wegbeschreibung: Direkt bei der ③ Stierbergalm weist ein Wegschild den weiteren Aufstieg, der zuerst noch gemütlich und nicht allzu steil bis unter den Gipfelaufbau leitet. Bei einer ④ beschilderten Weggabelung, 2098 m (kein Schild für die Mandlspitze), geht man kurz geradeaus weiter, um gleich schon auf eine rot-weiße Markierung mit der Wegnummer 12 zu treffen. Dies ist der Weiterweg zur Mandlspitze, der bald schon steil und über einen relativ schlechten Weg zum höchsten Punkt des ⑤ Gipfels (2395 m) führt.

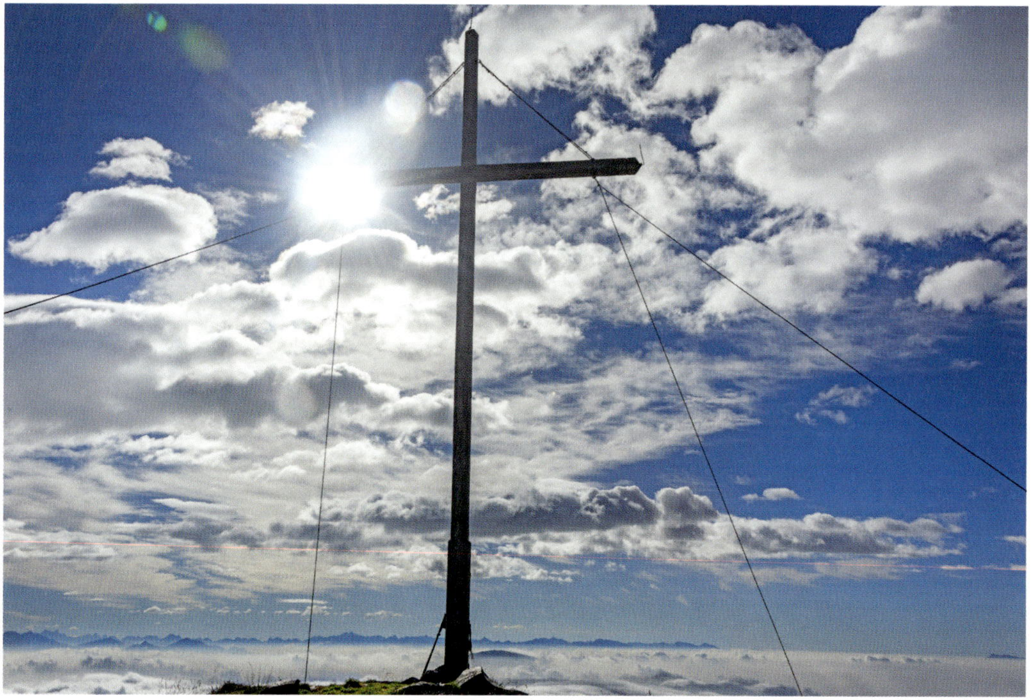

34 PROVEIS – CLOZALM – KLEINER KORNIGL

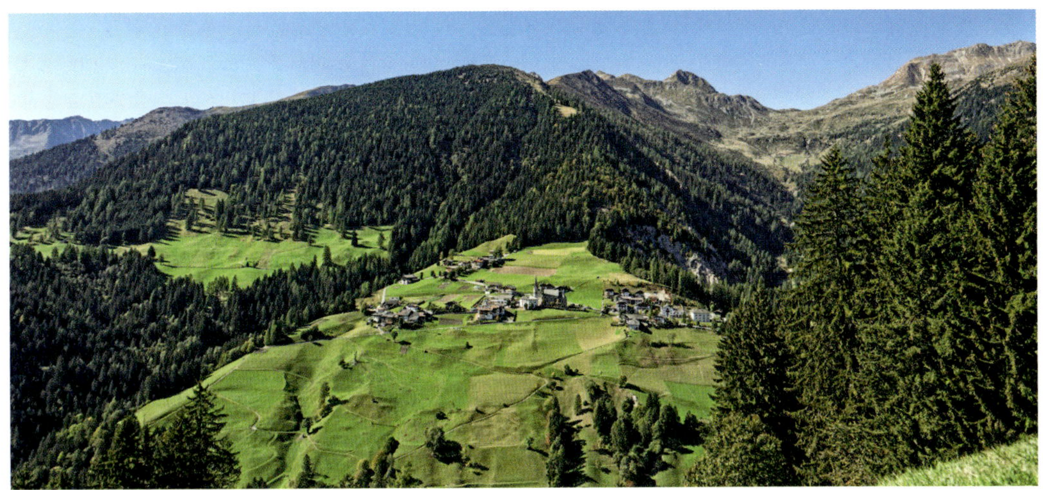

Blick auf Proveis

Abzweigung Tonna (Sinablana) – Clozalm

Die Anfahrt führt hinauf in den kleinen Weiler Tonna und über den schönen, angenehm zu befahrenden Forstweg weiter zur Clozalm. Die Tour ist abwechslungsreich und nicht besonders anstrengend, wartet allerdings bei der Rückfahrt mit einem längeren Gegenanstieg auf. Die Länge der Anfahrt ist kein Problem für die Batterie, doch sollte man darauf achten, etwas Leistung für den Gegenanstieg zu sparen!

Tourenbeschreibung: Man fährt von der ① Abzweigung nach Tonna/ Sinablana (1211 m) entlang der schmalen und geteerten Höfestraße (so gut wie kein Verkehr) aufwärts bis zur zweiten ② Rechtskehre. Dort zweigt links die geteerte Zufahrt in den eigentlichen Weiler Tonna ab. Man folgt der Teerstraße, vorbei am Weiler, bis zum Beginn der Forststraße. Weiter aufwärts durch den Wald bis zu einer Lichtung, an deren Ende man eine ③ Weggabelung erreicht. Man fährt links weiter (geradeaus geht es zur Laureiner Alm). Es folgt eine längere Abfahrt hinunter zur nächsten ④ Wegverzweigung. Geradeaus weiter bis zum Bach, den man überquert, um gleich darauf die ⑤ Hauptstraße zu erreichen. Auf der gegenüberliegenden Seite führt ein Forstweg weiter aufwärts. Gegen dem Ende hin ist er

ABZWEIGUNG TONNA → CLOZALM

Strecke hin und zurück
16,5 km

Höhenmeter bergauf/bergab
810 m

Zeitbedarf insgesamt
ca. 1½ Stunden

Schwierigkeit

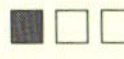

Anfahrt
Von Lana ins Ultental und vorbei an St. Pankraz bis zur Abzweigung Nonstal–Proveis. Über die Hofmahdstraße bis zur Abzweigung Proveis. Weiter auf der Hauptstraße bis links die Straße in den Weiler Tonna (auch Sinablana-Straßenschild) abzweigt.

RENTASPORT EXCLUSIVE
E-Bike-Verleih
Talstation Schwemmalm
Tel. +39 0473 790097
exclusive@rentandgo.it
www.rentasportexclusive.it

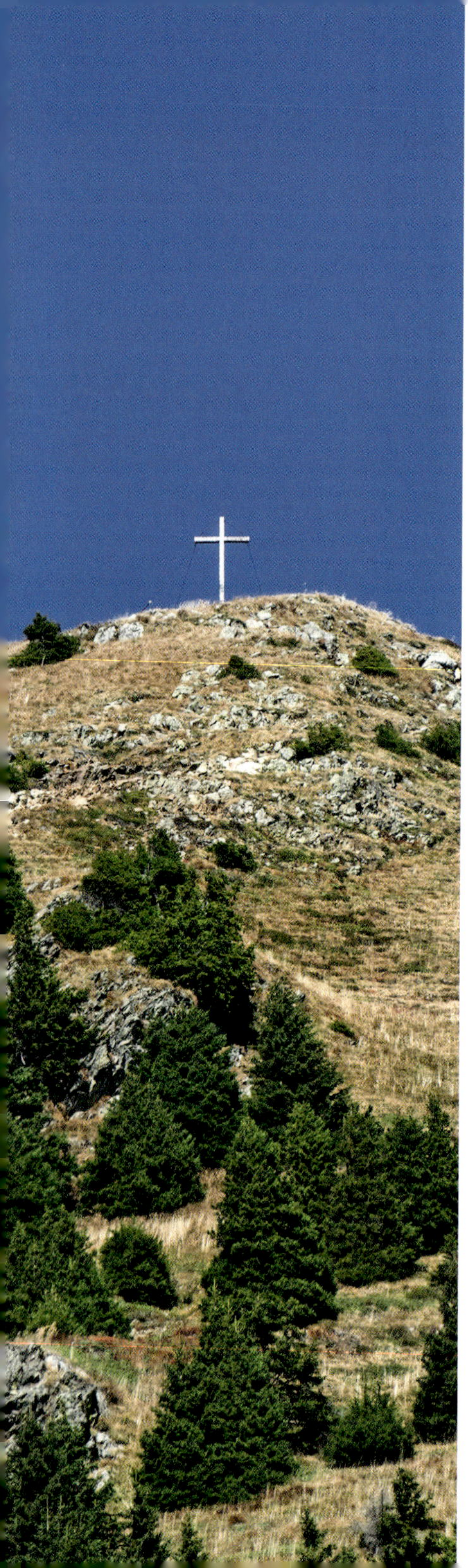

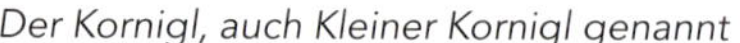

Der Kornigl, auch Kleiner Kornigl genannt

etwas verwachsen, aber immer noch gut zu befahren. Er endet ein paar Meter oberhalb der Hauptstraße; man muss das Rad über die Böschung abwärts schieben, um dann der Straße bis zur ⑥ Abzweigung zur Clozalm zu folgen. Über die Naturstraße erreicht man in kurzer Zeit die ⑦ Alm (1732 m).

Clozalm – Kornigl (2308 m)

Der Kornigl (auch kleiner Kornigl) ragt gut sichtbar und in unmittelbarer Nachbarschaft des Spitzner Kornigl sowie der Schöngrubspitze direkt über der Alm auf. Der einfach zu besteigende Berg ist ein gerne besuchter, freistehender Aussichtspunkt in der Maddalene-Gruppe.

Wegbeschreibung: Hinter der ⑦ Clozalm (1732 m), (mehrere Wegschilder, aber kein Hinweis zum Kornigl); folgt man einem Steig (rot-weiße Markierung) geradeaus aufwärts. Die Markierungsnummer ist die 7. Bald schon erreicht man, durch den lichten Wald ansteigend, die Ruine der ehemaligen oberen Alm (1890 m). Bei der beschilderten ⑧ Wegkreuzung (kein Hinweis zum Kornigl) geht man geradeaus aufwärts weiter. Über viele Serpentinen und den Hang querend nähert man sich der Einsattelung zwischen dem Spitzner Kornigl und dem Kornigl. Der letzte Teil des Weges wurde verlegt, ist gut gekennzeichnet, aber in schlechtem Zustand. Hier ist ein klein wenig Trittsicherheit gefragt. In der ⑨ Scharte weisen Wegschilder den Weiterweg. Man folgt dem Steig entlang des Grates nach rechts zum Gipfel des ⑩ Kornigl (2308 m).

CLOZALM → KORNIGL

Strecke hin und zurück: 5 km

Höhenmeter bergauf/bergab: 590 m

Zeitbedarf insgesamt: 3–3½ Stunden

Schwierigkeit: ■□□

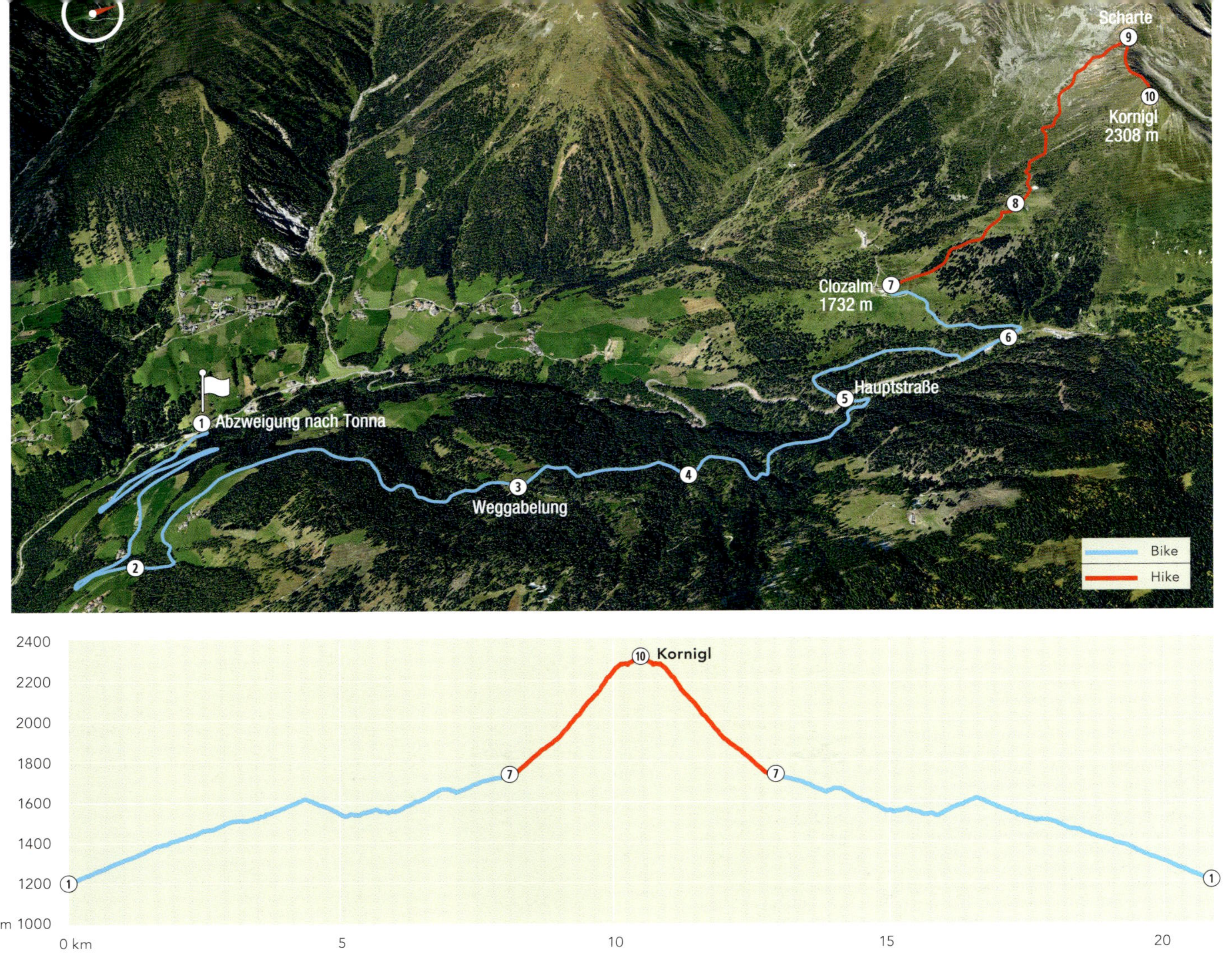

Scharte
Kornigl
2308 m
Clozalm
1732 m
Hauptstraße
Abzweigung nach Tonna
Weggabelung
Bike
Hike
Kornigl
2400
2200
2000
1800
1600
1400
1200
m 1000
0 km
5
10
15
20

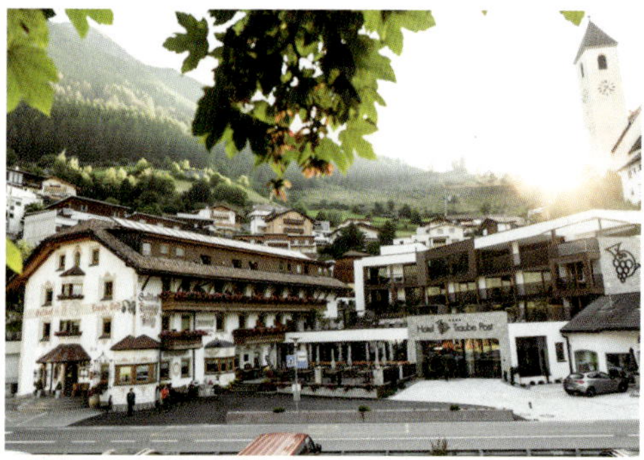

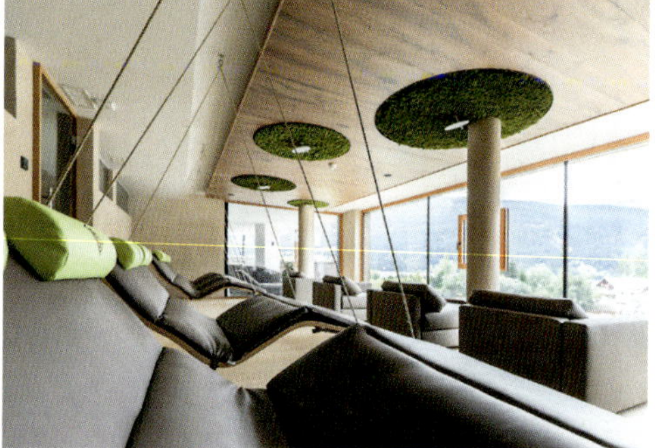

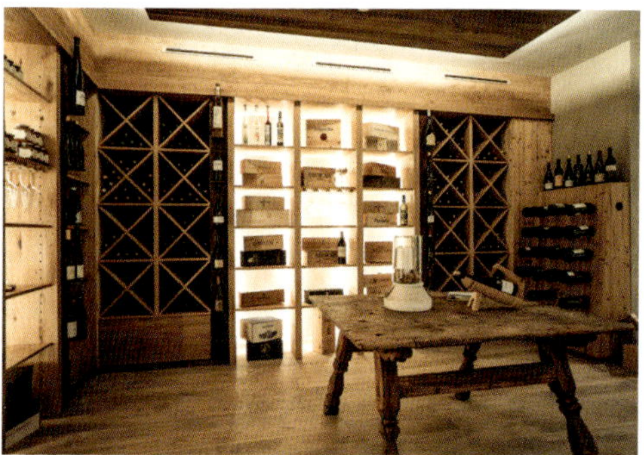

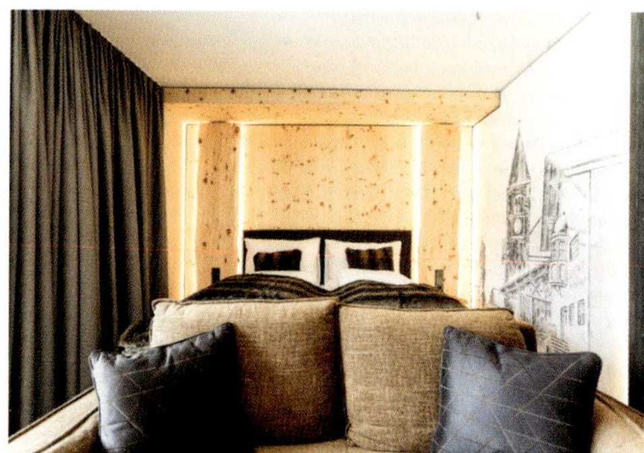

Hotel Traube Post**, 1500 m**

300 Kilometer abwechslungsreicher Trails führen Sie bergauf und bergab durch die vielfältige Kultur- und Naturlandschaft rund um den Reschensee. Allein im Vinschgau gibt es 80 Mountainbike-Touren in allen Schwierigkeitsgraden, Downhill-Strecken, Genusswege und Naturpfade. Entdecken Sie mit Ihrem E-Bike oder Mountainbike Südtirol und die Welt der Berge. Radeln Sie vorbei an kristallklaren Bergseen, verträumten Wäldern und majestätischen Gipfeln. Am Reschenplateau im Vinschgau überwinden Sie nicht nur Ihre eigenen Grenzen: Mit den erstklassigen Drei-Länder-Enduro-Trails erobern Sie neue Horizonte in Österreich, Italien und der Schweiz.
Mittendrin in der Erlebniswelt Vinschgau befindet sich die „Traube": Ihr Hotel am Reschensee mit prämierter Genusskulinarik, lebendiger Tradition sowie erlesenen Wellnessräumen und exklusivem Sky-Whirlpool. Entdecken Sie die Geschichte von Alt-Graun, authentische Gastfreundschaft und das unvergleichliche Lebensgefühl im 4-Sterne-Hotel mit einladender Sonnenterrasse am Reschensee.

I-39027 Graun, Vinschgau (BZ)
Tel. +39 0473 633 131
Fax +39 0473 633 399
info@traube-post.it
www.traube-post.it

Öffnungszeiten: Mitte Mai bis November und Weihnachten bis Ostern

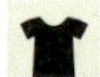

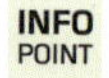

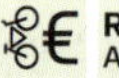
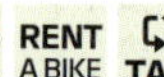

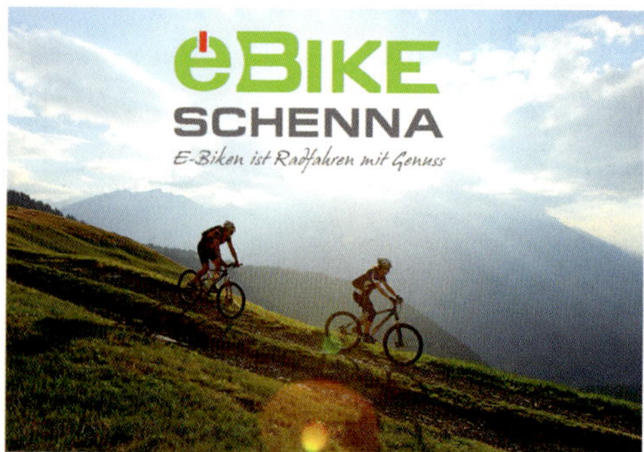

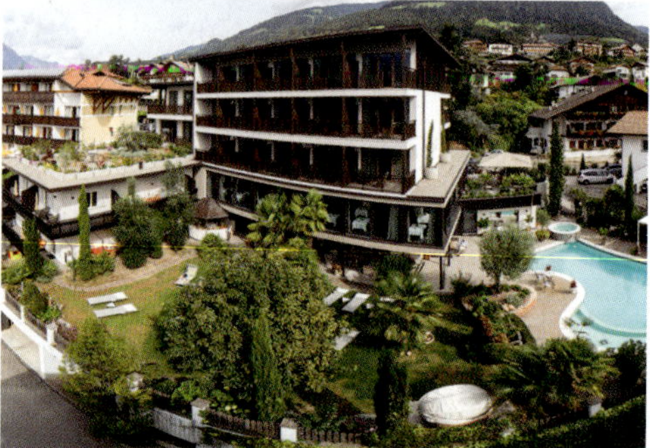

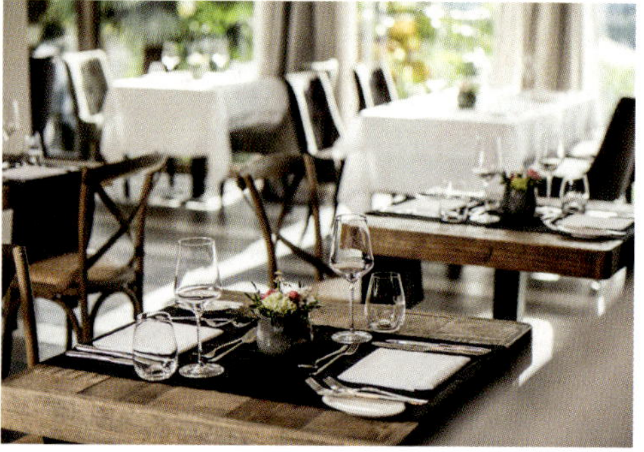

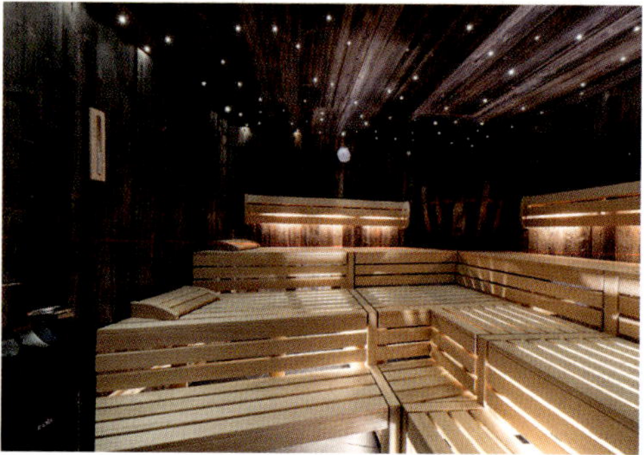

E-Bike Schenna & Hotel Schmiedhans ****

Mountainbiker und Radwanderer erwartet hier an der sonnigen Südseite der Alpen ein breitgefächertes Angebot inklusive gemütlichen Radrunden für die ganze Familie und anspruchsvollen Touren für ambitionierte Mountainbiker. Einige Tage bei gutem Essen und Trinken ausspannen und tagsüber die zahlreichen Touren abfahren, auf herrlichen Almen und Gipfel biken, oder gemütlich auf den vielfältigen Radwegen entlang der Etsch, durch Weinberge und Apfelwiesen. Von welcher Art des Radfahrens man auch spricht – Mountainbiken, Genussradeln, Radwandern, Freeriden oder Downhill – man kommt immer auf das Gleiche: Spaß, Entspannung und Herausforderung auf zwei Rädern. Im hauseigenen Radverleih stehen für Sportbegeisterte unter den Gästen moderne und neuwertige Mountainbikes zur Verfügung mit oder ohne Elektrounterstützung und für die Genussradler die E-Bikes. Zur Verfügung stehen Fahrradhelme, Kindersitze, Fahrradanhänger und Infomaterial. Also rauf aufs Rad und los!
Das komplett erneuerte Hotel Schmiedhans bietet Ihnen einen Wohlfühlurlaub mit allem was dazu gehört. Das Hotel in Schenna ist ideal für eine Kombination aus Erholungs- und Aktivurlaub.
Nach einer Bike-Tour oder Wanderung entspannen Sie sich im mediterran angelegten Garten mit beheiztem Panoramafreibad und genießen Sonnenstunden sowie die wohlverdiente Erholung. Ob in den gemütlichen und lichtdurchfluteten Zimmern oder in den Apartments, im 4-Sterne-Hotel in Schenna erwartet Sie ein sonniger Traumurlaub im Grünen mitten im Meraner Land.

Schennastraße 31
I-39017 Schenna (BZ)
Tel. +39 0473 945617
E-Bike Reservierung Mobil +39 334 9561820
info@schmiedhans.com
www.schmiedhans.com

Öffnungszeiten: Ende März bis Mitte November

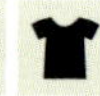
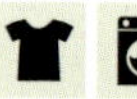

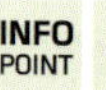

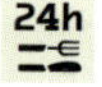

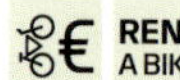

TAXI
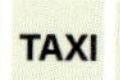

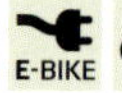

Hotel Waltershof ****

Das Erlebnishotel Waltershof liegt in St. Nikolaus im Ultental bei Meran in einem der traditionsreichsten, ursprünglichsten und seenreichsten Täler Südtirols, zwischen urigen Bauernhöfen, saftig grünen Wiesen und Wäldern. Schon Thomas Mann, Franz Kafka, Kaiserin Sissi, Peter Rossegger und Otto von Bismarck vertrauten sich den Heilkräften der Ultner Natur an und suchten Erholung und Inspiration in St. Nikolaus im Ultental.

Als Wander- und Vitalpinahotel bietet der Waltershof 5x wöchentlich geführte Wanderungen für Geübte und Neulinge, über ein grenzenlos verzweigtes Wegenetz von über 700 km. In der nahen Talstation „Schwemmalm" können außerdem Mountainbikes und E-Bikes gemietet werden, die das schnellere Erkunden dieser einmaligen Naturlandschaft ermöglichen. Nach abenteuerlichen Herausforderungen und sportlichen Anspannungen harren im Hotel Belohnungen auserlesenen Geschmacks…

Das verzaubernde Ambiente der „Xunden Alm" und der „Ultner Badln" lädt zum Entspannen und Durchatmen ein. Sanfte Hände sorgen mit ausgewählten Naturprodukten für eine positive Wirkung in Sachen Schönheit und Wohlbefinden, anschließend verwöhnt die vom „Der Feinschmecker" und „Michelin" ausgezeichnete Kreativküche mit Gerichten aus regionalen, nachhaltigen und hochwertigen Produkten. Was in der Küche des Waltershof's gekocht, gedämpft, gebraten, gebacken, geschmort und mit viel Liebe angerichtet wird, ist jede Sünde wert. Die Liebe zum Detail ist jedoch nicht nur in der Küche spürbar, sondern zieht sich durch das ganze Hotel. Jede Ecke im Hause und jeder Winkel in der Ultner Natur bergen Überraschungen fernab vom Alltag. Bergauf – bergab – einfach ankommen…

I-39016 St. Nikolaus/Ulten
Tel. +39 0473 790144
info@waltershof.it
www.waltershof.it

Öffnungszeiten: Mai bis Anfang November und Weihnachten bis Ostern

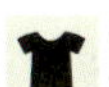
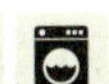

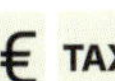

TAXI

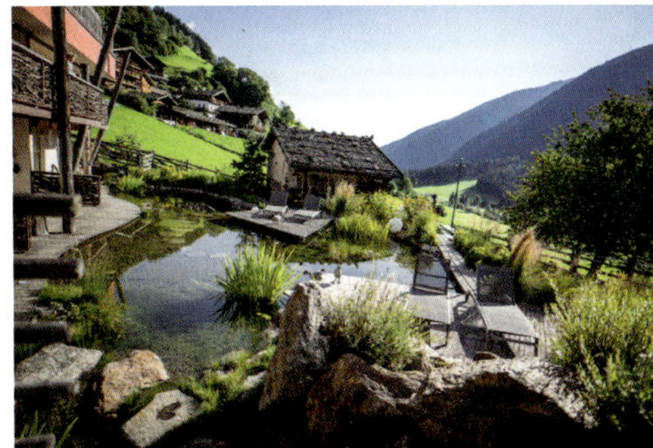
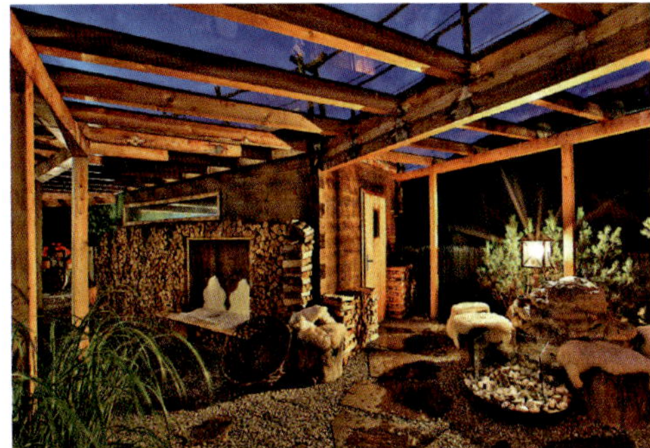
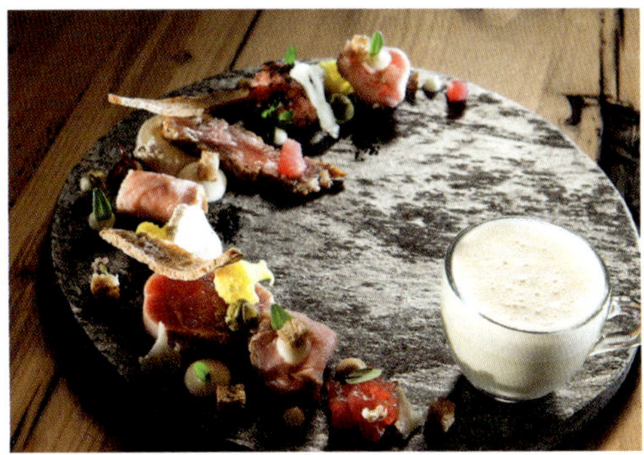
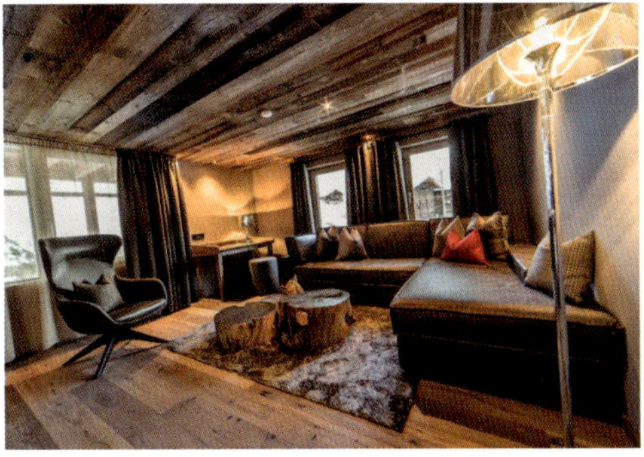

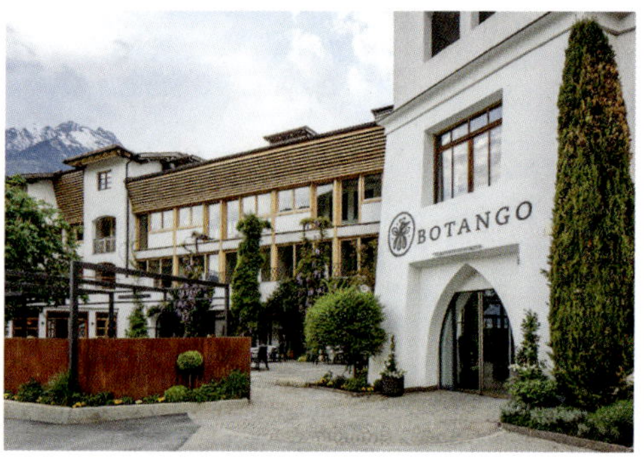

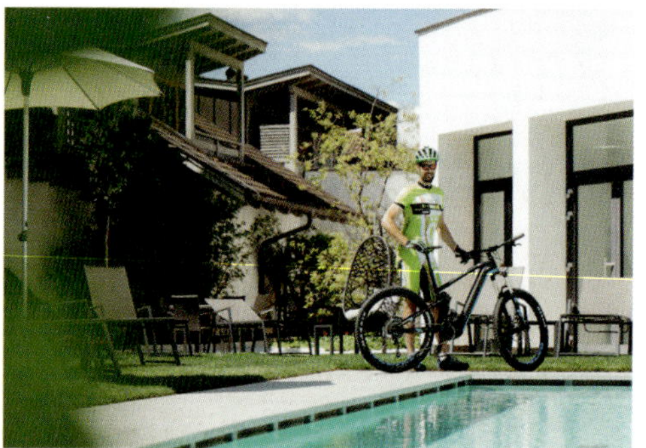

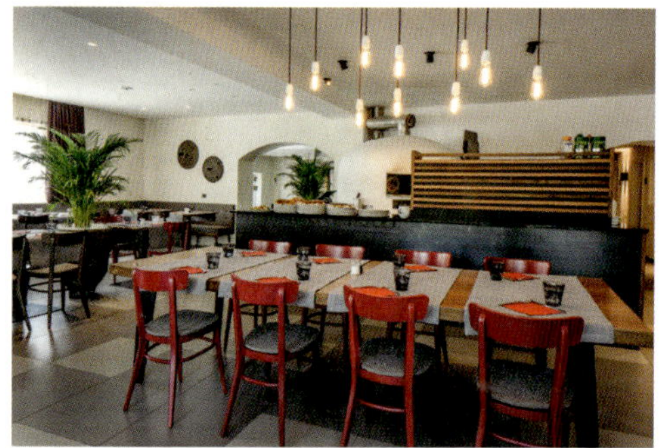

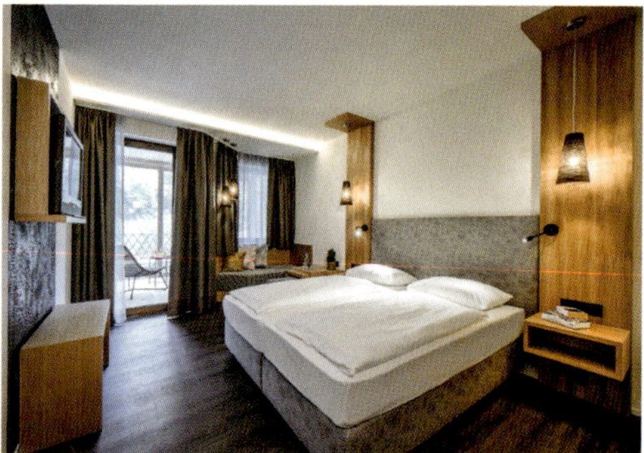

Hotel Botango ****

Der Südtirol-Chique wurde zusammen mit dem alten Hotelnamen „Edelweiß" in Rente geschickt ... Jetzt kombiniert das aktuelle Design Alt mit Neu und Alpin mit Regenwald, mal was anderes! Das Botango ist kein Hotel von der Stange, sondern ein gewachsener Ort, der entspannt im Jetzt angekommen ist ... Im Botango erleben Sie maximale Freiheit, Sie buchen zum Beispiel eine Übernachtung mit Langschläfer-Frühstück bis 11 Uhr – alles andere können Sie spontan vor Ort planen und reservieren.
Ob Wandern, Spazieren, Mountainbiken, E-Biken oder Motorradfahren, hier kommt jeder auf seine Kosten und super Insider-Tipps gibt es für lau dazu! Ihr Equipment ist bei uns sicher aufgehoben: Fahrrad-Waschstation und Abstellraum, Mudroom, abschließbare Spints ... alles vorhanden.
Im neuen B&B Hotel Botango in Töll/Partschins können Sie flexibel urlauben, arbeiten und lecker schmausen – zu echt bezahlbaren Preisen!
Es erwarten Sie unser Restaurant THEDL, unsere Pizzeria SEM, zwei Pools, Langschläfer-Frühstück und vieles mehr.

Vinschgauer Straße 105
I-39020 Partschins (BZ)
Tel. +39 0473 967128
info@botango.it
www.botango.it

Ganzjährig geöffnet

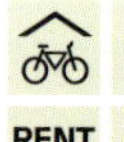
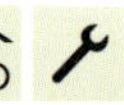

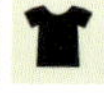

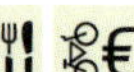

RENT A BIKE
TAXI
E-BIKE

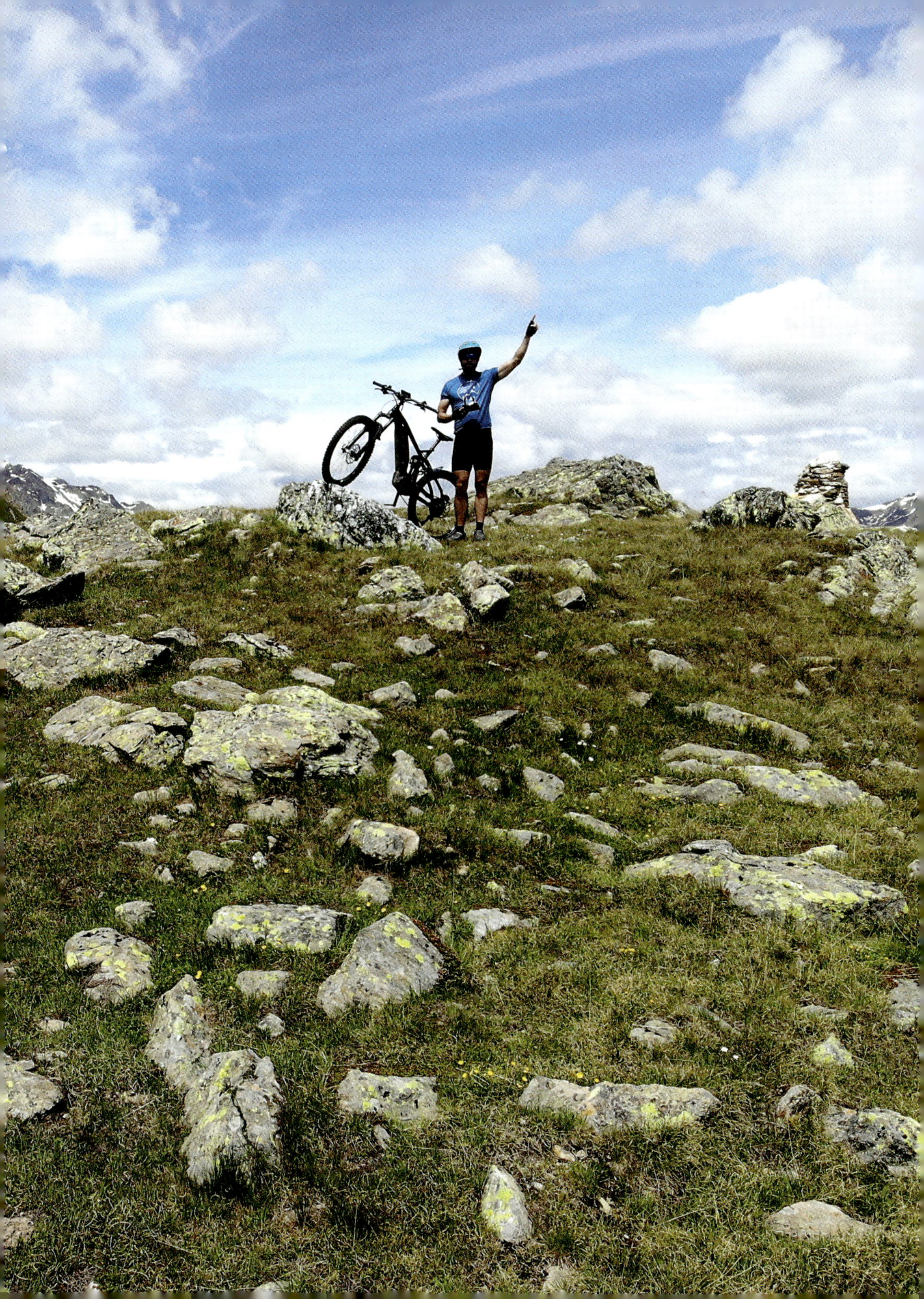

Titelbild: Auffahrt zur Tappeiner Alm mit Blick auf die Laaser Spitze; Foto Christjan Ladurner

Bildnachweis: Athesia-Tappeiner Verlag, Patrick Egger, Christjan Ladurner, Paola Marcello, Hanspaul Menara, Ronald Oberhofer, Kassian Plangger, Hannes Silbernagel, Nora Sölva, Tourismusverein Passeiertal/Benjamin Pfitscher, Mauro Tumler, Andy Walder, Norbert Zöschg sowie Fotos aus dem Privatbesitz der Inserenten

2019

Design & Layout: Athesia-Tappeiner Verlag
Umschlaggestaltung: Nele Schütz Design, München
Kartografie: Athesia-Tappeiner Verlag
Druck: Cierre Grafica, Caselle di Sommacampagna

ISBN 978-88-7073-923-7

www.athesia-tappeiner.com
buchverlag@athesia.it

TAPPEINER.